राष्ट्रीय
स्वयंसेवक संघ

राष्ट्रीय स्वयंसेवक संघ

नाना देशमुख

प्रकाशक

प्रभात पेपरबैक्स

4/19 आसफ अली रोड, नई दिल्ली-110002

फोन : 23289555 • 23289666 • 23289777 ❖ फैक्स : 23253233

इ-मेल : prabhatbooks@gmail.com ❖ वेब ठिकाना : www.prabhatbooks.com

संस्करण

2020

मूल्य

एक सौ पचास रुपए

अ.मा.पु.स. 978-93-5048-047-2

मुद्रक

आर-टेक ऑफसेट प्रिंटर्स, दिल्ली

RASHTRIYA SWAYAMSEWAK SANGH
by Nana Deshmukh

Rs. 150.00

Published by **PRABHAT PAPERBACKS**
4/19 Asaf Ali Road, New Delhi-2

ISBN 978-93-5048-047-2

प्रस्तावना

प्रख्यात समाजसेवी, राजनेता व भविष्यदृष्टा नानाजी देशमुख ने इस पुस्तक राष्ट्रीय स्वयंसेवक संघ की रचना 1979 में की थी। उस समय देश एक भयंकर राजनैतिक झंझावात से गुज़र रहा था। संघ के बहाने कुछ राजनैतिक तत्वों ने देश को फिर से अस्थिरता के दौर में ढकेल दिया था। जेपी ने नानाजी जैसे निःस्वार्थ राजनेताओं के साथ मिल कर संपूर्ण क्रांति का जो सपना देखा था, असामाजिक ताकतों ने उसे चूर-चूर कर दिया था। नानाजी उससे बहुत द्रवित हुए। जनता पार्टी का प्रयोग टूटने की कहानी उन्होंने इस पुस्तक में लिखी। तब तक नानाजी ने सक्रिय राजनीति से सन्यास ले लिया था। बाद में उन्होंने गोंडा, बीड व चित्रकूट जैसे अति पिछड़े इलाकों में समाज की चेतना जगाने व उसकी पहल से ग्राम विकास के वे प्रयोग शुरु किए जिनकी कल्पना महात्मा गांधी, पंडित दीनदयाल उपाध्याय व लोकनायक जयप्रकाश नारायण ने की थी। अपने इन अनूठे प्रयोगों के लिए नानाजी के पद्म विभूषण से सम्मानित किया गया तथा राज्यसभा में मनोनीत भी किया गया।

फरवरी 2010 में नानाजी के निधन के पश्चात दीनदयाल शोध संस्थान ने अपने संस्थापक की याद को चिरस्थायी बनाए रखने के लिए नानाजी समग्र का प्रकाशन करने का निर्णय लिया है। उसके लिए कार्य चल रहा है। लेकिन इसी बीच उनके द्वारा रचित इस पुस्तक का पुनः प्रकाशन करने का निर्णय लिया गया।

इस दूसरे संस्करण की आवश्यकता इसलिए अनुभव हुई क्योंकि आज की पीढ़ी के बहुतेरे लोग राष्ट्रीय स्वयंसेवक संघ की सच्चाई से आज भी अपरिचित हैं। खास तौर पर, जिस तरह राजनीति में संघ को मोहरा बनाकर राष्ट्रवादी राजनीति को बदनाम करने का कुत्सित प्रयास होता रहता है, वह 1970 के दशक में भी बहुत हुआ था। नानाजी उसके गवाह थे। उसी का भंडाफोड़ करने को नानाजी ने यह पुस्तक लिखी थी।

संपादक मंडल आभारी है वरिष्ठ पत्रकार श्री रामबहादुर राय का जिन्होंने इसका पुरोकथन लिखना स्वीकार किया। वे स्वयं भी जे.पी. आंदोलन की बहुत सी घटनाओं के गवाह हैं। उनके पुरोकथन ने पुस्तक की प्रासंगिकता को नए सिरे से परिभाषित किया है। पुस्तक के प्रकाशन में श्री राकेश शुक्ला व श्री अंशुमान सिंह ने विशेष मेहनत की और सुश्री दीपा सूद ने इसके ले-आउट व सज्जा में उल्लेखनीय योगदान दिया।

देवेन्द्र स्वरूप **यादवराव देशमुख** **डा. महेश चंद्र शर्मा** **अतुल जैन**

दीनदयाल शोध संस्थान

06 अगस्त, 2011

अनुक्रम

भूमिका

मैं लेखक नहीं हूं। आज तक मैंने कोई पुस्तक नहीं लिखी। लेख भी बहुत थोड़े ही लिखे होंगे। भाषण अवश्य दिए हैं और आवश्यकता पड़ने पर देता रहता हूं, क्योंकि जिस तरह का कार्य मैं करता हूं, उसका यह आवश्यक अंग है।

फिर यह पुस्तक मैंने क्यों लिखी है? इसका एक महत्वपूर्ण कारण है। मैं राष्ट्रीय स्वयंसेवक संघ का कार्यकर्ता रहा, फिर भारतीय जनसंघ का कार्यकर्ता बना, और इसके बाद जब आदरणीय जयप्रकाश नारायण जी के प्रताप, प्रभाव और आशीर्वाद से शासन की तानाशाही शक्तियों को चुनौती देने के उद्देश्य से पहले सम्पूर्ण क्रान्ति का आंदोलन तथा बाद में इन्दिरा सरकार को गिराकर जनता सरकार बनी, उस सबका (बिना मंत्री बने) कार्यकर्ता रहा और आज भी हूं। परन्तु बिना किसी दोष के जब जनता पार्टी के पूर्व मित्रों ने मेरे पूर्व दलों को आखेट बनाकर उस जनता पार्टी को तोड़ने का घृणित कार्य तथा षड्यंत्र आरम्भ ही नहीं किया, उसे तोड़ भी डाला जिसे हम सबने मिल-जुलकर और आपातकाल में थोड़ा-बहुत त्याग करके बनाया था, जिसे न तोड़ने की हमने महात्मा गांधी की पवित्र समाधि पर प्रतिज्ञा की थी, और देश के नवनिर्माण में जिसका योगदान अभी पूरा नहीं हुआ था-तो मेरे दिल को गहरी चोट लगी। संघ के वातावरण में बड़े होने वाले कार्यकर्ता विरोध और प्रतिक्रिया की भावना में ज्यादा विश्वास नहीं करते, उसे व्यक्त करते जरा संकोच करते हैं- जिसका प्रमाण उनकी ओर से बहुत कम अवसरों पर उत्तर का दिया जाना है-परन्तु राष्ट्रीय विश्वासघात के इस दुर्दिन में मुझे लगा कि आगे बढ़कर कुछ कहना, कुछ लिखना ही चाहिए और आम लोगों को बताना चाहिए कि हमारे विरुद्ध जो प्रचार किया जाता है वह सही नहीं है- कि संपूर्ण क्रांति के आंदोलन तथा अभियान में हमने भी कुछ किया है कि हमने जो किया है वह हो सकता है, ज्यादा बड़बोले लोगों ने जो किया है, उससे ज्यादा ही हो।

मैं लोक संघर्ष समिति का मंत्री था और जेल जाने के समय तक आंदोलन का कार्य देखता रहा था, इसलिए यह सारा इतिहास अपनी सम्पूर्ण वास्तविकता के साथ मेरे सामने है। इस आंदोलन में केवल महत्त्वाकांक्षा पूरी करने के उद्देश्य से जनता पार्टी को तोड़कर (जिसे न तोड़ने के उन्होंने अनेक बार वादे भी किए) प्रधानमंत्री बनने वाले चौधरी चरण सिंह तथा उनके भारतीय लोकदल ने कितना कम योगदान किया, यही नहीं श्री बीजू पटनायक के साथ मिलकर इन्दिरा सरकार के साथ समझौता करने के उद्देश्य से तत्कालीन गृहराज्य मंत्री श्री ओम मेहता को पत्र लिखवाया तथा अन्य प्रकार की सांठ-गांठ कीं और जो कुछ है तथा जो चौधरी साहब का अपना विशिष्ट चरित्र ही है, उसके कुछ टुकड़े मैं इस पुस्तक में आपके सामने रख रहा हूं। श्री मधु लिमये तथा उनके साथियों की अनेक बातें भी आपके सामने आएगी। तोड़-फोड़ में विशेष रुचि लेने वाले तथा इस समाजवादी विद्या के विशेषज्ञ इन लोगों से जनता पार्टी भी नहीं बच सकी-यह भारतीय इतिहास का अत्यन्त लज्जाजनक अध्याय और कलंक है। मुझे यही देखना है कि क्या भारतीय जनता इन्हें माफ कर देगी?

सम्पूर्ण क्रान्ति के अभियान में संघ और जनसंघ का महत्त्वपूर्ण योगदान रहा है। आपातकाल में देश की राजधानी दिल्ली से लगातार पंजाब, उत्तर प्रदेश, बिहार, मध्य प्रदेश, राजस्थान, महाराष्ट्र, गुजरात आदि प्रदेशों तथा इंग्लैंड, अमेरिका, अफ्रीका आदि देशों में संघ के स्वयंसेवकों-कार्यकर्ताओं ने बड़े जबरदस्त काम कर दिखाए हैं। यह अवश्य है कि संघ ने अपने गाल बजाते हुए इन कार्यों का कोई इतिहास नहीं प्रकाशित किया-और शायद संघ मार भी यहीं खा गया क्योंकि जिस युग में हम रह रहे हैं वह जितना करो उससे कम-से-कम दस गुना बढ़ाकर बखान करने का युग है।

लेकिन मेरे इस कथन से आप यह मान लें कि यह पुस्तक मैं संघ-जनसंघ का गाल बजाने के उद्देश्य से ही लिख रहा हूं, तो यह भी सही नहीं होगा। मुझे दरअसल पूरा भरोसा भी नहीं है कि मैं अच्छी प्रकार से गाल बजा भी सकूंगा-- इसमें मैं संघ की भूमिका, उसके इतिहास तथा उद्देश्य, जनसंघ तथा विद्यार्थी परिषद आदि संस्थाओं से उसके संबंध आदि ऐसी अनेक उन बातों पर भी कुछ प्रकाश डालूंगा जिनके बारे में लोग कम जानते है अथवा उनका ज्ञान स्पष्ट नहीं है। संघ देश के निर्माण में क्या कर रहा है, वह साम्प्रदायिक है या नहीं, दंगों में उसके भाग लेने के आरोपों में कहां तक सच्चाई है, ऐसी कई बातें भी मैं आपके सामने रखूंगा।

1. 'माई डियर ओम' नाम से कुख्यात यह पत्र सी.जी.के. रेड्डी कृत 'बड़ौदा डायनामाइट षड्यंत्र-विद्रोह का अधिकार' तथा कुछ अन्य पुस्तकों में छपा है। समूची परन्तु संक्षिप्त रूपरेखा मैं इस पुस्तक में आपके सामने रख रहा हूं। जनता राजनीति की बहुत-सी सच्चाइयां भी इससे आपके सामने आ रही हैं।

भूमिका

इस प्रकार संघ-जनसंघ विवाद में सत्यता क्या और कहां है इसकी एक समूची परंतु संक्षिप्त रूपरेखा मैं इस पुस्तक में आपके सामने रख रहा हूँ। जनता राजनीति की बहुत-सी सच्चाइयां भी इससे आपके सामने आ रही हैं।

जब आदरणीय जयप्रकाश जी ने अपना आंदोलन प्रारम्भ किया, तो भारत की राजनीति में नैतिकता का पुनरागमन हुआ। उनके नैतिकबल के कारण ही इस आंदोलन की सृष्टि हुई और जन-आंदोलन ने निरंकुश शासन की जड़ें हिला दीं। सत्तारूढ़ शासकों ने आत्मरक्षा के लिए लोकतंत्र की पीठ में छुरा भोंका और आपातस्थिति की घोषणा कर दी। आपातकाल में जो अत्याचार हुए और उनके विरुद्ध जयप्रकाश जी के आंदोलन ने जिस नैतिक वातावरण को जन्म दिया उसी का परिणाम था कि केंद्र में सत्ता-परिवर्तन हुआ।

सत्ता-परिवर्तन से लोकतंत्र का सूखता हुआ पौधा फिर हरा हो गया। देश में उत्साह और आशा की वैसी ही लहर दौड़ गई जैसी सन् 1947 में ब्रिटिश शासन से मुक्त होने के बाद आई थी। इसमें कोई संदेह नहीं कि भावविह्वलता की इस मनःस्थिति का लाभ उठाकर राष्ट्र की शक्ति को रचनात्मक दिशा में प्रवाहित किया जा सकता था और जागृत लोकशक्ति पर आधारित एक स्वच्छ और उदात्त सार्वजनिक जीवन की नींव डाली जा सकती थी, परन्तु इसे देश के दुर्भाग्य के अतिरिक्त और क्या कहा जा सकता है कि सत्ता-परिवर्तन को ही लोकनायक के समग्र क्रान्ति आंदोलन की इतिश्री मान लिया गया और नेतागण राजनीतिक सत्ता की छीना-झपटी में व्यस्त हो गए। जयप्रकाश बाबू ने लोक-शक्ति के निर्माण के लिए राष्ट्र का जो आह्वान किया था वह अरण्यरोदन बनकर रह गया। समग्र क्रान्ति के आंदोलन का उद्देश्य दलगत और सत्ता राजनीति का विकल्प ढूंढ़ना था। परन्तु इस छीना-झपटी में न जाने नेता कहां भटक गए! युवा नेता जो समग्र क्रांति के आंदोलन की रीढ़ की हड्डी कहे जा सकते हैं, वरिष्ठ नेताओं के समान दल के टिकटों और मंत्रीपदों की पंक्ति में खड़े हो गए। सामाजिक और आर्थिक परिवर्तन लाने के लिए फिर से राज्य की शक्ति को भी एकमात्र साधन के रूप में स्वीकृति मिली। सत्ता की राजनीति ने नैतिक मूल्यों को परे धकेल दिया। फिर वही टिकटों और मंत्रीपदों के लिए जोड़-तोड़ और राजनीतिक स्वार्थों की पूर्ति के लिए जातिवाद, भाषावाद, क्षेत्रीयता और साम्प्रदायिकता के दानव को पुनर्जीवित करने के राष्ट्रघाती प्रयत्न चल पड़े और चरित्र-हनन की ओछी राजनीति फिर से चालू हो गई। इससे अधिक दुख की बात क्या होगी कि इस बात के बावजूद कि सब लोग आपातकाल की अग्नि में झुलस गए थे, लेकिन फिर भी भारत की राजनीतिक संस्कृति में कोई सुधार नहीं हुआ, वहीं पुरानी, घिनौनी राजनीतिक चालें चली जाने लगीं; इसने भारत को दुनिया भर में लोगों की नज़रों से

गिरा दिया। आज लोग हम पर हंसते हैं। वास्तव में जब कोई रचनात्मक दृष्टिकोण न हो और राजनीति में जनसाधारण के सहयोग की बात न सोची जाए तो उसमें स्वार्थपरता आ जाती है, आत्मप्रचार होने लगता है और जोड़-तोड़ पर आधारित राजनीति सम्मानजनक मानी जाने लगती है। ऐसी स्थिति में राजनीतिज्ञों में यह भावना उत्पन्न हो जाती है कि तुझको पराई क्या पड़ी, अपनी निबेड़ तू। इस प्रकार की राजनीति के गर्भ से इससे भिन्न राजनीतिक संस्कृति कैसे जन्म ले सकती है। आज की राजनीतिक कार्य-प्रणाली का 28 वर्षों तक गहन अध्ययन और अनुभव प्राप्त करने के बाद मैं इस निष्कर्ष पर पहुंचा हूं कि आज जिस प्रकार की राजनीति चल रही है उसके माध्यम से न तो ऐसे नेता जन्म ले सकते हैं जिनका रचनात्मक दृष्टिकोण हो और न कोई सकारात्मक दृष्टिकोण सामने आ सकता है। देश को वर्तमान राजनीतिक कार्य-प्रणाली के स्थान पर कोई नई कार्य-प्रणाली--जिसका दृष्टिकोण रचनात्मक हो--खोजनी होगी। मेरी इच्छा है कि अपनी अल्पक्षमता और दुर्बलताओं के रहते हुए भी मैं अपनी शेष आयु इसी खोज में बिता दूंगा।

दीनदयाल शोध संस्थान,
7-ई, स्वामी रामतीर्थ नगर,
नई दिल्ली-110055
1979

- नाना देशमुख

पुरोकथन

पुस्तक का नाम है-राष्ट्रीय स्वयंसेवक संघ। इसके रचयिता नानाजी देशमुख हैं। क्या आपको इस पुस्तक की याद है? नानाजी देशमुख ने समाजसेवा, परिवर्तन की राजनीति और ग्रामीण विकास के रचनात्मक विकल्प जैसे क्षेत्रों में इतिहास रचा है। इसकी याद तो उन सबको है जो उन्हें जानते-मानते हैं। १९७९ में प्रकाशित उनकी यह पुस्तक हमें बताती और समझाती है कि वे श्रेष्ठ इतिहासकार भी है। इसमें तीस साल का ऐसा राजनीतिक इतिहास है जो अन्यत्र कहीं उपलब्ध नहीं हो सकता। घटनाओं का मात्र विवरण इतिहास नहीं होता। उसमें एक ऐतिहासिक दृष्टि होनी चाहिए। पाठकों को तभी उससे भविष्य का बोध होता है और उन्हें सबक भी मिलता है। नहीं कह सकता कि इस पुस्तक से किसने क्या सबक सीखा। यह गंभीर शोध की मांग करता है। पुस्तक पढ़ते समय जो बात उभरकर आती है वह यह है कि १९७७ में लोगों ने वोट के जरिए जिस परिवर्तन का अवसर प्रस्तुत कर दिया था वह बड़े नेताओं की सत्ता आकांक्षा में भस्मसात हो गया, जिसने लोकमानस में अनेक प्रश्न खड़े कर दिए। ऐसे प्रश्नों को इतिहास की गर्त में दब जाने का बहुतों को भ्रम है। यह पुस्तक उन प्रश्नों के गहरे कारणों को समझाती है और जिन्हें यह मान लिया गया था कि वे सब प्रश्न हमेशा के लिए दफन हो गए हैं, उन्हें उठाकर पाठक को सोचने के लिए खुराक देती है कि वह राजनीतिक हादसा नहीं था जैसा कि बताया जाता है।

इस सैद्धांतिक दावे को यह पुस्तक चुनौती देती है कि जनता पार्टी का विघटन उसके निर्माण में निहित था। कुछ सिद्धांतकारों ने अपनी पैकेजिंग में इसे प्रस्तुत किया है। उसकी असलियत को उजागर करती यह पुस्तक नए तथ्यों और साक्ष्यों को सामने लाती है।

तानाशाही को परास्त कर जनता ने गैर कांग्रेस दलों और नेताओं को अपना विश्वास सौंपा था कि वे मिलजुलकर सत्ता में नई लकीर खींचे जो परिवर्तन का लक्ष्य पूरा करने में सहायक हो। इस विश्वास को घातक चोट जनता पार्टी के प्रयोग की विफलता से मिली। इसके गुनाहगार कौन-कौन थे ? नानाजी देशमुख से ज्यादा कौन जानता है, क्या उन्होंने उन चेहरों को बेनकाब करने के लिए यह पुस्तक नहीं लिखी ?

किसी को लग सकता है कि नानाजी देशमुख ने जनता पार्टी के तोड़कों का चेहरा उजागर करने के लिए इसे लिखा। जनता पार्टी के टूटने या तोड़े जाने पर पत्र-पत्रिकाओं के अलावा कुछ खास लोगों ने भी अपनी कलम चलाई है। इस बारे में उस समय के बड़े नेताओं के बयान को एकत्र कर लें तो एक ग्रन्थ बन जायेगा, जिससे यह जाना जा सकेगा कि पार्टी टूटी तो कैसे और उस बारे में किसका क्या कहना है। नानाजी देशमुख की इस पुस्तक का ऐतिहासिक महत्व इसलिए नहीं है कि यह जनता पार्टी के टूटने की ईमानदार कहानी बताती है। इसलिए है कि यह भारतीय राजनीति के ऐतिहासिक मोड़ को राष्ट्रीय पुनर्निर्माण के परिपेक्ष्य में प्रस्तुत करती है।

अपने बारे में उन्होंने सूचना दी है कि वे कार्यकर्ता की भूमिका में हमेशा रहे, बिना मंत्री बने। वे चाहते तो मोरारजी देसाई सरकार में जनसंघ घटक के तीसरे मंत्री हो सकते थे। मार्च ९, १९७७ में जनता पार्टी ने संसदीय नेता पद पर मोरारजी भाई देसाई को बैठाया। अपने मंत्रियों के चयन में उन्होंने घटक दल के प्रतिनिधि नेताओं से नाम मांगे। जनसंघ ने तीन नाम सुझाए-अटल बिहारी वाजपेयी, लालकृष्ण आडवाणी और नानाजी देशमुख। नानाजी देशमुख ने अपना नाम कटवाया और अपनी जगह जनसंघ के एक अज्ञात सरीखे नेता बृजलाल वर्मा को मंत्री बनवाया।

मार्च 9, 1977 में जनता पार्टी ने संसदीय नेता पद पर मोरारजी को बैठाया। अपने मंत्रियों के चयन में उन्होंने घटक दल के प्रतिनिधि नेताओं से नाम मांगे। जनसंघ ने तीन नाम सुझाए- अटल बिहारी वाजपेयी, लालकृष्ण आडवाणी और नानाजी देशमुख।

सत्ता की अग्निपरीक्षा से खरे निकले उस नानाजी देशमुख ने राष्ट्रीय स्वयंसेवक संघ के उन आयामों को प्रस्तुत किया है जिसका संबंध संघ की विचारधारा, कार्यपद्धति, सामाजिक, राजनीतिक दर्शन और इतिहास से है। यह पुस्तक इस कारण अनमोल हो जाती है। इसमें राजनीति का पहला पाठ है। ध्येय परक राजनीति के कार्यकर्ता में कभी अगर दुविधा उत्पन्न हो जाये तो यह पुस्तक ताबीज का काम कर सकती है। इस अर्थ में यह मात्र एक

पुस्तक नहीं है। इसे राजनीतिक परिर्वतन का एक धर्मग्रंथ मानिए। जो कार्यकर्ता को धारणा की शक्ति दे सकता है, जो संकट के समय संकल्प का मंत्र बन कर सहारा देने में समर्थ हो सकता है और जब सचमुच मर्यादाएं टूटती जा रही हैं, जब चारों ओर अंधेरा ही महसूस हो रहा है तब यह अपनी रोशनी से रास्ता दिखाने में सक्षम है।

नानाजी देशमुख ने अपनी पुस्तक को दस अध्यायों में बांटा है। जिस तरह हर अध्याय को लिखा है वह उपनिषद् की शैली है, जिसका भाष्य होना चाहिए। सुबोध भाषा में अपने अनुभव के आधार पर उन्होंने जनता पार्टी में उठे बवंडर को दूर से देखने का प्रयास किया है। इस पुस्तक का हर शब्द बोलता है। उसे सुनने और समझने के लिए जरूरी है कि पाठक अपनी धारणाएं कम से कम उस समय दूर रख दे जब वह पढ़ रहा हो। नहीं तो वह अपनी धारणाओं में उलझकर रह जाएगा।

पहला अध्याय है - झूठे आरोपों का शिकार। इसमें उन्होंने यह बताया है कि संघ और जनसंघ सदा से झूठे आरोपों का शिकार रहे हैं। इससे यह प्रश्न पैदा होता है कि कौन हैं जो आरोप लगाते रहे हैं। नानाजी देशमुख ने चार प्रकार के समूहों की पहचान की है। एक, साम्यवादी। दो, राजनीतिक प्रतिद्वंदी। तीन, हिन्दुविरोधी अल्पसंख्यक। चार, पश्चिम के रंग में रंगे बुद्धिजीवी। चौथे समूह को उन्होंने ज्यादा प्रभावशाली माना है। इसके बाद उन्होंने उन आरोपों का सिलसिलेवार सप्रमाण खंडन किया है जो संघ और जनसंघ के खिलाफ दोहराये जाते हैं। आखिर में उन्होंने बालासाहब देवरस के उस भाषण का हवाला दिया है जो १९७४ में पूणे की वसंत व्याख्यानमाला में दिया था। 'हिन्दुओं की एकता आवश्यक है और उस एकता का आधार सामाजिक समता ही हो सकती है।' पहला अध्याय चारों प्रकार के आलोचकों से बचने की सलाह नहीं देता, उनके तर्कों को तथ्यों से काटने की प्रेरणा देता है।

दूसरा अध्याय है-संघ और जनसंघ : दोहरी सदस्यता का प्रश्न। यह वह प्रश्न है जिसे जनता पार्टी हल नहीं कर पायी, टूट गई और उससे निकली भाजपा। नानाजी देशमुख की पुस्तक का सार दूसरे, तीसरे, चौथे और पांचवे अध्याय में समाया हुआ है। इन अध्यायों का विषय संघ पर लगे आरोप हैं। नानाजी देशमुख ने दोहरी सदस्यता के प्रश्न को इस प्रकार रखा है- इसका एक ही उद्देश्य है कि पूर्व जनसंघ के सदस्य जनता पार्टी में दूसरे दर्जे के

दोहरी सदस्यता का प्रश्न। यह वह प्रश्न है जिसे जनता पार्टी हल नहीं कर पायी, टूट गई और उससे निकली भाजपा। नानाजी देशमुख की पुस्तक का सार दूसरे, तीसरे, चौथे और पांचवे अध्याय में समाया हुआ है। इन अध्यायों का विषय संघ पर लगे आरोप हैं।

बनकर रहें और हाशिए पर चले जाएं।

दोहरी सदस्यता के विवाद को यह सैद्धांतिक आधार पर दिया गया कि राष्ट्रीय स्वयंसेवक संघ का विश्वास हिंदू राष्ट्र में है और इस विचारधारा के मानने वाले कभी धर्मनिरपेक्ष नहीं हो सकते। इसलिए पूर्व जनसंघ के नेता अपना संबंध संघ से तोड़े, नहीं तो जनता पार्टी छोड़ें। नानाजी देशमुख ने इस बारे में जो कुछ लिखा है वह आप पुस्तक में पढ़ सकेंगे।

शांतिभूषण ने अपने मन का उद्गार इस रूप में व्यक्त किया है-'मैं यह कहते हुए प्रसन्नता अनुभव कर रहा हूं कि जनसंघ ने धर्मनिरपेक्षता और सामाजिक समता को नई पार्टी के मानक के रूप में स्वीकार किया। उसके बाद एक प्रारूप बनाया गया और नई पार्टी का नाम जनता पार्टी रखा गया।'

जरूरी है कि इस विवाद पर दूसरी प्रमाणिक पुस्तकों में जो-जो लिखा गया है वह भी आप जाने। मोरारजी शासन में कानून मंत्री रहे शांतिभूषण ने अपनी संस्मरणात्मक जीवनी - 'कोर्टिंग डेस्टिनी' में जनता पार्टी बनने की कहानी लिखी है। अक्सर लोग इस हिस्से को भूल जाते हैं जिसे शांतिभूषण ने खासतौर पर चिन्हित किया है। उन्होंने याद दिलाया है कि १९७६ में जब लोकनायक जयप्रकाश नारायण अपने इलाज के लिए जेल से छोड़े गए थे उन्हीं दिनों की यह बात है। मुंबई में एक बैठक दो दिनों तक चली। उसमें जयप्रकाश नारायण ने अपील की कि संगठन कांग्रेस, जनसंघ, सोशलिस्ट पार्टी और भारतीय लोक दल को मिलाकर एक पार्टी विपक्ष की बननी चाहिए जो समय आने पर चुनावों में इंदिरा कांग्रेस को हरा सके। इस पर वहां सहमति बनी। जे.पी. ने एन.जी.गोरे को संयोजक बनाया और एच.एम.पटेल, ओमप्रकाश त्यागी और शांतिभूषण को समिति में रखा। शांतिभूषण ने अपने मन का उदगार इस रूप में व्यक्त किया है-'मैं यह कहते हुए प्रसन्नता अनुभव कर रहा हूं कि जनसंघ ने धर्मनिरपेक्षता और सामाजिक समता को नई पार्टी के मानक के रूप में स्वीकार किया। उसके बाद एक प्रारूप बनाया गया और नई पार्टी का नाम जनता पार्टी रखा गया।' उन्होंने अपनी पुस्तक में उस प्रेस बयान को डाला है जो जनता पार्टी बनाने के लिए समिति की घोषणा पर जारी किया गया था। उसकी तारीख है- २१ मार्च, १९७६। उस बातचीत में आचार्य कृपलानी, नारायण देसाई, एस.एम.जोशी, निजीलिंगप्पा और यदुनाथ थत्ते सरीखे लोग थे।

शांतिभूषण ने इसी पुस्तक में १९७७ के लोकसभा चुनावों के बाद बनी जनता पार्टी की सरकार में नानाजी देशमुख के महत्वपूर्ण योगदान का वर्णन किया है। इसे जानते तो सभी हैं, लेकिन एक व्यक्ति जो खुद उन घटनाओं में भूमिका अदा कर रहा था वह जब बताता है तो उसका महत्व

कई गुना बढ़ जाता है। ऐसा ही शांतिभूषण के साथ था। वे हर घटना के साक्षी भी थे और कर्त्ता भी। उन्होंने बताया है कि कैसे नानाजी देशमुख के हस्तक्षेप से जनसंघ घटक को अपना निर्णय बदलना पड़ा और मोरारजी भाई देसाई का समर्थन किया। जनसंघ घटक ने पहले जगजीवन राम को नेता बनवाने का विचार किया था और इसकी सूचना भी उन्हें दे दी गई थी।

जनता पार्टी टूटने पर नानाजी देशमुख की पीड़ा समझने के लिए हमें दूसरे स्त्रोतों को भी देखना चाहिए जिससे कि उनका मर्म पूरी तरह समझा जा सके। रविवार साप्ताहिक में नानाजी देशमुख का एक इंटरव्यू जून, १९७८ में छपा। उनसे सवाल पूछा गया था कि 'कुछ लोगों का मानना है कि चरण सिंह-नानाजी देशमुख और राजनारायण गुट ने जनता पार्टी पर कब्जा कर लिया है। आपका क्या कहना है?' इस सवाल पर नानाजी का कहा हुआ जो छपा है वह इस प्रकार है- ''एक बात समझनी होगी कि जनता पार्टी पर कोई व्यक्ति या गुट कभी कब्जा नहीं कर सकेगा। हमने व्यक्तिवाद और गुटवाद को समाप्त करने के लिए ही जनता पार्टी की स्थापना की है। इस प्रकार का घातक प्रचार कुछ शरारती तत्व ही कर सकते हैं। प्रधानमंत्री के नाते हमने मोरारजी देसाई को हृदय से स्वीकारा है.....सबको यह मानकर चलना होगा कि लोक सभा के अगले चुनाव तक पार्टी में नेतृत्व परिवर्तन का प्रश्न ही पैदा नहीं होता। मैं इसीलिए मंत्रीमंडल से बाहर रहा कि सबके साथ आत्मीयतापूर्ण संबंध बनाये रख सकूं तथा सबकी योग्यता का उपयोग पार्टी के लिए कर सकूं- उसे मजबूत व्यापक और परिणाम जनक बनाने के लिए। मैं न किसी गुट का हूं न पार्टी में किसी प्रकार के गुट का निर्माण होने दूंगा। मैं पार्टी टूटने नहीं दूंगा, यही मेरा प्रयास होगा।'' वे अपने प्रयास में सफल नहीं हो सके तब नानाजी देशमुख ने यह जरूरी समझा कि पूरी बात लोगों को पुस्तक के जरिए बता दी जाए।

जनता पार्टी के अध्यक्ष रहे चंद्रशेखर से मैंने पूछा था कि जनता सरकार के पतन के क्या कारण थे? इस पर उनका जो जवाब है वह 'रहबरी के सवाल' में विस्तार से छपा है। वे नहीं मानते थे कि दोहरी सदस्यता के कारण सरकार का पतन हुआ। यह तो बहाना था। 'मुझे लगता है कि मुख्य कारण कुछ लोगों की निजी महत्वाकांक्षा रही। इस बात से कोई इनकार नहीं कर सकता कि पार्टी में विचारधारा का अंतर था। शुरू से यह स्पष्ट था कि जनता पार्टी के घटकों में विचारधारा में असमानता है। उस समय यह तय किया गया था कि सभी आपस में

जनता पार्टी के अध्यक्ष रहे चंद्रशेखर से मैंने पूछा था कि जनता सरकार के पतन के क्या कारण थे? इस पर उनका जो जवाब है वह 'रहबरी के सवाल' में विस्तार से छपा है।

मिलकर काम करेंगे और पार्टी में वांछनीय एकता लाने के लिए एक दूसरे का साथ देंगे। पहले दिन से ही नेतृत्व पाने के लिए वरिष्ठ नेताओं में मतभेद और स्वार्थों का टकराव हुआ। हम इसका हल नहीं निकाल सके।'

चंद्रशेखर अपनी स्पष्टवादिता के लिए मशहूर थे। कभी-कभी इस कारण उनके राजनीतिक विरोधी बढ़ जाते थे। लेकिन इसकी उन्होंने परवाह नहीं की। उनके निवास पर हमेशा राजनीतिक चौपाल लगती थी। जिसमें उनके सहयोगी, मिलने-जुलने वाले, राजनीतिक जीव और पत्रकार भी होते थे। शायद ही कभी ऐसा क्षण हो जब वे अकेले रहते हों। वे लोगों से घिरे हुए हों या हों निपट अकेले इससे कोई फर्क नहीं पड़ता था। जनता पार्टी का प्रसंग जैसे ही छिड़ता था वे १९७७ की यादों में खो ही नहीं जाते थे बल्कि अपनी पीड़ा व्यक्त कर मन को हल्का कर लेते थे। यही उनका तरीका था। राजनीति में जीने का एक बहाना भी था।

शायद ही कभी ऐसा क्षण हो जब वे अकेले रहते हों। वे लोगों से घिरे हुए हों या हों निपट अकेले इससे कोई फर्क नहीं पड़ता था। जनता पार्टी का प्रसंग जैसे ही छिड़ता था वे 1977 की यादों में खो ही नहीं जाते थे बल्कि अपनी पीड़ा व्यक्त कर मन को हल्का कर लेते थे। यही उनका तरीका था। राजनीति में जीने का एक बहाना भी था।

न जाने कितनी बार उनसे लोगों ने सुना है कि 'जनता पार्टी के गठन के बाद मेरे समाजवादी साथियों ने बार-बार सावधान किया कि देशमुख से सतर्क रहना।' वे कहते थे तो अपने पुराने साथियों को सुन लेता था। सोचता था कि नानाजी देशमुख बहुत खतरनाक व्यक्ति होंगे तभी तो मुझे सावधान किया जा रहा है। चंद्रशेखर उन राजनीतिक नेताओं में नहीं थे जो किसी के अगाह करने पर संभल कर चलते हों। वे अपने अनुभवों पर जाते थे। नानाजी देशमुख के बारे में उन्होंने समाजवादियों की सलाह पर कोई धारणा नहीं बनाई। १ मई, १९७७ को जनता पार्टी का विधिवत गठन हुआ। प्रगति मैदान का हाल ऑफ नेशनस् उसका गवाह बना। चंद्रशेखर शाम को रामलीला मैदान की सभा में विधिवत अध्यक्ष बने। उनके एक महासचिव नानाजी देशमुख हुए। जनता पार्टी के अध्यक्ष चंद्रशेखर लोगों को बताते थे कि 'नानाजी देशमुख मेरे सबसे भरोसे के साथी साबित हुए।' उनका संबंध आपसी विश्वास का था जो जनता पार्टी की सीमाओं में ही नहीं बंधा रहा। वह आजीवन चला। अपनी पुस्तक में जहां नानाजी देशमुख जनता पार्टी के उज्ज्वल पक्ष को गिना रहे हैं वहीं वे लिखते हैं कि 'श्री चंद्रशेखर जैसे सच्चे और ईमानदार लोग इसमें अपना योगदान देते रह सकते थे।'

ऐसा तब होता जब जनता पार्टी बनी

रहती। उसकी एकता टूटती नहीं। जनता पार्टी दोहरी सदस्यता के सवाल पर टूटी। यह सवाल वास्तविक नहीं था। इसे नानाजी देशमुख अपनी पुस्तक में समझाते हैं।

इस पुस्तक में दोहरी सदस्यता पर नानाजी देशमुख ने तर्कों के अनेक ऐसे रामबाण छोड़े हैं जो अकाट्य हैं। इन पर कम ध्यान दिया गया है। जनता पार्टी के कोलाहली विवाद में यह समझ की आवाज दब कर रह गई। इसका यह अर्थ नहीं है कि नानाजी देशमुख ने सही मुद्दा नहीं उठाया। इससे तो इतना ही निकलता है कि वह दौर समझने-समझाने का नहीं था। अगर होता तो उनके ये तर्क काम कर जाते। निश्चय ही जो उन्होंने लिखा है वह विवाद छेड़ने वालों को उस समय उन्होंने समझाया भी होगा।

मधु लिमये की एक राजनीतिक छवि बन गई थी कि जनता पार्टी को तोड़ने वालों में वे नम्बर एक थे। सक्रिय राजनीति से जब उन्हें फुर्सत मिली तब जनता पार्टी पर दो खण्डों में उन्होंने पुस्तक लिखी। पहले खण्ड में १९७५-७७ का वर्णन है। उन्होंने अपनी पुस्तक का नाम दिया-'जनता पार्टी एन एक्सपेरिमेंट'। इस पुस्तक में जनता पार्टी और राष्ट्रीय स्वयंसेवक संघ के नाम का एक अध्याय है। इसमें उन्होंने अपने विचार लिखे हैं कि जनसंघ संघ परिवार का अंग है और वह जनता पार्टी में सबसे अधिक सुगठित है। वह संघ से अपने संबंध बनाये रखता है तो जनता पार्टी में इसलिए टकराव होगा क्योंकि सेक्युलर नेशनलिज्म को खतरा पैदा हो जायेगा। वे अपनी बात आगे

इस पुस्तक में दोहरी सदस्यता पर नानाजी देशमुख ने तर्कों के अनेक ऐसे रामबाण छोड़े हैं जो अकाट्य हैं। इन पर कम ध्यान दिया गया है। जनता पार्टी के कोलाहली विवाद में यह समझ की आवाज दब कर रह गई। इसका यह अर्थ नहीं है कि नानाजी देशमुख ने सही मुद्दा नहीं उठाया।

बढ़ाते हैं और कहते हैं या तो संघ बदले या जनसंघ उससे अपना नाता तोड़े। इसे वह जनता पार्टी का सबसे विस्फोटक विषय मानते थे। उन्होंने लिखा है कि जनता पार्टी के विधिवत बनने से पहले ही यह सवाल उसकी कार्यसमिति में उठा।

चंद्रशेखर ने भी याद किया था कि यह सवाल सबसे पहले कृष्णकांत ने उठाया था। उन्होंने यह नहीं बताया था कि कारण क्या था। मधु लिमये ने उसका विस्तार से उल्लेख किया है कि कार्यसमिति में कृष्णकांत ने एक विदेशी अखबार में डॉ. सुब्रमण्यम स्वामी के छपे बयान को मुद्दा बनाया। डॉ. स्वामी ने अखबार को बताया था कि जनता पार्टी के पीछे वास्तविक शक्ति राष्ट्रीय स्वयंसेवक संघ की है। वह इस पार्टी पर अधिकार कर लेगी। मधु लिमये ने इसका भी उल्लेख किया है कि राष्ट्रीय स्वयंसेवक संघ के सरसंघचालक बालासाहब देवरस के

दिल्ली आगमन पर उनके स्वागत में अनेक मंत्री स्टेशन गए थे। इस पर मोरारजी का कहा हुआ मधु लिमये ने उद्धृत किया है कि 'मैं नहीं चाहता कि हमारे मंत्री इस तरह के कार्यक्रमों में जाएं।' उस बैठक में सिकंदर बख्त भी थे। वे संगठन कांग्रेस नामक घटक से मंत्री थे। मोरारजी देसाई भी उसी घटक के थे फिर भी सिंकदर बख्त ने पूछा कि इस तरह के कार्यक्रमों में जाने में आपत्ति क्यों है। इसमें गड़बड़ क्या है और उन्होंने जोड़ा कि मैं भी स्टेशन पर मौजूद था।

मधु लिमये ने अपने मूल तर्क को राष्ट्रीय स्वयंसेवक संघ के इतिहास से जोड़ा है जब उस पर १९४८ में पहली बार प्रतिबंध लगा था। वे यह बता रहे हैं कि सरदार बल्लभभाई पटेल, राममनोहर लोहिया और जयप्रकाश नारायण ने अपने-अपने स्तर पर सुधारने के प्रयास किये। कोशिश की कि संघ और जनसंघ उदार राष्ट्रवाद की धारा अपनाए। इसका विवरण देते हुए उन्होंने यह बताया है कि जनसंघ स्वायत्त नहीं है और इस तरह वह एक स्वतंत्र राजनीतिक दल नहीं था। वह राष्ट्रीय स्वयंसेवक संघ का अंग है। उनकी नजर में राष्ट्रीय स्वयंसेवक संघ एक राजनीतिक संगठन है जिसका दर्शन और कार्यपद्धति अलोकतांत्रिक है। इसके बारे में उन्होंने अनेक विवरणों का सहारा लिया है।

मधु लिमये ने अपने मूल तर्क को राष्ट्रीय स्वयंसेवक संघ के इतिहास से जोड़ा है जब उस पर 1948 में पहली बार प्रतिबंध लगा था। वे यह बता रहे हैं कि सरदार बल्लभभाई पटेल, राममनोहर लोहिया और जयप्रकाश नारायण ने अपने-अपने स्तर पर सुधारने के प्रयास किये। कोशिश की कि संघ और जनसंघ उदार राष्ट्रवाद की धारा अपनाए।

इसके ठीक विपरीत नानाजी देशमुख ने एक अध्याय अपनी पुस्तक में दिया है कि जनसंघ विरोध की प्रेरणाएं क्या थी। वे बताते हैं कि भारत की राजनीति के तीन मुख्य तत्व हैं- कुछ राजनीतिज्ञ, कुछ थोथे नारे और कुछ जातियों और संप्रदायों का परस्पर गठजोड़। उन्होंने इसे स्पष्ट किया है कि 'जो राजनीति सिद्धांतों, नैतिकता, संगठन और राजनीतिक इच्छा शक्ति पर आधारित होती है उसका रास्ता अपना ही होता है।' जनसंघ को वे इसी श्रेणी में रखते हैं। उन्होंने मधु लिमये के बजाय चौधरी चरण सिंह को पार्टी तोड़ने का कारक अपने अनुभवों से बताया है। मधु लिमये का नाम लिए बगैर उन्होंने लिखा है कि 'समाजवादियों में अनुशासनहीनता सदा से रही है और जनता पार्टी में आने के बाद भी उसमें कोई कमी नहीं आई।' लेकिन वे यह बता रहे हैं कि जनता पार्टी परिवर्तन की राजनीति के लिए बनी थी जिसमें चौधरी चरण सिंह का कभी विश्वास नहीं रहा। वे सत्ता राजनीति के व्यक्ति थे।

नानाजी देशमुख ने अपनी एक भूल मानी है कि 'हमने चौ. चरण सिंह की दुराकांक्षाओं के आयामों को समझने में भूल की।' इसका एक रोचक वर्णन पुस्तक में है कि कब कब भूल की और कब संभल जाना चाहिए था। पुस्तक के अंत में नानाजी देशमुख का चौ. चरण सिंह के नाम एक पत्र छपा है। यह लंबा पत्र है। इस पर १४ अगस्त, १९७९ की तारीख है। इस पत्र से पता चलता है कि चौ. चरण सिंह को राजनीति में नंबर एक पद पर यानी उत्तर प्रदेश का मुख्यमंत्री बनवाने और केंद्र में दोबारा मोरारजी भाई के मंत्रिमंडल में वापस लाने में नानाजी देशमुख की बहुत महत्वपूर्ण भूमिका रही है।

'हमने चौ. चरण सिंह की दुराकांक्षाओं के आयामों को समझने में भूल की।' इसका एक रोचक वर्णन पुस्तक में है कि कब कब भूल की और कब संभल जाना चाहिए था। पुस्तक के अंत में नानाजी देशमुख का चौ. चरण सिंह के नाम एक पत्र छपा है। यह लंबा पत्र है। इस पर 14 अगस्त, 1979 की तारीख है। नानाजी देशमुख से चौ. सिंह का मिलना-जुलना 1956 से था।

नानाजी देशमुख से चौ. सिंह का मिलना-जुलना १९५६ से था। संपूर्णानंद के खिलाफ चंद्रभानु गुप्त ने विद्रोह कर दिया था और बागियों में चौ. चरण सिंह भी थे। तब संपूर्णानंद ने नानाजी देशमुख की मदद ली थी। जिससे उनकी सरकार बची और चौ. चरण सिंह ने अपना इस्तीफा वापस लिया। नानाजी देशमुख उनको समझाने के लिए जब गए तब चौधरी चरण सिंह ने उनसे पूछा था कि मैं इस्तीफा वापस ले लूंगा। पहले यह बताओ कि आप मुझे मुख्यमंत्री कब बनाओगे। उस समय नानाजी देशमुख ने कहा था कि जब विधानसभा में जनसंघ के सौ सदस्य हो जाएंगे उस दिन आप मुख्यमंत्री बन जाएंगे। ऐसे सम्बंधों का विवरण देकर नानाजी देशमुख ने कुछ सैद्धांतिक प्रश्न उठाये और चौ. चरण सिंह से अपील की कि अपनी गलती सुधारने पर विचार करें। नानाजी देशमुख के पत्र के तथ्य एवं तर्कों से चौधरी चरण सिंह को निरुत्तर हो गए।

लेकिन उस पत्र का असर न होना था न हुआ। इसीलिए नानाजी देशमुख ने पुस्तक के चौथे अध्याय में यह निष्कर्ष बताया है कि 'राजनीतिक विध्वंस के विशेषज्ञ मधु लिमये और राजनारायण सबसे बड़े दल-बदलू चौ. चरण सिंह के साथ मिलकर जनता पार्टी को तोड़ने में सफल हो गए।'

अरुण गांधी ने अपनी पुस्तक-'दी मोरारजी पेपर्स, फाल ऑफ द जनता गर्वनमेंट' में नानाजी देशमुख की पुस्तक के हवाले से चौ. चरण सिंह के दल-बदल का ब्यौरा दिया है। उन्होंने नानाजी देशमुख के कथन को प्रामाणिक माना है और कहा है कि उत्तरप्रदेश में सक्रिय रहने के कारण नानाजी देशमुख चौ. चरण सिंह

को लंबे समय से जानते थे। अरुण गांधी ने अपना विचार छिपाया नहीं और टिप्पणी की है कि चौ. चरण सिंह को जहां राजनीतिक अछूत समझा जाना चाहिए था वहां उन्हें सम्मान देकर जनता पार्टी ने संकट को न्यौता दिया।'

मधु लिमये ने जनता पार्टी की टूट को एक सैद्धांतिक शब्द दिया कि यह विघटन है। लालकृष्ण आडवाणी ने इसे चुनौती दी और अपनी किताब में लिखा कि यह विघटन नहीं, विश्वासघात है। 'मधु लिमये का कहना है कि यह विघटन है। उन्हें इस बात पर आपत्ति है कि उन्हें दल-बदलू कहा जाता है।' जहां तक उनका संबंध है वह दल बदल करने वाले नहीं, बल्कि दल तोड़ने वाले अधिक है। राजनीति में आज तक उनकी जो भूमिका रही है उससे यह बात स्पष्ट हो जाती है। उन्हें दलों को तोड़ने, फूट डालने, विघटन करने और नष्ट करने में सुख मिलता है। उनका व्यक्तित्व शुद्ध रूप से नकारात्मक है। समाजवादी आंदोलन को उनकी करतूतों से कम क्षति नहीं पहुंची है। आजकल वे नानगोरे और अन्य मित्रों से कहते फिर रहे हैं कि जनता पार्टी को नष्ट करके उन्होंने ऐतिहासिक भूमिका निभायी है।' लालकृष्ण आडवाणी की पुस्तक-विश्वासघात - के आठवें अध्याय में छपा यह हिस्सा उस मधु लिमये से परिचित कराता है जो संघ के मित्र हैं। 'मधु लिमये ने रायपुर प्रेस कलब में कहा कि पचास वर्षीय राष्ट्रीय स्वयंसेवक संघ की स्थापना डॉ. हेडगेवार ने की थी जो कांग्रेसी थे। उन पर लोकमान्य तिलक का प्रभाव पड़ा था और उन्होंने क्रांतिकारियों के साथ मिलकर भी कार्य किया था। उसी क्रम में उन्होंने कहा कि जयप्रकाश नारायण की एक बड़ी उपलब्धि यह है कि उन्होंने संघ को फिर से राष्ट्र की मुख्य जीवनधारा में लाने में सफलता प्राप्त की।' इसका उल्लेख कर लालकृष्ण आडवाणी ने लिखा कि जून,१९७७ में मधु लिमये संघ के मित्र थे। लालकृष्ण आडवाणी ने अच्युत पटवर्धन के एक लेख का हवाला दिया है-'आपातकाल के समाप्त होने के बाद से आज तक जनसंघ और राष्ट्रीय स्वयंसेवक संघ ने कौन सी ऐसी बात कही या की है जिससे मधु लिमये, राजनारायण और उनके साथियों ने क्रुद्ध होकर इस संस्था को जनता के दृष्टि में गिराने के उद्देश्य से ऐसा आंदोलन प्रारंभ किया। राष्ट्रीय स्वयंसेवक संघ विरोधी जो अभियान मधु लिमये ने प्रारंभ किया है

> **मधु लिमये ने जनता पार्टी की टूट को एक सैद्धांतिक शब्द दिया कि यह विघटन है। लालकृष्ण आडवाणी ने इसे चुनौती दी और अपनी किताब में लिखा कि यह विघटन नहीं, विश्वासघात है। 'मधु लिमये का कहना है कि यह विघटन है। उन्हें इस बात पर आपत्ति है कि उन्हें दल-बदलू कहा जाता है।' वह दल बदल करने वाले नहीं, बल्कि दल तोड़ने वाले अधिक है।**

उसके पीछे कौन-कौन सी देशज और विदेशी प्रेरणाएं हैं यह समझना किसी के लिए भी सरल नहीं है। उनके इस अभियान से सभी चक्कर में पड़ गए हैं कि वह क्यों प्रारंभ किया गया। मेरा अपना विचार यह है कि इसका मुख्य कारण यह है कि मधु लिमये का व्यक्तित्व मूल रूपेण नकारात्मक और अहंकारी है और इसीलिए उन्होंने उस षड्यंत्र का अंग बनना स्वीकार किया बल्कि स्वयं उसकी रचना की जिसका उद्देश्य जनता पार्टी को तोड़ना था और कारण केवल यह था कि कुछ व्यक्तियों की सत्ता लिप्सा को संतुष्ट नहीं किया जा सका। राष्ट्रीय स्वयंसेवक संघ का हौवा तो इस षड्यंत्र को सफल बनाये जाने के लिए सुविधाजनक साधन के रूप में उपयोग किया गया।'

लालकृष्ण आडवाणी इस संदर्भ में सूचना देते हैं, 'वे लोग, जिन्होंने पार्टी को तोड़ दिया, जानते थे कि उनके इस आचरण से जनता सरकार गिर जाएगी और इंदिरा गांधी के पुनरुत्थान का मार्ग प्रशस्त हो जाएगा। लेकिन उन्होंने इसकी बिल्कुल परवाह नहीं की?

'दोहरी सदस्यता' के इस पूरे विवाद में दो रचनात्मक तरह के हस्तक्षेप हुए। एक, अटलजी द्वारा और दूसरा बालासाहेब देवरस द्वारा, जो कि उस समय संघ के सरसंघचालक थे। 'इंडियन एक्सप्रेस' में २ अगस्त, १९७९ को 'वी आर ऑल टु ब्लेम' (हम सब दोषी हैं) नामक निष्पक्ष लेख में अटलजी ने चार बिंदुओं का उल्लेख किया-(१) जनता पार्टी की समस्या मुख्य रूप से चरण सिंह के केंद्रीय मंत्रिमंडल में स्वयं के लिए नं. २

मधु लिमये का व्यक्तित्व मूल रूपेण नकारात्मक और अहंकारी है और इसीलिए उन्होंने उस षड्यंत्र का अंग बनना स्वीकार किया बल्कि स्वयं उसकी रचना की जिसका उद्देश्य जनता पार्टी को तोड़ना था और कारण केवल यह था कि कुछ व्यक्तियों की सत्ता लिप्सा को संतुष्ट नहीं किया जा सका।

की स्थिति न स्वीकार कर पाने के कारण उत्पन्न हुई। (२) संघ का मुद्दा चरण सिंह के कुछ समर्थकों द्वारा मनोयोग से तैयार किया गया था, जो तत्कालीन जनसंघ के सदस्यों द्वारा केंद्र सरकार को अस्थिर न करने के विरोधस्वरूप किया गया था। (३) संघ का देश में सांप्रदायिक हिंसा से कोई लेना-देना नहीं है। (४) यह शंका कि संघ का लक्ष्य राजनीतिक सत्ता हथियाना है, एकदम निराधार है। अटलजी ने अपने लेख का समापन संघ को तीन सुझाव देते हुए किया। वे थे-(अ) संघ से जुड़ी पत्रिकाओं को राजनीतिक जगत में चल रहे सत्ता के खेल में कोई पक्ष नहीं लेना चाहिए। (ब) संघ को उन युवा निकायों तथा ट्रेड यूनियनों में शामिल नहीं होना चाहिए, जो राजनीतिक दलों से संपर्क बनाए रखते हैं। (स) संघ को औपचारिक रूप से घोषणा करनी चाहिए कि उनके द्वारा स्वीकृत 'हिंदू राष्ट्र' का तात्पर्य 'भारतीय राष्ट्र' से है। पहले दो

सुझावों का उद्देश्य इस गलत भावना को दूर करना था कि संघ की कोई राजनीतिक महत्वाकांक्षा है। तीसरा, जिसे मोरारजी देसाई और जगजीवन राम ने भी दोहराया था, का लक्ष्य था संघ की सर्वपंथसमादर के लिए प्रतिबद्धता को स्पष्ट करना।

'नागपुर में अक्तूबर १९७९ में विजयादशमी उत्सव में अपने वार्षिक संबोधन में बालासाहब देवरस ने एक महत्वपूर्ण विचार प्रस्तुत किया, जिसकी प्रासंगिकता आज भी बनी हुई है। 'कुछ लोगों द्वारा कहा जा रहा है कि संघ बदल रहा है और इसे आगे भी बदलना है। सभी जीवित प्राणी अपने स्वाभाविक रूप में बदलते हैं। यह उनके विकास का संकेत है। जो बदल नहीं रहा है, वह जीवित नहीं है, मृत है। पर इस बदलाव को अपनी जीवनधारा की शिराओं को काटकर नहीं अपनाया जा सकता।' संघ भी समय की आवश्यकताओं के हिसाब से बदल रहा है और भविष्य में भी बदलता रहेगा।

'नागपुर में अक्तूबर 1979 में विजयादशमी उत्सव में अपने वार्षिक संबोधन में बालासाहब देवरस ने एक महत्वपूर्ण विचार प्रस्तुत किया, जिसकी प्रासंगिकता आज भी बनी हुई है। 'कुछ लोगों द्वारा कहा जा रहा है कि संघ बदल रहा है और इसे आगे भी बदलना है। सभी जीवित प्राणी अपने स्वाभाविक रूप में बदलते हैं।

पहली बार जब 'दोहरी सदस्यता' के विवाद ने जनता पार्टी का विनाश करने के लिए सिर उठाया था, तब से तीन दशक बीत चुके हैं। जब मैं (लालकृष्ण आडवाणी) पीछे मुड़कर झांकता हूं तो स्वयं से पूछता हूं कि 'इसके समर्थकों ने क्या प्राप्त किया? स्पष्टतया वे जनसंघ के राजनीतिक धारा को अलग-थलग नहीं कर सके, बल्कि वे स्वयं अलग-थलग पड़ गए। मैं केवल यह कह सकता हूं कि अंतत: हमें जनता पार्टी से निष्कासित कर उन्होंने हमारे ऊपर बड़ा उपकार किया। इसके कारण ही हम भारतीय जनता पार्टी के रूप में अप्रैल १९८० में स्वयं को पुनर्जीवित कर सके और इस तरह आनेवाले वर्षों में भारतीय राजनीति का एक नया गौरवपूर्ण अध्याय लिख सके।'

ज्यादातर राजनीतिक नेता बताते हैं और यह मानते भी हैं कि जनसंघ घटक ने १९८० के लोकसभा चुनावों के बाद अलग होने और अपनी पार्टी बनाने का फैसला कर लिया था। इस धारणा को शांतिभूषण ने तोड़ा है। उन्होंने अपने संस्मरण में लिखा है कि चुनाव के बाद जनता पार्टी की राष्ट्रीय कार्यसमिति हुई। उसमें दोहरी सदस्यता का मामला फिर से उठा। एक प्रस्ताव आया कि जो लोग जनता पार्टी में राष्ट्रीय स्वयंसेवक संघ से जुड़े हुए हैं उन्हें उससे अपना संबंध तोड़ना पड़ेगा तभी वे पार्टी में रह सकते हैं। इस पर शांतिभूषण ने टिप्पणी की है कि यह अनुचित था क्योंकि जनसंघ घटक ने अपना पुराना रवैया बदल लिया था। जनता पार्टी की कार्यसमिति में उस

प्रस्ताव के विपरीत मोरारजी भाई ने एक प्रस्ताव रखा जिसका उद्देश्य पार्टी की एकता को बनाए रखना था। उसका समर्थन शांतिभूषण ने किया। वह प्रस्ताव एक वोट से गिर गया। उसके बाद पार्टी टूटी और भारतीय जनता पार्टी बनी, जिसमें संगठन कांग्रेस के दो नेता सिंकदर बख्त और शांतिभूषण शामिल हुए।

जिस तरह लालकृष्ण आडवाणी, चंद्रशेखर, अच्युत पटवर्धन के उद्धहरण से देशमुख के तथ्यों और तर्कों की पुष्टि हुई है वैसे ही एक उद्धहरण यह भी है। पत्रकार उदयन शर्मा के जनता पार्टी संबंधी लेखों और रिर्पोटों का संकलन २००५ में छपा है। पुस्तक का शीर्षक है– 'जनता पार्टी कैसे टूटी?' इसमें कुर्बान अली ने लिखा है कि 'उदयन शर्मा की ये रिर्पोटें बताती हैं कि जिन उद्देश्यों को लेकर जनता पार्टी का गठन किया गया था उसके निर्माता सत्ता मिलते ही अपने उद्देश्यों से भटक गए। जनता पार्टी घटकवाद का शिकार हो गई और इसमें शामिल सभी घटक अपनी-अपनी क्षुद्र राजनीति के लिए इस दल का इस्तेमाल करने लगे। यूं जनता पार्टी की टूट के लिए राष्ट्रीय स्वयंसेवक संघ को जिम्मेदार बताया जाता है और चौधरी चरण सिंह के नेतृत्व में जो लोग जनता पार्टी से अलग हुए थे उन्होंने दोहरी सदस्यता को जनता पार्टी की टूट का मुख्य मुद्दा बनाया था और कहा था कि जनता पार्टी में शामिल पूर्व भारतीय जनसंघ के सदस्य जनता पार्टी के साथ-साथ राष्ट्रीय स्वयंसेवक संघ के भी सदस्य बने हुए हैं और संघ के

पत्रकार उदयन शर्मा के जनता पार्टी संबंधी लेखों और रिर्पोटों का संकलन 2005 में छपा है। पुस्तक है 'जनता पार्टी कैसे टूटी?' इसमें कुर्बान अली ने लिखा है ये रिर्पोटें बताती हैं कि जिन उद्देश्यों को लेकर जनता पार्टी का गठन किया गया था उसके निर्माता सत्ता मिलते ही अपने उद्देश्यों से भटक गए।

प्रति निष्ठा रखते हैं इसलिए इसे स्वीकार नहीं किया जा सकता और यही तर्क देते हुए १९७९ में जनता पार्टी सेक्युलर का गठन किया गया था लेकिन उदयन शर्मा की ये रिर्पोटे बताती हैं कि जनता पार्टी में सत्ता संघर्ष पार्टी की टूट का असल कारण था और इसका वैचारिक मतभेदों से कोई लेना-देना नहीं था। ये रिर्पोटें बताती हैं कि जनता पार्टी के गठन में जिस व्यक्ति ने सबसे ज्यादा अहम भूमिका अदा की थी यानि जयप्रकाश नारायण, पार्टी ने सत्ता में आने के बाद उन्हीं को पूरी तरह दरकिनार कर दिया। उनकी सुध लेने वाला कोई नहीं था।' इस पुस्तक में 'जनता पार्टी को कौन तोड़ेगा?' यह लेख उदयन शर्मा ने जून,१९७८ में लिखा कि जनता पार्टी को सिर्फ एक व्यक्ति है जो तोड़ेगा वह चौधरी चरण सिंह हैं।

किशन पटनायक ने १९७७ में 'जेपी और राष्ट्रीय स्वयंसेवक संघ' लेख लिखा

उसे पढ़ें। ''राष्ट्रीय स्वयंसेवक संघ और विद्यार्थी परिषद को लेकर जनता पार्टी में एक विवाद खड़ा हुआ है। इस विवाद का एक अस्वस्थ पहलू भी है। कुछ घटकों को यह डर हो गया है कि जनसंघ अलग युवा और विद्यार्थी संगठन बनाकर जनता पार्टी पर हावी हो जाएगा। इस प्रकार का हौआ खड़ा कर जो विवाद उठ रहा है। उसके पीछे कुछ हद तक ईर्ष्या और नंपुसकता है। हम अपने को इस विवाद से अलग रख रहे हैं।

''हम विद्यार्थी परिषद तथा राष्ट्रीय स्वयंसेवक संघ के बारे में वृहत्तर राष्ट्रीय सवाल खड़ा करना चाहते हैं, जो लोकतंत्र तथा क्रांति के लिए प्रासंगिक और जरूरी है। जे.पी. ने 'सामयिक व्रार्ता' द्वारा पूछे गए संघ सम्बन्धी प्रश्नों के जो लिखित जवाब भेजे हैं उनसे यह सवाल उजागर होता है। इस सवाल को स्पष्ट रूप से पेश करने के लिए हम इसे क्रमवार ढंग से लिख रहे हैं: (१) राष्ट्रीय स्वयंसेवक संघ एक राष्ट्रीय संगठन है। इसके महासचिव माधव राव मुले के अनुसार यह किसी का (या किसी धर्म-विशेष) स्वयंसेवक दस्ता नहीं है और न विशुद्ध रूप से एक सांस्कृतिक संगठन ही है। यह एक 'महान सामाजिक-सांस्कृतिक संगठन' है और इसका उद्देश्य है 'अस्पृश्यता, जातीयता, साम्प्रदायिकता, प्रान्तीयता और भाषा की संकीर्णता को मिटाना तथा राष्ट्रीय चरित्र का निर्माण करना।' मुले के इस कथन से यह स्पष्ट होता है कि सत्ता की राजनीति से राष्ट्रीय स्वयंसेवक संघ का भले ही प्रत्यक्ष सम्पर्क न हो, लेकिन वृहत्तर अर्थ में इसका उद्देश्य सामाजिक-राजनैतिक है। बिहार आन्दोलन, इमरजेंसी और मार्च के चुनाव में जिस बड़ी संख्या में राष्ट्रीय स्वयंसेवक संघ के कार्यकर्ता सक्रिय हुए थे उससे यह स्पष्ट है। यह कोई शर्म या इनकार करने की बात नहीं, बल्कि सत्ता की लड़ाई में न रहकर राजनीति में वृहत्तर उद्देश्यों को अपनाना एक सराहनीय बात है। (२) बिहार आन्दोलन तथा तानाशाही विरोधी आन्दोलन में शामिल होकर राष्ट्रीय स्वयंसेवक संघ और विद्यार्थी परिषद सामाजिक- सांस्कृतिक-राजनीतिक मुख्यधारा से जुड़ गए थे। ऐसा कहना संघ या परिषद की अवमानना नहीं है क्योंकि यह बात केवल संघ या परिषद के लिए नहीं, सारे संगठनों के लिए लागू होती है। समाजवादी लोग भी जड़ता और संकीर्णता के दौर से गुजर रहे थे-देश की मुख्य समस्याओं और चुनौतियों के सामने अप्रासंगिक बन रहे थे। अपने में सीमित होकर संघ और परिषद भी संकीर्ण और अप्रासंगिक थे। जे.पी. के नेतृत्व, बिहार

सत्ता की राजनीति से राष्ट्रीय स्वयंसेवक संघ का भले ही प्रत्यक्ष सम्पर्क न हो, लेकिन वृहत्तर अर्थ में इसका उद्देश्य सामाजिक-राजनैतिक है। बिहार आन्दोलन, इमरजेंसी और मार्च के चुनाव में जिस बड़ी संख्या में राष्ट्रीय स्वयंसेवक संघ के कार्यकर्ता सक्रिय हुए थे उससे यह स्पष्ट है।

आन्दोलन के नए क्षितिजों से यह संकीर्णता मिटने लगी थी और सारे देश में एक नया लोक-प्रवाह बनने लगा। संघ और परिषद के हजारों नौजवानों के मन पर सम्पूर्ण क्रान्ति का लक्ष्य अंकित हुआ और क्रान्ति के ऐसे पहलुओं पर सोच-विचार में ये लोग शरीक हुए, जो उनके लिए एक नया अनुभव था। इससे सोच और बहस की प्रक्रिया चली। जनता पार्टी के चुनाव घोषणापत्र में, ६ मार्च, १९७५ के जन-पत्रक में और बहुत सारे दस्तावेजों में इसका परिणाम समाविष्ट है। यह गैर-कांग्रेसी धारा भारत की मुख्यधारा की द्योतक है। अगर 'आर्गनाइजर' बड़ी सुर्खियों में यह घोषित करता है कि विद्यार्थी परिषद का मूलमंत्र जे.पी. की सम्पूर्ण क्रांति है, अगर 'पांचजन्य' इसलिए आतुर है कि जे.पी. किसी गुट-विशेष के नेता न रहकर सारे देश के नेता बने रहे, अगर राष्ट्रीय स्वयंसेवक संघ के संचालक अपने संघ में गैर-हिन्दुओं के प्रवेश के बारे में राजी होकर विचार करने लगे हैं तो फिर यह बात विवादास्पद नहीं रह जाती है कि संघ और परिषद देश की मुख्यधारा से प्रभावित होकर परिवर्तन की एक प्रक्रिया से गुजर रहे हैं। (३) अभी जनता पार्टी के लोगों को, जे.पी. को और अन्य युवा संगठनों को यह लगता है कि विद्यार्थी परिषद और राष्ट्रीय स्वयंसेवक संघ को फिर से अपनी पुरानी संकीर्णता में ले जाने की कोशिश हो रही है तो संघ या परिषद के संचालकों को चिढ़ नहीं होनी चाहिए। यह आशंका अकृत्रिम और निष्कपट है। युवा जनता और छात्र-युवा संघर्ष वाहिनी के नौजवानों को यह चिन्ता है कि अगर संघ और परिषद अपने पुराने ढर्रे पर चलने लगेंगे तो फिर अलगाव और टकराव की स्थिति पैदा हो सकती है। बिहार आन्दोलन के दौरान आपसी लेन-देन टकराव के जरिए ही युग की चुनौतियों का सामना करने के लिए जो सम्मिलित प्रयास हो रहा था, वह रुक गया है। यह आशंका इसलिए भी होती है कि दूसरे युवा संगठनों की दिशा और नीति प्रस्तुत करने में नौजवानों की ही भूमिका रहती है, लेकिन राष्ट्रीय स्वयंसेवक संघ जैसे संगठन की नीतियों के निर्धारण में नौजवानों की भूमिका नहीं रहती।

अगर 'पांचजन्य' इसलिए आतुर है कि जे.पी. किसी गुट-विशेष के नेता न रहकर सारे देश के नेता बने रहे, अगर राष्ट्रीय स्वयंसेवक संघ के संचालक अपने संघ में गैर-हिन्दुओं के प्रवेश के बारे में राजी होकर विचार करने लगे हैं तो फिर यह बात विवादास्पद नहीं रह जाती है कि संघ और परिषद देश की मुख्यधारा से प्रभावित होकर परिवर्तन की एक प्रक्रिया से गुजर रहे हैं।

जब हम यह लिख चुके थे तो विद्यार्थी परिषद के मुख्य संगठक हमसे बात करने आए। उनका एक आरोप हमें बहुत जंचा। विश्वविद्यालयों के छात्र संघों के हाल के चुनाव के सन्दर्भ में उन्होंने आक्षेप किया

कि 'संघ' या 'परिषद' पर साम्प्रदायिकता का आरोप लगाने वाले संगठनों के लोग जब जातीयता का संगठन करने लगते हैं तो दोनों में कौन ज्यादा संकीर्णतावादी पाना जाएगा? यह सवाल बिल्कुल वाजिब है और हम चाहेंगे कि इस प्रकार की संकीर्णता को हटाने के लिए विद्यार्थी परिषद और अन्य छात्र संगठनों के बीच विचार और बहस हो।

(४) अलगाव और संकीर्णता खत्म करने के कई उपाय हो सकते हैं। जनता पार्टी के कुछ लोग कहते हैं कि विद्यार्थी परिषद और राष्ट्रीय स्वयंसेवक संघ जैसे संगठनों का जनता पार्टी से सम्बन्धित संगठनों के साथ विलयन हो जाना चाहिए। इसके बारे में संघ या परिषद की एक आपत्ति हो सकती है। माधव राव मुले ने इस पर आपत्ति की है कि सब प्रकार के संगठनों को जनता पार्टी के अन्तर्गत कर देना स्वस्थ लोकतांत्रिक परम्परा के खिलाफ है। हम इस तर्क को ठीक मानते हैं। आज भी मांग करते हैं कि जनता पार्टी से सम्बन्धित जितने छात्र-युवा और मजदूर संगठन है, वे पार्टी के अनुगामी संगठन न बनें-समान लक्ष्य में सहयोगी, लेकिन स्वायत्त संगठन के रूप में उनका विकास हो। अगर विभिन्न युवा या मजदूर संगठनों को मिलना है तो स्वायत्तता की शर्त अधिक जरूरी हो जाती है। उस अनुपात में 'संघ' या 'परिषद' की भी विलयन पर आपत्ति घट जानी चाहिए।

हिन्दू-राष्ट्र निश्चय ही एक प्राचीन शब्द हो गया है। जनसंघ, विद्यार्थी परिषद या राष्ट्रीय स्वयंसेवक संघ के औसत कार्यकर्ता संगठन की अन्दरूनी बैठकों में किन शब्दावलियों का प्रयोग करते हैं, हम नहीं जानते, लेकिन उनके मुंह से सार्वजनिक स्थानों पर 'भारतीय राष्ट्र' ही निकलता है। हिन्दू-राष्ट्र की अवधारणा पुरानी, कृत्रिम, अप्रासंगिक हो गई है।

''विलयन का भी विकल्प है, जे.पी. के उत्तर में यह स्पष्ट हैं अगर कुछ कारणों से अन्य युवा संगठनों के साथ विलयन सम्भव नहीं है तो समान लक्ष्य एवं कार्यक्रम का एक व्यापक आधार बनाने की कोशिश अविलम्ब होनी चाहिए। राष्ट्रीय स्वयंसेवक संघ जैसे संगठन को न सिर्फ गैर-हिन्दुओं के लिए अपना दरवाजा खोल देना चाहिए, बल्कि उसके उच्चतम ओहदों पर शूद्र, हरिजन, ईसाई और मुसलमान प्रतिनिधियों को जगह मिलनी चाहिए। यह वक्त और इस जमाने की मुख्यधारा का तकाजा है। हिन्दू-राष्ट्र निश्चय ही एक प्राचीन शब्द हो गया है। जनसंघ, विद्यार्थी परिषद या राष्ट्रीय स्वयंसेवक संघ के औसत कार्यकर्ता संगठन की अन्दरूनी बैठकों में किन शब्दावलियों का प्रयोग करते हैं, हम नहीं जानते, लेकिन उनके मुंह से सार्वजनिक स्थानों पर 'भारतीय राष्ट्र' ही निकलता है। हिन्दू-राष्ट्र की अवधारणा पुरानी, कृत्रिम, अप्रासंगिक हो गई है। इसलिए इसको

लादने की कोशिश छोड़कर भारतीय राष्ट्र का लक्ष्य बनाकर भारतीयता को उदार दृष्टिकोण से परिभाषित करना होगा और उसके साथ-साथ भारत के इतिहास के बारे में संघ के किशोर स्वयंसेवकों को जो शिक्षण दिया जाता है, उसमें उदारता लानी होगी।

"ये सारी बातें सार्वजनिक हैं, किसी संगठन का अन्दरूनी मामला नहीं है क्योंकि संघ एक सार्वजनिक संगठन है, राष्ट्र के लाखों नौजवान इसमें लिए जाते हैं और उनको एक प्रकार के शिक्षण से दीक्षित किया जाता है। उनको समाज और इतिहास के बारे में कैसी शिक्षा दी जाती है-यह एक सार्वजनिक चिन्ता का विषय है। हिन्दुस्तान जैसे मुल्क में फिरकापरस्ती और जातीयता बहुत आसानी से कामयाब हो जाती है। क्या यह उचित नहीं होगा कि सबकी सहमति से एक मान्यता यह बने कि कोई भी सार्वजनिक संगठन किसी एक जाति या धर्म में सीमाबद्ध न हो। हम उनमें से नहीं है जो प्रतिबन्ध की मांग करते हैं। इस समय कानून बनाना ठीक नहीं होगा, लेकिन बहस से एक राष्ट्रीय सहमति का विकास हो सकता है कि हिन्दुस्तान का कोई भी संगठन एक जातिवाला, एक धर्मवाला न हो। आंशिक राष्ट्रीयता का लक्ष्य उसमें न हो।

संघ और परिषद को चलाने वाले लोग इस बहस को अपने अन्दर तथा सबके साथ चलाएंगे-इसी उम्मीद से जे.पी. के महत्वपूर्ण विचारों के साथ-साथ हमने उपर्युक्त मुद्दे प्रस्तुत किए है।"

इसी लेख पर किशन पटनायक ने २००२ में जो टिप्पणी लिखी वह इस प्रकार है-'१९७७ में लिखी गई इस टिप्पणी की याद दिलाना प्रासंगिक होगा-इसलिए कि आपातकाल और जे.पी. आन्दोलन से सम्बन्धित घटनाओं की कड़ी आज तक चली आ रही है। अगर आज कोई कहेगा कि समाजवादी पार्टी, भारतीय जनता पार्टी और जनता दल के दोनों धड़े एक बड़ी पार्टी बनकर उसमें विलीन हो जाएं तो यह प्रस्ताव विश्वसनीय नहीं होगा। लेकिन १९७७ में जनसंघ (इस वक्त की भाजपा), संगठन कांग्रेस और समाजवादी पार्टियों का विलयन होकर एक जनता पार्टी बन गई थी। परिस्थितियां इन सारे दलों के प्रतिकूल थीं। फिर भी परिस्थितियों से अपने-आप यह प्रस्ताव पैदा नहीं हो सकता था। एक सक्षम नेतृत्व ने

जे.पी. आन्दोलन से सम्बन्धित घटनाओं की कड़ी आज तक चली आ रही है। अगर आज कोई कहेगा कि सपा, भाजपा और जनता दल के दोनों धड़े एक बड़ी पार्टी बनकर उसमें विलीन हो जाएं तो यह प्रस्ताव विश्वसनीय नहीं होगा। लेकिन 1977 में जनसंघ (इस वक्त की भाजपा), संगठन कांग्रेस और समाजवादी पार्टियों का विलयन होकर एक जनता पार्टी बन गई थी।

जे.पी. का अगला कदम था राष्ट्रीय स्वयंसेवक संघ के सामाजिक चरित्र को संशोधित करना क्योंकि वे इतना तो जानते थे कि राष्ट्रीय स्वयंसेवक संघ को सुधारे बिना जनता पार्टी में जनसंघ (भाजपा) के विलयन को स्थायी नहीं माना जा सकता है। उन दिनों हम लोग जे.पी. की रणनीति का साथ दे रहे थे तो हमारी यह टिप्पणी उसी उद्देश्य से लिखी गई थी।

परिस्थितियों को एक दबाव के रूप में इस्तेमाल कर विभिन्न दलों को एक नई दिशा अपनाने के लिए बाध्य किया। इस दबाव के पीछे जयप्रकाश नारायण के दो लक्ष्य थे-एक तात्कालिक और एक दीर्घकालिक। आपातकाल और अत्याचारी कांग्रेसी हुकूमत को चुनाव में खतम करना तात्कालिक लक्ष्य था। यह एक विडम्बना है कि अधिकांश लोगों को सिर्फ यह तात्कालिक लक्ष्य ही दिखाई दिया। छोटे और बड़े राजनेता में फर्क यह होता है कि किसी संकट की स्थिति से बचने के लिए छोटा राजनेता जो करता है वह सिर्फ बचाव की एक रणनीति होता है। लेकिन दूरद्रष्टा नेता संकट से बचाव के लिए जो करता है उसकी रणनीति में सुदूर भविष्य के लक्ष्य का भी एक हिसाब-किताब रहता है। इन्दिरा गांधी की गैर-लोकतांत्रिक नीतियों के विरूद्ध उभरे जनआक्रोश को संगठित करने के लिए जे.पी. ने जनसंघ और उससे सम्बन्धित राष्ट्रीय स्वयंसेवक संघ का भी सहयोग लिया। इसके लिए उनकी आलोचना भी कसकर हुई थी। लेकिन जे.पी. की अपनी रणनीति थी। देश की राजनीति में सुधार लाना भी उनका घोषित लक्ष्य था। राष्ट्रीय स्वयंसेवक संघ और जनसंघ (भाजपा) के चरित्र में सुधार लाना भी उनका घोषित उद्देश्य था। राष्ट्रीय स्वयंसेवक संघ का द्वार गैर-हिन्दुओं के लिए खुलना चाहिए-यह बहस हिन्दुत्ववादियों में चलने लगी थी। जे.पी. ने इतना तो करके दिखाया कि एक अरसे के लिए देश की दलीय राजनीति से हिन्दू साम्प्रदायिकता की स्वतंत्र राजनैतिक शक्ति लुप्त हो गई थी। जे.पी. का अगला कदम था राष्ट्रीय स्वयंसेवक संघ के सामाजिक चरित्र को संशोधित करना क्योंकि वे इतना तो जानते थे कि राष्ट्रीय स्वयंसेवक संघ को सुधारे बिना जनता पार्टी में जनसंघ (भाजपा) के विलयन को स्थायी नहीं माना जा सकता है। उन दिनों हम लोग जे.पी. की रणनीति का साथ दे रहे थे तो हमारी यह टिप्पणी उसी उद्देश्य से लिखी गई थी। लेकिन राजनैतिक दृष्टि से हम लोग हाशिए पर थे जैसे कि अभी भी हैं। जो ताकतवर थे वे चुनावी जीत के बाद जे.पी. की असुविधाजनक समझकर उनसे दूरी बनाने लगे। इसलिए जे.पी. की रणनीति की बारीकियां उन्हें समझ में नहीं आईं। या फिर दीर्घकालीन लक्ष्यों से उनकी राजनीति का सरोकार ही नहीं था। सबसे ज्यादा बुद्धिहीनता का काम

समाजवादियों ने किया। इन लोगों ने एक तरफ तो कम्युनिस्टों से प्रभावित होकर जनसंघ विरोधी मुहिम शुरू कर दी और दूसरी तरफ मोरारजी–चरणसिंह द्वन्द्व को बढ़ाने की कांग्रेस की राजनीतिक चाल को आगे बढ़ाया। परिणाम यह हुआ कि जे.पी. की रणनीति पर अमल करने वाला कोई समूह जनता पार्टी के अन्दर नहीं रहा। सही रणनीति यह होती कि (क) जनता पार्टी के सरकारी और दलीय नेता जे.पी. से अन्तरंग सम्पर्क रखते, (ख) शासन में कुछ उल्लेखनीय कार्यों के द्वारा सरकार के लिए लोकप्रियता अर्जित करते और (ग) देश की राजनीति के गैर-साम्प्रदायिककरण की बहस को रचनात्मक और बौद्धिक ढंग से चलाकर हिन्दुत्व की राजनीति का कायापलट करते। जे.पी. के नैतिक दबाव को प्रभावशाली बनाने के लिए राजनैतिक माहौल पैदा करना जनता पार्टी के नेतृत्व का दायित्व था–खासकर उनका जिनकी पृष्ठभूमि समाजवादी थी और जे.पी. के प्रति जिनका स्वाभाविक लगाव होना चाहिए था।''

उदयन शर्मा की पुस्तक 'जनता पार्टी क्यों टूटी? में लिखा है कि जिन दिनों जनता पार्टी अपने कलह के कारण टूटने की कगार पर थी उन्हीं दिनों उसकी राष्ट्रीय कार्यकारिणी की बैठक हुई जिसमें चंद्रभानु गुप्त, बीजू पटनायक, रवीन्द्र वर्मा, नानाजी देशमुख, मोरारजी देसाई, वीरेन्द्र जे.शाह, यज्ञदत्त शर्मा, के. चंद्रशेखरन, ओ.पी. त्यागी, कृष्णकांत, पीलू मोदी, मधु लिमये, लालकृष्ण आडवाणी, भानुप्रताप सिंह, रामधन, हेमवतीनंदन बहुगुणा, जगजीवन राम, कर्पूरी ठाकुर, अटलबिहारी वाजपेयी, सुरेन्द्र मोहन, समर गुहा, विजय कुमार मल्होत्रा, शान्ति भूषण आदि शामिल हुए। उस बैठक में चौधरी चरण सिंह के उस पत्र पर विचार हुआ जो उन्होंने आरोप लगाते हुए मोरारजी भाई और चंद्रशेखर को लिखा था। वह पत्र इन नेताओं को मिले उससे पहले प्रेस में बंट गया था। कार्यकारिणी की बैठक में शुरूआत चंद्रभानु गुप्त ने इन शब्दों में की–'यह (चौधरी चरण सिंह) जिसके साथ रहता है, उसकी की टांग खींचता है। सबके खिलाफ आरोप लगाता है, जिन्हें कभी साबित नहीं कर सकता। कृषि का एक्सपर्ट बनता है, उसी में असफल रहा है। इसने गोविन्द वल्लभ पंत, संपूर्णानंद, मुझे, सुचेता कृपालानी किसी को नहीं

जिन दिनों जनता पार्टी अपने कलह के कारण टूटने की कगार पर थी उन्हीं दिनों उसकी राष्ट्रीय कार्यकारिणी की बैठक हुई जिसमें चंद्रभानु गुप्त, बीजू पटनायक, रवीन्द्र वर्मा, नानाजी देशमुख, मोरारजी देसाई, वीरेन्द्र जे.शाह, यज्ञदत्त शर्मा, के. चंद्रशेखरन, ओ.पी. त्यागी, कृष्णकांत, पीलू मोदी, मधु लिमये, लालकृष्ण आडवाणी आदि नेता शामिल हुए।

बख्शा। इस्तीफा देकर ब्लैकमेल करने की इसकी आदत पुरानी है। मोरारजी भाई को ही क्यों छोड़ेगा। इनका इस्तीफा मंजूर कर लेना चाहिए। इनको मैं चालीस सालों से जानता हूं।' चौधरी चरण सिंह ने २८ अप्रैल को अपना इस्तीफा भेजा था। जनता पार्टी की वह बैठक ११ जुलाई, १९७८ को हो रही थी। उस बैठक में जब अटल बिहारी वाजपेयी ने यह कहा कि देश का भविष्य पार्टी से जुड़ा है और इस स्थिति के लिए हम सब जिम्मेदार हैं।

सरकार टूटने के बाद वरुण सेनगुप्त ने अपनी पुस्तक 'लास्ट डेज ऑफ मोरारजी राज' में लिखा कि राजनारायण ने संजय गांधी और कपिल मोहन से मिलकर जनता पार्टी की सरकार को तोड़ा। राजनारायण ने सरकार के टूटने का दोष मोरारजी और जनसंघ के नेताओं पर डाला।

सभी ने गलतियां की है तो मोरारजी देसाई ने उन्हें टोका और कहा कि मैंने एक भी गलती नहीं की। इस पर मजाक में वाजपेयी ने कहा कि एक गलती की- चरण सिंह को गृहमंत्री बनाकर। उस बैठक में नानाजी देशमुख ने एक मार्मिक अपील की कि 'मैं प्रार्थना करता हूं कि अपनी पार्टी को हम मिलकर बचायें। स्थिति काफी गंभीर है। लोग चाहते हैं कि जनता पार्टी में एकता बनी रहे। हमें उसके लिए प्रयत्नशील रहना है। जनता हमसे यही उम्मीद कर रही है। पार्टी में भावनात्मक एकता कायम होनी चाहिए। तभी समाज हमसे निराश नहीं होगा।' उनकी यह अपील काम नहीं कर पायी।

जनता पार्टी की सरकार टूटने के बाद वरुण सेनगुप्त ने अपनी पुस्तक 'लास्ट डेज ऑफ मोरारजी राज' में लिखा कि राजनारायण ने संजय गांधी और उद्योगपति कपिल मोहन से मिलकर जनता पार्टी की सरकार को तोड़ा। राजनारायण ने जनता पार्टी की सरकार के टूटने का दोष मोरारजी देसाई और जनसंघ के नेताओं पर डाला। उनका कहना था कि शिमला में वे २५ जून, १९७५ की याद में सभा करने गए थे। यह १९७८ की बात है। वहां उन्हें रोका गया। इससे झगड़े की शुरुआत हुई। उस घटना के बाद मोरारजी देसाई ने उनसे कहा कि मंत्री होकर आपने कानून तोड़ा। राजनारायण ने इसका प्रतिवाद किया और कहने लगे कि मेरा संघर्ष सीधे प्रधानमंत्री से छिड़ गया, उसी तरह जैसे लोहिया का नेहरू से छिड़ा था। वे यह मानने को तैयार नहीं थे कि संजय गांधी से हाथ मिलाना उनके लिए उस विश्वास को तोड़ना था जिस पर जनता पार्टी बनी थी। वे यह भी मानने को तैयार नहीं थे कि उन्होंने जो कुछ किया उससे इंदिरा गांधी को राजनीतिक लाभ पहुंचा। वे कहा करते थे कि चंद्रशेखर ने पार्टी को वादे के मुताबिक बनाया नहीं। इसके लिए वे चंद्रशेखर पर पार्टी संविधान की हत्या करने का आरोप लगाते थे। उन्होंने यह मुद्दा उठाया कि पार्टी के विधान की धारा पांच में लिखा हुआ है कि जनता पार्टी का

कोई भी सदस्य किसी अन्य राजनीतिक दल का सदस्य नहीं बन सकता। इस आधार पर वे मांग करते थे कि राष्ट्रीय स्वयंसेवक संघ के लोगों को पार्टी से निकाल देना चाहिए। यही उन्होंने प्रधानमंत्री मोरारजी भाई देसाई को लिखी एक चिट्ठी में मांग की कि अपने मंत्रिमंडल से अटल बिहारी वाजपेयी और लालकृष्ण आडवाणी को हटा दीजिए क्योंकि ये लोग संघ के सदस्य है और संघ एक राजनीतिक संगठन है। मोरारजी भाई का जवाब होता था कि संघ राजनीतिक संगठन नहीं है। यह चर्चा जब चली तो वाजपेयी और आडवाणी ने अपनी ओर से प्रस्ताव रखा कि पार्टी को बचाने के लिए वे मंत्रिमंडल से निकल जाने के लिए तैयार हैं जिसे मोरारजी भाई देसाई ने नहीं माना।

जनता पार्टी के विघटन पर नानाजी देशमुख ने अपनी पुस्तक में मूल सवालों को जो उठाया है उसे इन घटनाओं के संदर्भ में देखना चाहिए। वे जनसंघ के संस्थापक सदस्यों में एक थे। इसके बारे में उन्होंने इस पुस्तक के छठे अध्याय में लिखा है कि 'डा. श्यामा प्रसाद मुखर्जी ने संघ के बहुत से कार्यकर्ताओं को नए दल के संगठन के लिए चुना। मैं उनमें से एक था।' 'भारतीय राजनीति में जनसंघ' के इस अध्याय में वे वह ब्यौरा दे रहे हैं जिससे जनसंघ बना। डा. मुखर्जी हिंदू महासभा में थे। उनका हिंदू महासभा से इस बात पर मतभेद हो गया कि सभी धर्मों को मानने वालों के लिए जगह होनी चाहिए। उनका यह प्रस्ताव महासभा ने ठुकरा दिया। उसके बाद उन्होंने नए दल को बनाने का निर्णय किया। उनकी राष्ट्रीय स्वयंसेवक संघ के सरसंघचालक माधव सदाशिव गोलवलकर (गुरुजी) से भेंट हुई। वे भी इस विचार से सहमत थे कि राजनीतिक दलों को सभी धर्मों के मानने वालों के लिए अपने द्वार खोलना चाहिए।

डा. मुखर्जी इससे बहुत उत्साहित हुए और कोशिश में लगे कि संघ राजनीति में आ जाए जिसे गुरुजी ने स्वीकार नहीं किया क्योंकि उनका यह कहना था संघ का कार्यक्षेत्र राजनीति नहीं है। डा. मुखर्जी का तर्क था कि राजनीति में आदर्शवादी और निष्ठावान कार्यकर्ताओं की आवश्यकता है। इसलिए उन्होंने गुरुजी का सहयोग मांगा। संघ ने उन्हें कहा कि अपनी व्यक्तिगत रुचि से जो उनके संगठन में जाना चाहेंगे उनको वे चुन लें। इस

जनता पार्टी के विघटन पर नानाजी देशमुख ने अपनी पुस्तक में मूल सवालों को जो उठाया है उसे इन घटनाओं के संदर्भ में देखना चाहिए। वे जनसंघ के संस्थापक सदस्यों में एक थे। इसके बारे में उन्होंने इस पुस्तक के छठे अध्याय में लिखा है कि 'डा. श्यामा प्रसाद मुखर्जी ने संघ के बहुत से कार्यकर्ताओं को नए दल के संगठन के लिए चुना।

प्रकार २१ अक्टूबर, १९५१ को जनसंघ का स्थापना सम्मेलन उन लोगों के आधार पर हुआ जिनमें एक नानाजी देशमुख भी थे। नानाजी देशमुख की इस पुस्तक से उत्तर प्रदेश की राजनीति का दलीय इतिहास भी मिल जाता है। इससे यह पता चलता है कि पांचवें दशक में शोषित संघ बना था जिसमें यादव और कुर्मी अधिक थे और वे पिछड़ी जातियों के नाम पर राजनीति करते थे। उन्हें प्रजा समाजवादी पार्टी के टूटने के बाद डा. राममनोहर लोहिया ने अपनी ओर आकृष्ट किया। इसी अध्याय में नानाजी देशमुख ने यह समझाया है कि अक्सर जो नए राजनीतिक दल बनते हैं उनका आधार सिद्धांतवादी न होकर अवसरवादी होता है। लोकतंत्र के लिए जहां अवसरवाद घातक होता है वहीं उससे भी ज्यादा घातक होती है दलों में व्यक्ति निष्ठा। उन्होंने बताया है कि अवसरवादी और व्यक्तिनिष्ठ राजनीति का ही परिणाम है कि देश का हर राजनीतिक दल अनेक दलों में विभक्त होता रहा है। इसमें केवल जनसंघ ही अपवाद रहा। उनका यह लिखा हुआ इस समय के लिए एक मंत्र है जिसे समझने और समझाने की जरूरत हमेशा रहेगी। जनसंघ ने अपने जन्मकाल में ही अपना ध्येय, सिद्धान्त और नीतियां निश्चित की थीं तथा तदनुसार कार्यक्रमों की रचना की थी। उन सब सिद्धांत और नीतियों का यहां उल्लेख करना पुस्तक को अनावश्यक रूप से बोझिल बनाना होगा।

"जनसंघ ने अपने कार्यकर्ताओं में उन आदर्शों के प्रति निष्ठा बढ़ाने पर विशेष बल दिया। इतना ही नहीं, जनसंघ ने

इसी अध्याय में नानाजी देशमुख ने यह समझाया है कि अक्सर जो नए राजनीतिक दल बनते हैं उनका आधार सिद्धांतवादी न होकर अवसरवादी होता है। लोकतंत्र के लिए जहां अवसरवाद घातक होता है वहीं उससे भी ज्यादा घातक होती है दलों में व्यक्ति निष्ठा।

अपनी राजनैतिक कार्यपद्धति का स्वयं विकास किया, किसी अन्य दल की नकल नहीं की। हमने तीन श्रेणियां बनाई थीं-(१) कार्यकर्ता श्रेणी, (२) सदस्य श्रेणी तथा (३) सहानुभूति रखने वालों की श्रेणी। हमारी कार्यपद्धति कुछ इस प्रकार की रही, आम जनता में से हर वर्ग के जवान लोगों को सदस्य बनाना, जो सदस्य हैं उनको कार्यकर्ताओं के रूप में विकसित करना तथा जो कार्यकर्ता है उन्हें समाज की विशिष्ट समस्याओं के निराकरण में उनकी आवश्यकताओं की पूर्ति में जुटाना। प्रशासनिक या राजनीतिक माध्यमों से समस्याओं को सुलझाने या आवश्यकताओं की पूर्ति की व्यवस्था करने में उसी वर्ग के आम लोगों को सहभागी बनाना। इससे कार्यकर्ता वर्ग का सतत विकास होता रहा है। नये-नये सदस्यों की भर्ती होती रही है तथा कार्यकर्ता वर्ग नेतानिष्ठ बनने के बजाय ध्येयनिष्ठ बनता गया।"

इस पुस्तक में चरण सिंह की राजनीति का जैसा वास्तविक वर्णन नानाजी देशमुख कर सके हैं वह अन्यत्र कहीं मिलना दुर्लभ है। उन्होंने बड़े नेताओं के दोहरे आचार व्यवहार के उदाहरण देकर उन खतरों से सावधान किया है जो पैदा होते जा रहे हैं। पुस्तक का आखिरी अध्याय है- सेवाभावी राजनीति की ओर। इसमें उन्होंने सवाल उठाया है कि राजनीति का जो परिदृश्य है क्या वह स्वतंत्रता संग्राम के सपनों के अनुरूप है? उन्होंने स्वतंत्रता संग्राम की मूल प्रेरणाओं को इस अध्याय में चिन्हित किया है। वे मोटे तौर पर दो हैं- राष्ट्रीय पुनर्निर्माण और उसके लिए रचनात्मक प्रयोग। नानाजी देशमुख ने लिखा है कि 'यदि हम रचनात्मक कार्यों के लिए युवा शक्ति का उपयोग करना चाहते हैं तो हमें अपना उदाहरण प्रस्तुत करना पड़ेगा। युवकों को इस बात का विश्वास दिलाना होगा कि राजनीति का अंतिम लक्ष्य सत्ता ही नहीं है।' यह बताते हुए उन्होंने जो लिखा है वह मात्र संकेत है। इसी विचार से 'मैंने अप्रैल, १९७८ में यह सुझाव रखा था कि हम नष्टकारी कार्यविधियां छोड़ दें और कुछ वरिष्ठ तथा प्रभावशाली नेता स्वेच्छा से पद त्याग करें।' इसे उन्होंने विस्तार से नहीं लिखा है। उनके जीवनी लेखक की यह जिम्मेदारी हो जाती है कि वे खोजें और बतायें कि नानाजी देशमुख ने वास्तव में उस समय जो सुझाया था उसमें किन-किन बड़े नेताओं को उन्होंने इस्तीफा देने की सलाह दी थी, जिसे नहीं माना गया। अगर माना गया होता तो जनता पार्टी टूटने से बच जाती। याद करिए कि चौधरी चरण सिंह का इस्तीफा भी अप्रैल, १९७८ में आया था। नानाजी के सुझाव का समय भी वही है। यह इतिहास का एक रहस्य है कि उन्होंने क्या सभी पहले कतार के नेताओं को इस्तीफा देने के लिए प्रेरित करना चाहा था। उनकी प्रेरणा नैतिक ही हो सकती थी। वे 'कामराज योजना' को लागू कराने की स्थिति जनता पार्टी में नहीं बना पाये। कहा जाता है कि उन्होंने उसी सुझाव में साफ-साफ सूत्र दिया था कि बड़े नेताओं के इस्तीफे के बाद चंद्रशेखर को प्रधानमंत्री बना दिया जाए जिससे नानाजी देशमुख के अपने साथी भी नाराज हो गए थे। हालांकि नानाजी देशमुख को इन बातों की ज्यादा परवाह नहीं थी क्योंकि वे खुद तो काजल की कोठरीनुमा सत्ता की दौड़ से बहुत पहले ही बेदाग निकल आए थे। जब जनता पार्टी को वे सेवाभावी राजनीति की तरफ नहीं मोड़ सके तो उन्होंने अपना उदाहरण प्रस्तुत किया। इसके बारे लालकृष्ण आडवाणी ने लिखा है कि १९७९ में जनता पार्टी की सरकार गिरने के

नानाजी देशमुख ने वास्तव में उस समय जो सुझाया था उसमें किन-किन बड़े नेताओं को उन्होंने इस्तीफा देने की सलाह दी थी, जिसे नहीं माना गया। अगर माना गया होता तो जनता पार्टी टूटने से बच जाती। याद करिए कि चौधरी चरण सिंह का इस्तीफा भी अप्रैल, 1978 में आया था।

बाद उन्होंने सक्रिय राजनीति से सन्यास ले लिया और अंत्योदय का सपना साकार करने में जुट गए।

नानाजी देशमुख अप्रैल १९७८ से उधेड़बुन में थे। वे जनता पार्टी को परिवर्तन की राजनीति का उपकरण बनाना चाहते थे और उन्होंने पाया कि वह सत्तावादी राजनीति का घटिया कांग्रेसी संस्करण बनकर रह गई है। यही उनके सामने वह यक्षप्रश्न था जो उनको अंदर से खाए जा रहा था। यह भी हो सकता था कि वे मन मारकर निराशा के अंधेरी कंदरा में चले जायें। अगर ऐसा हो जाता तो वह नानाजी ही क्या होते। वे अपना नाम सार्थक नहीं कर पाते। न ऐसा होना था न हुआ। नानाजी देशमुख उन लोगों में से थे जो शव में भी प्राण फूंक देने की सामर्थ्य रखते थे। इसी का परिचय उन्होंने अपनी भावभूमि पर खड़े होकर अनोखे प्रयोग से दिया।

नानाजी देशमुख उन दिनों जिस तरह के उधेड़बुन में थे उसे देवेन्द्र स्वरुप ने बहुत करीब से देखा और समझा। कह सकते हैं कि वे उस दौर के गवाह हैं। इसी वजह से यहां उनके दो लेखों का अध्ययन जरूरी है। ये दोनों ही लेख इस पुस्तक के अंत में प्रकाशित हैं।

ये दोनों लेख जनता पार्टी के बिखरने के पहले नानाजी देशमुख के अंतर्द्वंद्व और दिशा परिवर्तन के समकालीन साक्ष्य होने के कारण ऐतिहासिक महत्व रखते हैं इसलिए इन लेखों को पूरा देना यहां उचित समझा। यह नानाजी देशमुख के पहले प्रयोग का शुरूआती वर्णन है। वह जयप्रभा ग्राम में शुरू हुआ। नानाजी

नानाजी देशमुख उन लोगों में से थे जो शव में भी प्राण फूंक देने की सामर्थ्य रखते थे। इसी का परिचय उन्होंने अपनी भावभूमि पर खड़े होकर अनोखे प्रयोग से दिया। नानाजी देशमुख उन दिनों जिस तरह के उधेड़बुन में थे उसे देवेन्द्र स्वरुप ने बहुत करीब से देखा और समझा। कह सकते हैं कि वे उस दौर के गवाह हैं। इसी वजह से यहां उनके दो लेखों का अध्ययन जरूरी है।

देशमुख ने जयप्रभा में जयप्रकाश नारायण और उनकी पत्नी प्रभावती का संयुक्ताक्षर बनाया है और वही प्रयोगस्थली बनी। उसके बाद उन्होंने नागपुर, बीड और उसी कड़ी के अंत में चित्रकूट को अपनाया। ये रचनात्मक विकल्प के जीते-जागते उदाहरण बन गए है। रचनात्मक विकल्प के प्रयोगों में लगे रहने के बावजूद नानाजी देशमुख राष्ट्रीय प्रश्नों पर उसी तरह सक्रिय और सरोकारी बने रहे जैसा कि वे सक्रिय राजनीति में रहते हुए थे। इसके बहुत सारे उदाहरण हैं। उनका उल्लेख यहां अप्रासंगिक होगा।

भारत के सार्वजनिक-जीवन में इन दो विचारधाराओं और कार्य-पद्धतियों अर्थात् व्यक्तिगत महत्वाकांक्षाओं की सत्ता राजनीति तथा सामाजिक पुनर्निर्माण की रचनात्मक राजनीति, का टकराव आज भी

1 झूठे आरोपों का शिकार

संघ और जनसंघ सदा से झूठे आरोपों का शिकार रहे हैं। उनके विरोधियों ने झूठी अफवाहें, घृणापूर्ण प्रचार, आक्षेपों और वक्रोक्ति के माध्यम से इनको बदनाम करने की चेष्टा की है। कई बार इन विरोधियों को अपने प्रयत्नों में सफलता भी मिली। कभी-कभी स्वर्गीय श्री नेहरू सरीखे, ऊपर से न्यायप्रिय लगने वाले, व्यक्ति ने भी इस अभियान में योगदान किया। संघ और जनसंघ विरोधियों के प्रचार के पीछे जो प्रेरणा रही है वह या तो राजनीतिक थी, उनके अपने स्वार्थों की थी और या केवल वैमनस्य के कारण इन्हें बदनाम किया गया। परन्तु दोनों संगठन बराबर प्रगति करते रहे हैं, जो इस बात का प्रमाण है कि भारतीय जनता मूर्ख नहीं है और इस बात का भी कि सारे आरोप झूठे थे। कहावत है कि सच्चाई कभी छिप नहीं सकती। इसे चाहे जितना दबाओ, यह कहीं न कहीं प्रकट हो ही जाती है।

सबसे पहले हम इस बात पर विचार करेंगे कि जिन लोगों ने लगातार इन संगठनों को बदनाम करने की चेष्टा की है वे कौन-कौन वर्ग के थे। संघ और जनसंघ विरोधियों का पहला वर्ग तो साम्यवादियों का है जिनकी निष्ठा, उनकी विचित्र विचारधारा के कारण, कभी अपनी मातृभूमि के प्रति नहीं रही है। मार्क्सवादी सिद्धांत का एक अभिन्न अंग अंतर्राष्ट्रीयवाद रहा है और भारतीय कम्युनिस्टों ने सदा यह समझा है कि सर्वहारा वर्ग का हित उस बात में है जो कि रूसी या चीनी कम्युनिस्टों से भारत में करवाना चाहते हैं। विश्व भर में साम्यवादी आंदोलन की एक विशेषता यह रही है कि साम्यवादी जब तक सत्तारूढ़ नहीं होते, उनका विश्वास अंतर्राष्ट्रीयता में रहता है, परन्तु सत्तारूढ़ होते ही वे कट्टर

> **संघ और जनसंघ विरोधियों का चौथा, और सम्भवतः सबसे अधिक प्रभावशाली वर्ग बुद्धिजीवियों की वह श्रेणी है जिन पर पश्चिमी शिक्षा और संस्कृति का अत्यधिक प्रभाव है और जो गलत धारणाओं के कारण अपनी संस्कृति को अपना कहने में लज्जा का अनुभव करते हैं।**

राष्ट्रवादी, बल्कि प्रसारवादी बन जाते हैं। अपने प्रचार के माध्यम से सत्तारूढ़ साम्यवादी दूसरे देशों के साम्यवादियों को भी इस बात में विश्वास करने के लिए तैयार कर लेते हैं कि उनके हित उस देश के समान हैं जहां पर साम्यवादी शासन स्थापित हो चुका है। इसलिए सभी प्रकार के साम्यवादियों ने सदा यह आरोप लगाया है कि संघ और जनसंघ सुधार-विरोधी, रूढ़िवादी, उग्र राष्ट्रवादी, प्रतिक्रियावादी और अतिवादी संगठन हैं। ये लोग इन आरोपों को सिद्ध नहीं कर सके और न ही इस बात की आशा है कि वे कभी अपने आरोपों को सिद्ध करने में सफल होंगे।

विरोधियों के इसी वर्ग का दूसरा अंग वह है कि जिसमें अमेरिका जैसे देशों के दलाल आते हैं। इन लोगों को संघ और जनसंघ की बढ़ती हुई शक्ति से ईर्ष्या हुई है और यह भय हुआ है कि अपनी राष्ट्रवादी विचारधारा के कारण संघ भारत में अमेरिका के उद्देश्यों की पूर्ति में बाधक सिद्ध होगा।

संघ और जनसंघ के विरोधियों का दूसरा वर्ग जनसंघ के राजनीतिक प्रतिद्वन्द्वियों का है जो यह सोचते हैं कि जनसंघ के पीछे राष्ट्रीय स्वयंसेवक संघ है। उनके प्रचारतंत्र में सदा इन दोनों संगठनों के विरुद्ध विषवमन किया जाता है। उन्होंने ही इनके विरुद्ध झूठी अफवाहें फैलाई हैं और बार-बार उन झूठे समाचारों को सुनकर कुछ लोग, जो किसी मामले की तह में जाने का कष्ट नहीं करते, उन पर थोड़ा-बहुत विश्वास करने लगते हैं।

संघ को बदनाम करने वालों का तीसरा वर्ग भारत के अल्पसंख्यकों का यह अंग है जो मूल रूप से हिन्दू-विरोधी हैं और जो हर हालत में उसके विरोधी ही होते। उन्होंने कांग्रेस के इस प्रचार पर विश्वास किया है कि संघ और जनसंघ अल्पसंख्यकों के शत्रु हैं और कांग्रेस ही उन्हें बचा सकती है। इस वर्ग में सबसे अधिक प्रभावशाली समूह उन मुसलमान नेताओं का है जिनकी नेतागिरी इस बात पर निर्भर करती है कि वे संघ और जनसंघ, और कई बार सभी हिन्दुओं का विरोध करते हैं या नहीं।

संघ और जनसंघ विरोधियों का चौथा, और सम्भवतः सबसे अधिक प्रभावशाली वर्ग बुद्धिजीवियों की वह श्रेणी है जिन पर पश्चिमी शिक्षा और संस्कृति का अत्यधिक प्रभाव है और जो गलत धारणाओं के कारण अपनी संस्कृति को अपना कहने में लज्जा का अनुभव करते हैं।

परन्तु इस विरोध का आधार क्या है?

संघ और जनसंघ विरोधी शक्तियों ने यह आरोप लगाया है कि दोनों संगठन फासिस्टवादी, सुधार विरोधी, उग्र राष्ट्रवादी, तानाशाही के समर्थक, गुप्त संगठन (यह बात विशेषरूप से राष्ट्रीय स्वयंसेवक संघ पर थोपी जाती है), समाजवाद विरोधी, अल्पसंख्यकों के विरोधी, हिंसा में विश्वास रखने वाले और हथियार इकट्ठा करने वाले हैं और अपने सदस्यों को हथियारों का प्रशिक्षण देते हैं।

राष्ट्रीय स्वयंसेवक संघ का विरोध वास्तव में १९३२ से किया जा रहा है- जब मध्य प्रान्त की सरकार ने एक परिपत्र के माध्यम से अपने सारे विभागों से कहा था कि संघ की गतिविधियों पर दृष्टि रखें। उसके बाद से यह विरोध बढ़ता ही रहा है और उल्लेखनीय बात यह है कि संघ-विरोधी भावनाओं की उत्कटता संघ के विकास के साथ-साथ ही बढ़ती चली गई है। यह जितना बड़ा और शक्तिशाली होता गया उतना ही उत्कट विरोध हुआ और इसे समाप्त करने के लिए उतने ही अधिक कुत्सित षड्यंत्र रचे गए।

संघ के किसी भी कार्यकर्ता पर किसी न्यायालय में कभी कोई अभियोग नहीं चलाया गया। आपातकाल में जब संघ के कुछ स्वयंसेवकों को सरकारी नौकरी से निकाल दिया गया और वे न्यायालयों में गए तो सरकार उनके कथित अपराधों का कोई प्रमाण उपस्थित नहीं कर सकी और न्यायालयों ने इस पर सरकार की भर्त्सना भी की।

संघ के प्रभाव को सीमित रखने, और यदि संभव हो तो उसे समाप्त करने के जितने भी प्रयत्न हैं उनके पीछे एक ही मूल भावना है, और वह है ईर्ष्या की। भारत का राजनीतिज्ञ सामान्यतया आलसी होता है और जब भी राजनीतिज्ञों की दृष्टि संघ के अनुशासनबद्ध और कर्मठ कार्यकर्ताओं पर पड़ी है, उनके मुंह में पानी भर आया है। एक से अधिक राजनीतिक दलों ने इस बात का प्रयत्न किया है कि संघ उनमें मिल जाए। परन्तु संघ का आधारभूत विश्वास यह है कि राजनीति ही मानव जीवन का सार नहीं है, कि लोकसत्ता राज्य की सत्ता के ऊपर है, कि हमारे समाज के ढांचे में केवल सरकारी कार्य के माध्यम से परिवर्तन नहीं लाए जा सकते। और इस कारण संघ ने न तो किसी राजनीतिक दल में सम्मिलित होना पसंद किया और न वह राजनीति में उतरा। इस कारण सभी राजनीतिक दलों ने संघ को कुचलने की चेष्टा की। आरोपों की अलग चर्चा करते समय मैं प्रमाण दूंगा, परन्तु यहां पर मैं केवल इतना ही कह देना पर्याप्त समझता हूं कि इन आरोपों को प्रमाणित करने के लिए कभी कोई साक्ष्य प्रस्तुत नहीं किया गया। संघ के किसी भी कार्यकर्ता पर किसी न्यायालय में कभी कोई अभियोग नहीं चलाया गया। आपातकाल में जब संघ के कुछ स्वयंसेवकों को सरकारी नौकरी से

निकाल दिया गया और वे न्यायालयों में गए तो सरकार उनके कथित अपराधों का कोई प्रमाण उपस्थित नहीं कर सकी और न्यायालयों ने इस पर सरकार की भर्त्सना भी की।

संघ को दबाने का सबसे पहला गंभीर प्रयत्न १९४८ में महात्मा गांधी की हत्या के बाद किया गया। इसके विरोधियों ने बहुत-सी झूठी बातें फैलाई कि हत्यारा राष्ट्रीय स्वयंसेवक संघ का था, कि उसने अपराध स्वीकार कर लिया है, आदि, आदि। इस प्रकार की बहुत-सी अविश्वसनीय बातों का प्रचार किया गया। उस काल के समाचार पत्र देखें तो पता चलेगा कि संघ-विरोधी पत्रों में किस प्रकार की अंट-संट बातें छपी थीं।

संघ को दबाने का सबसे पहला गंभीर प्रयत्न 1948 में महात्मा गांधी की हत्या के बाद किया गया। इसके विरोधियों ने बहुत-सी झूठी बातें फैलाई कि हत्यारा राष्ट्रीय स्वयंसेवक संघ का था, कि उसने अपराध स्वीकार कर लिया है, आदि, आदि। इस प्रकार की बहुत-सी अविश्वसनीय बातों का प्रचार किया गया। उस काल के समाचार पत्र देखें तो पता चलेगा कि संघ-विरोधी पत्रों में किस प्रकार की अंट-संट बातें छपी थीं।

भारत सरकार ने संघ पर प्रतिबंध लगाते समय जो विज्ञप्ति जारी की थी उसे देखें तो पता चलता है कि कैसे-कैसे गलत तर्क दिए गए थे। मैं उसमें से केवल एक ही वाक्य उद्धृत करना चाहता हूं:

"बहुत-से व्यक्ति, जिनमें गांधाजी भी सम्मिलित हैं, संघ द्वारा समर्थित हिंसा का शिकार हुए हैं।"

लेकिन इसका कोई प्रमाण नहीं दिया गया। संघ के कार्यालयों या उसके स्वयंसेवकों से कभी हथियार नहीं मिले। परन्तु हिंसा का समर्थन करने का आरोप उन पर अवश्य लगा दिया गया। इस प्रचार के संदर्भ में मेमने और बाघ की कहानी बरबस याद आती है।

दूसरा प्रयत्न, १९७५ का आपातकाल की घोषणा के बाद किया गया, जब संघ पर दूसरी बार प्रतिबंध लगाया गया। यह तो सभी जानते हैं कि तानाशाही शासन से मुक्ति पाने के आंदोलन में संघ के सदस्य सबसे आगे थे और लाखों स्वयंसेवक गिरफ्तार हुए। राजनीतिक दलों की दृष्टि में उनका जो धूमिल चित्र था, वह स्पष्ट हो गया और स्व. जयप्रकाश नारायण के समग्र क्रांति आंदोलन में सक्रिय राजनीतिज्ञों ने यह देखा कि संघ के स्वयंसेवक बड़े ईमानदार, निष्ठावान और पूर्णरूपेण राष्ट्रवादी हैं। तानाशाही सरकार के पतन के बाद संघ की ख्याति बढ़ी। परन्तु एक वर्ष भी नहीं बीता था कि सर्वश्री राजनारायण और मधु लिमये ने उसके विरुद्ध घृणा फैलाने का अभियान प्रारम्भ कर दिया।

सबसे बड़ी अफवाह जो संघ के विरोधी उड़ाते हैं यह है कि संघ

अल्पसंख्यकों का शत्रु है। इस धारणा को इस कारण बल मिलता है कि संघ का विश्वास हिन्दू राष्ट्रवाद में है। यह भी कहा जाता है कि संघ धर्मनिरपेक्ष नहीं है और साम्प्रदायिक दंगे करवाता है। परन्तु यदि संघ के विश्वासों का तटस्थ रूप से अध्ययन किया जाये तो यह आरोप गलत सिद्ध हो जाता है। संघ के नेताओं ने कई बार अपना दृष्टिकोण स्पष्ट किया है और कहा है कि ये हिन्दुओं के लिए कोई विशेष अधिकार नहीं चाहते, बिल्कुल वैसे ही जैसे ये अल्पसंख्यकों को कोई विशेष अधिकार या रियायतें देने के विरोधी है। उन्होंने यह भी कहा है कि वे सच्चे अर्थों में राष्ट्रीय एकता चाहते हैं और उनका भारत के संविधान के मूल सिद्धातों में विश्वास है। उनका कहना है कि धर्म के आधार पर कोई भेदभाव नहीं होना चाहिए और अल्पसंख्यक भी वैसे ही भारतीय हैं जैसे कि हिन्दू। इसमें संदेह नहीं कि संघ ने अलगाव की प्रवृत्तियों का विरोध किया है क्योंकि उनसे राष्ट्र को हानि पहुंचती है। संघ को यह बात भी पसंद नहीं है कि अल्पसंख्यक बाहर के किसी देश से राजनीतिक प्रेरणा प्राप्त करें।

संघ धर्म के आधार पर मुसलमानों का विरोधी नहीं है। उसकी आस्था है कि प्रत्येक व्यक्ति अपने धर्म का पालन करने में स्वतंत्र है। उसका विरोध है तो केवल इस बात पर कि धर्म या सम्प्रदाय के आधार पर कोई विशेषाधिकार या रियायतें दी जाएं। संघ का आग्रह है कि धर्म के कारण किसी व्यक्ति को राष्ट्र के प्रति निष्ठा में कोई बाधा नहीं पड़नी चाहिए।

कई बार इस प्रकार की हास्यास्पद बातें कही जाती हैं कि संघ अल्पसंख्यकों को समाप्त करना चाहता है। यह बात तो संघ के दर्शन के सर्वथा विपरीत है। संघ की इच्छा यह है कि एकता की प्रक्रिया के माध्यम से भारत एक शक्तिशाली राष्ट्र बने और सारे समुदाय राष्ट्र की जीवन धारा में सम्मिलित हों। पिछले कुछ समय से संघ का यह भी विश्वास हो गया है कि भारत और पाकिस्तान का एक संघ बन जाए तो कोई हानि नहीं है। उसका कहना है कि यदि यूरोप के लोग यूरोप के आर्थिक समुदाय के माध्यम से इकट्ठे हो रहे हैं तो भारत और पाकिस्तान परस्पर लाभ के लिए क्यों इकट्ठे नहीं हो सकते?

हिन्दू परम्परा तो सहिष्णुता और संश्लेषण की रही है। और वही परम्परा संघ के दर्शन का मूलाधार है। उसके परिणामस्वरूप विचारों की संकीर्णता कभी उत्पन्न नहीं हो सकती। संघ के

संघ धर्म के आधार पर मुसलमानों का विरोधी नहीं है। उसकी आस्था है कि प्रत्येक व्यक्ति अपने धर्म का पालन करने में स्वतंत्र है। उसका विरोध है तो केवल इस बात पर कि धर्म या सम्प्रदाय के आधार पर कोई विशेषाधिकार या रियायतें दी जाएं।

स्वयंसेवकों ने आड़े समय में लोगों की सहायता करते समय हिन्दू या अहिन्दू का विचार नहीं किया। अब तो संघ ने अपने द्वार अहिन्दुओं के लिए भी खोल दिए हैं। बहुत-से अहिन्दू संघ की शाखाओं में आने लगे हैं।

संघ के विरोधी उस पर एक और आरोप लगाते हैं। वह यह है कि संघ का विश्वास हिंसा में है, वह हथियार इकट्ठे करता है और अपने सदस्यों को हथियारों के प्रयोग का प्रशिक्षण देता है। यह धारणा सम्भवत: इस कारण है कि संघ का विश्वास है कि स्वस्थ शरीर और स्वस्थ मन में चोली-दामन का साथ है। इसी कारण व्यायाम और भारतीय खेलों के कार्यक्रम शाखाओं में सामाजिक और सांस्कृतिक चर्चाओं के साथ-साथ चलते हैं। लेकिन जिन लोगों का विकृत दृष्टिकोण है उन्हें हर बात उल्टी दिखाई देती है। उदाहरण के लिए व्यायाम के कार्यक्रमों में लाठी के प्रयोग को ही लीजिए। इसी छोटी-सी बात को लेकर यह आरोप लगा दिया जाता है कि संघ का विश्वास हिंसा में है।

संघ पर बहुधा यह आरोप लगाया जाता है कि यह गुप्त संगठन है। यह आरोप 1948 में लगाया गया और संघ पर प्रतिबंध लगाते समय जो कारण बताए गए उनमें से एक उसकी तथाकथित गुप्तता थी। तटस्थ रूप से देखा जाए तो यह आरोप सरासर झूठा है। इसकी शाखाएं, उत्सव और सम्मेलन खुलेआम होते हैं।

संघ पर बहुधा यह आरोप लगाया जाता है कि यह गुप्त संगठन है। यह आरोप १९४८ में लगाया गया और संघ पर प्रतिबंध लगाते समय जो कारण बताए गए उनमें से एक उसकी तथाकथित गुप्तता थी। तटस्थ रूप से देखा जाए तो यह आरोप सरासर झूठा है। इसकी शाखाएं, उत्सव और सम्मेलन खुलेआम होते हैं। इसके बीस लाख स्वयंसेवक देश में हजारों स्थानों पर खुले मैदानों में इकट्ठे होते हैं। आप शाखा को देख सकते हैं और वहां पर खड़े होकर सुन सकते हैं कि स्वयंसेवक आपस में क्या बातें करते हैं। स्वयंसेवकों की प्रतिक्रिया होगी तो केवल इतनी कि वे नम्रतापूर्वक आपको बैठने के लिए कहेंगे।

संघ के सार्वजनिक उत्सवों और सम्मेलनों की कार्रवाई का वृत्तान्त समाचार पत्रों और पत्रिकाओं में प्रकाशित हो सकता है। इसका साहित्य उपलब्ध है- आप इसके किसी भी कार्यालय से यह साहित्य ले सकते हैं।

तथाकथित प्रगतिवादी और आर्थिक दर्शन के अधूरे विशेषज्ञ बहुधा यह शिकायत करते हैं कि संघ समाजवाद के दर्शन का विरोधी है। मैं यह पूछना चाहता हूं कि समाजवाद है क्या? जैसे ईश्वर की कल्पना हर व्यक्ति की अपनी है उसी प्रकार समाजवाद की भी अलग-अलग धारणाएं हैं। आज तक इस शब्द की कोई

सर्वसम्मत परिभाषा नहीं की गई। आप समाजवाद की बात करेंगे तो आपके श्रोता पूछना चाहेंगे कि कौन-से समाजवाद की बात कर रहे हो? मार्क्स का समाजवाद या नेहरू का? साम्यवादी देशों का समाजवाद या गांधी का? यदि आप समाजवाद की भिन्न-भिन्न परिभाषाओं को इकट्ठा करले तो उनमें इंद्रधनुष के समान भिन्न-भिन्न रंग दिखाई पड़ेंगे। यदि समाजवाद का अर्थ पूंजीवाद का विरोध है, यदि इसका उद्देश्य पूंजीपतियों द्वारा श्रमिकों के शोषणा को रोकना है, तो संघ इस समाजवाद के पक्ष में है। जनसंघ के नेताओं ने प्रारम्भ से ही पूंजीवाद का विरोध किया है, चाहे वह व्यक्ति का पूंजीवाद हो या राज्य का। आर्थिक समस्याओं और विशेषकर सम्पत्ति के अधिकार के बारे में जनसंघ का दृष्टिकोण संस्था के एक आधारभूत दस्तावेज 'सिद्धान्त और नीति' से प्रकट होता है। उसमें कहा गया है:

सम्पत्ति का अधिकार कुछ सीमाओं में स्वीकार किया जा सकता है। इन सीमाओं का निर्णय व्यक्ति और समाज की आवश्यकताओं और उन जीवन-मूल्यों के सन्दर्भ में करना होगा जिनमें हमारा विश्वास है। जब सम्पत्ति का अधिकार उसके स्वामियों को आलसी बना दे और वे फिजूलखर्ची में पड़ जाएं और बाकी लोग सदा अभाव से पीड़ित या दूसरों पर निर्भर करते रहें, तो इस अधिकार का विनियमन करना होगा।

संघ समतावादी दर्शन के रूप में समाजवाद का विरोधी नहीं है। उसका विरोध तो केवल विचारधारा के भौतिक पहलू के प्रति है जो हमारी संस्कृति या हमारे मानस से मेल नहीं खाता या जो हमारे जीवन-मूल्यों के विपरीत पड़ता है। संघ ऊंच-नीच में विश्वास नहीं रखता और सामाजिक भेदभाव को कोई महत्व नहीं देता। उसका विश्वास यह है कि समाज में समता हो और सबके साथ एक-जैसा व्यवहार हो। हिन्दू परम्परा के अनुसार सदा से यह प्रार्थना की जाती रही है- "सर्वे भवन्तु सुखिनः सर्वे सन्तु निरामयाः।" (सभी प्रसन्न रहें और हमें कोई कष्ट न हो) वह "वसुधैव कुटुम्बकम्" (सारा विश्व एक परिवार है) में विश्वास रखता है। संघ हिन्दू धर्म के इस उदात्त आदर्श में विश्वास रखता है कि हम सभी जीवों के कल्याण की कामना करें।

हिन्दू परम्परा के अनुसार यह प्रार्थना की जाती रही है- "सर्वे भवन्तु सुखिनः सर्वे सन्तु निरामयाः।" (सभी प्रसन्न रहें और हमें कोई कष्ट न हो) वह "वसुधैव कुटुम्बकम्" (सारा विश्व एक परिवार है) में विश्वास रखता है। संघ हिन्दू धर्म के इस उदात्त आदर्श में विश्वास रखता है कि हम सभी जीवों के कल्याण की कामना करें।

एक और आरोप बार-बार लगाया गया है कि संघ फासिस्टवादी संगठन है और

इसके संस्थापक डा. हेडगेवार ना ी कार्यविधियों का प्रशिक्षण प्राप्त करने के लिए जर्मनी गए थे।

यह आरोप किसी विचारधारा के आधार पर नहीं लगाया जाता और न इसके कोई युक्तियुक्त कारण बताए जाते हैं। सच तो यह है कि नाजियों और फासिस्टों ने अपने देश में राष्ट्रवाद के रूप को विकृत कर दिया था और उसके नाम पर इतने अत्याचार किए थे कि फासिस्टवाद एक गाली बनकर रह गया था। साम्यवादियों और उनके पिछलग्गुओं ने संघ के लिए इस शब्द का प्रयोग या तो गाली के रूप में किया है और या इस कारण कि जिसे वह पसंद नहीं करते उसके बारे में इसी तरह की अंट-शंट भाषा का प्रयोग किया करते हैं।

विचारधारा की दृष्टि से देखा जाए तो फासिस्टवाद और संघ के दर्शन में मीन-आसमान का अन्तर है। फासिस्टों का विश्वास सर्वाधिकारवादी राज्य और व्यक्ति को राज्य के नियंत्रण में रखने में था। उनका कहना था कि व्यक्ति को राज्य के अनुशासन में रहना चाहिए। परन्तु संघ के दर्शन के अनुसार जनता सर्वोपरि है और राज्य का स्थान दूसरा।

संघ की स्थापना १९२५ में हुई थी, जब हिटलर जर्मनी की राजनीति में नहीं आया था और ना ी दल का कहीं पता तक न था। इसलिए यह प्रश्न ही उत्पन्न नहीं होता कि संघ ना ीवाद या फासिस्टवाद का अनुयायी है। इसी कुत्सित आरोप का एक अंग यह झूठी अफवाह है कि डा. हेडगेवार जर्मनी गए थे। यह सरासर झूठ है- डा. हेडगेवार अपने संगठन को सुदृढ़ करने में इतने व्यस्त रहे कि उन्हें भारत से बाहर जाने का समय ही नहीं मिला। वह भारत के आजकल के राजनीतिज्ञों के समान नहीं थे जो हर अवसर का लाभ उठाकर विदेशों की सैर करने चल पड़ते हैं।

विचारधारा की दृष्टि से देखा जाए तो फासिस्टवाद और संघ के दर्शन में मीन-आसमान का अन्तर है। फासिस्टों का विश्वास सर्वाधिकारवादी राज्य और व्यक्ति को राज्य के नियंत्रण में रखने में था। उनका कहना था कि व्यक्ति को राज्य के अनुशासन में रहना चाहिए। परन्तु संघ के दर्शन के अनुसार जनता सर्वोपरि है और राज्य का स्थान दूसरा। संघ का कहना है कि राज्य की प्रत्येक कार्रवाई को इस कसौटी पर कसना चाहिए कि उससे जनकल्याण होता है या नहीं, क्योंकि जनता सर्वोपरि है। व्यक्ति की स्वतंत्रता और मानव की गरिमा प्रारम्भ से ही हिन्दू-परम्परा का अभिन्न अंग रही है। संघ प्रत्येक उस बात को बुरा समझता है जिससे मानव को स्वतंत्रता या उसकी गरिमा को आघात पहुंचता है।

फासिस्टवादियों और ना ियो का

राष्ट्रवाद, राष्ट्रवाद नहीं, उग्र राष्ट्रवाद था। परन्तु संघ का विश्वास सांस्कृतिक राष्ट्रवाद में है जो हिन्दू दर्शन और परम्पराओं के अनुरूप है। फासिस्टवाद लोकतंत्र का शत्रु है, परन्तु संघ के नेताओं ने बार-बार यह कहा है कि उनके विचार से मानव आज तक लोकतंत्र से अधिक अच्छा शासन-तंत्र बना नहीं पाया।

फासिस्टवादियों का अनुशासन बड़ा भीषण था। परन्तु संघ का अनुशासन आत्मप्रेरणा से और स्वेच्छा से आता है। संघ के अनुशासन के पीछे केवल नैतिक बल है जो स्वयंसेवकों में उत्पन्न होता है। फासिस्टवाद में स्वतंत्र रूप से सोचने को निरुत्साहित किया जाता है, परन्तु संघ में इसकी प्रेरणा दी जाती है। फासिस्टवादी यह पसंद नहीं करते थे कि उनके अनुयायी अपनी बुद्धि से काम लें। उनका विश्वास था कि उन्हें जो भी आदेश दिया जाए उसका पालन बिना सोचे-समझे करें। परन्तु संघ के स्वयंसेवकों में स्वयं सोचने को प्रोत्साहन दिया जाता है जिससे कि वे यह निर्णय कर सकें कि समाज और राष्ट्र की सेवा का सर्वोत्तम उपाय क्या है। संघ का विश्वास अहिंसा में है, लेकिन फासिस्टवादी हिंसा के घोर समर्थक थे। फासिस्टवादी युद्ध-प्रिय थे, बल्कि यह कहना चाहिए कि युद्ध का दर्शन उनकी मूल प्रेरणा थी। उनके विपरीत संघ हिंसा का प्रयोग नहीं करता; हां, यह बात अवश्य है कि यदि हिंसा उसके विरुद्ध की जाए तो वह डरकर भाग नहीं जाता।

फासिस्टवादियों का अनुशासन बड़ा भीषण था। परन्तु संघ का अनुशासन आत्मप्रेरणा से और स्वेच्छा से आता है। संघ के अनुशासन के पीछे केवल नैतिक बल है जो स्वयंसेवकों में उत्पन्न होता है। फासिस्टवाद में स्वतंत्र रूप से सोचने को निरुत्साहित किया जाता है, परन्तु संघ में इसकी प्रेरणा दी जाती है। फासिस्टवादी यह पसंद नहीं करते थे कि उनके अनुयायी अपनी बुद्धि से काम लें।

फासिस्टवाद प्रचार पर जीवित था। हिटलर और उसके साथियों ने इस सिद्धान्त का प्रतिपादन किया था कि झूठ बोलना हो तो बहुत बड़ा झूठ बोलो। उनके विपरीत संघ का विश्वास प्रचार में नहीं है। यह प्रचार से भागता है। संघ का विश्वास है कि चुपचाप, बिना शोर मचाए हुए, बिना किसी पारितोषिक की आकांक्षा किए निष्काम भाव से सेवा की जाए। इसने आंध्र प्रदेश के तूफानग्रस्त क्षेत्रों और मोरवी के बाढ़-ग्रस्त क्षेत्रों में जो सेवा कार्य किया है उसका कोई और उदाहरण नहीं मिलता। इसकी पुष्टि 'इलस्ट्रेटेड वीकली ऑफ इंडिया' के संपादक ने की है। उन्होंने ३० सितंबर, १९७९ के अंक में संपादकीय पृष्ठ पर लिखा है:

जब आंध्र में तूफान के कारण विनाश की लीला हुई तो सबसे पहले सहायता

करने के लिए राष्ट्रीय स्वयंसेवक संघ के स्वयंसेवक पहुंचे थे। मुझे आंध्र प्रदेश सरकार के सर्वोच्च अधिकारियों ने बताया है कि इन स्वयंसेवकों ने सरकार से सहायता मांगे बिना शानदार काम किया और सस्ता प्रचार भी नहीं किया। यह बात भी सर्वविदित है कि मौरवी में सेवाकार्य करने के लिए सबसे पहले राष्ट्रीय स्वयंसेवक संघ के लोग ही पहुंचे थे। उन्होंने वह काम किया जो कोई और करना नहीं चाहता था। फूली हुई और दुर्गन्ध वाली लाशों को उठाकर उन्हें जलाने का कार्य राष्ट्रीय स्वयंसेवक संघ ने ही किया।

राजनारायण के दूध के धोए अनुयायी कहां थे, जब लाखों लोग आंध्र प्रदेश और मौरवी में सहायता के अपेक्षी थे? उन्होंने किसानों से जो रुपया इकट्ठा किया और जिसका हिसाब आज तक नहीं दिया गया उसमें से कितना रुपया समाज के इन पीड़ित अंगों के कष्ट-निवारण के लिए दिया गया है? आप राष्ट्रीय स्वयंसेवक संघ के बारे में चाहे कुछ भी कहे, जब भी अपने देशवासियों पर विपत्ति आई है उन्होंने सदा जनता की सेवा की है और उसके बदले में कुछ नहीं मांगा। और तो और उन्होंने कभी वीकली में अपना चित्र तक छपाने की चेष्टा नहीं की। आप संघ को गाली देना चाहते हैं तो बड़े शौक से दीजिए, परन्तु कभी तो चुप रहिए और उनके काम की दाद दीजिए।

स्वयंसेवकों ने सरकार से सहायता मांगे बिना शानदार काम किया और सस्ता प्रचार भी नहीं किया। यह बात भी सर्वविदित है कि मौरवी में सेवाकार्य करने के लिए सबसे पहले राष्ट्रीय स्वयंसेवक संघ के लोग ही पहुंचे थे। उन्होंने वह काम किया जो कोई और करना नहीं चाहता था। फूली हुई और दुर्गन्ध वाली लाशों को उठाकर उन्हें जलाने का कार्य राष्ट्रीय स्वयंसेवक संघ ने ही किया।

जिन लोगों को झूठ बोलने की आदत है उन्होंने यह प्रचार किया है कि संघ लोकतंत्र का विरोधी है और उसकी कार्यविधि तानाशाही है। मुझे यह बात देखकर दुःख होता है कि जिन लोगों ने आपातकाल के दौरान भारत की जनता को अपने पैरों तले रौंदा और उसका गला घोंटने की भरपूर चेष्टा करते हुए हिटलर जैसे तरीके अपनाए वहीं लोग इस प्रकार का हास्यास्पद आरोप लगाते हैं। जिस व्यक्ति को संघ की कार्यविधि का ज्ञान है-जैसा कि मुझे है-वह इस बात का साक्षी हो सकता है कि संघ में लोकतंत्र की कार्यविधि अपनाई जाती है। साम्यवादी सर्वहारा वर्ग के अधिनायक तंत्र में विश्वास करते हैं और उन्हें पता है कि वह अधिनायकतंत्र व्यक्तियों की तानाशाही में परिवर्तित हो जाता है। वहीं लोग तोतों के समान बार-बार यह रटते रहते हैं कि संघ का विश्वास तानाशाही में है। जब श्रीमती

संघ का विश्वास सदा से इस हिन्दू परम्परा में रहा है कि व्यक्ति स्वतंत्र सामाजिक इकाई है और प्रत्येक व्यक्ति स्वतंत्र है। संघ ने सफलतापूर्वक इस बात की चेष्टा की है कि उसके सदस्यों में समता के विचार कूट-कूट कर भर दिए जाएं। संघ में ऊंच-नीच या धनी और निर्धन का कोई विभेद नहीं किया जाता।

गांधी ने नागरिक अधिकार समाप्त कर दिए और दमनचक्र चलाया तो लोकतंत्र को पुनर्जीवित करने के संघर्ष में सबसे आगे संघ नहीं था तो और कौन था? क्या संघ के स्वयंसेवकों ने अपने त्याग, बलिदान, निस्वार्थ सेवा, अदम्य साहस और सिर-धड़ की बाजी लगा देने से यह प्रमाण नहीं दिया कि वही लोग इस प्रकार तानाशाही के विरुद्ध संघर्ष कर सकते हैं जिनका विश्वास लोकतंत्र में हो? क्या इस बात से इनकार किया जा सकता है कि लोकसंघर्ष समिति के तत्वावधान में जो लोग भूमिगत आंदोलन का संचालन कर रहे थे उनमें से ९५ प्रतिशत राष्ट्रीय स्वयंसेवक संघ के थे? क्या गिरफ्तार हुए एक लाख सत्याग्रहियों में से अस्सी प्रतिशत संघ के स्वयंसेवक नहीं थे, क्या आंसुका के अन्तर्गत गिरफ्तार हुए चालीस हजार बन्दियों में से पैंतीस हजार संघ के कार्यकर्ता नहीं थे?

इस शताब्दी के छठे दशक में, जब पूर्व और पश्चिम यूरोप के देशों का शीत युद्ध प्रारम्भ ही हुआ था, ब्रिटेन की लेबर पार्टी के विरोधी सदस्य कोनी ि लिकस ने अपनी पुस्तक 'आई चू ा पीस' में लिखा था:

लोकतंत्र की विचारधारा ानखों या पिछलग्गुओं के लिए नहीं है। यह तो मर्दों के लिए है, और इससे अधिक पौरुष के गुण और किसी विचारधारा में नहीं मिलेंगे।

मैं यह कहना चाहता हूं कि संघ के सदस्य न तो ानखे हैं और न किसी के पिछलग्गू। उनका लोकतंत्र में दृढ़ विश्वास है और उन्होंने इस बात का प्रमाण दिया है कि अपने विश्वासों को अक्षुण्ण रखने के लिए वे सिर-धड़ की बाजी लगा सकते हैं।

संघ का विश्वास सदा से इस हिन्दू परम्परा में रहा है कि व्यक्ति स्वतंत्र सामाजिक इकाई है और प्रत्येक व्यक्ति स्वतंत्र है। संघ ने सफलतापूर्वक इस बात की चेष्टा की है कि उसके सदस्यों में समता के विचार कूट-कूट कर भर दिए जाएं। संघ में ऊंच-नीच या धनी और निर्धन का कोई विभेद नहीं किया जाता। संघ ने सदा इस बात का पक्ष लिया है कि शक्तियों का विकेन्द्रीकरण होना चाहिए जो कि लोकतंत्र का सार है।

संघ के विरुद्ध यह आरोप भी लगाया गया है कि वह सुधार का विरोधी और उग्र राष्ट्रवादी है। जो लोग यह आरोप लगाते हैं मैं उनसे कहूंगा कि जरा शब्दकोष उठाकर देखें और यह सोचें कि वह जो कुछ कह रहे हैं उसका क्या अर्थ निकलता

है। सुधार-विरोधी कौन होता है? यदि अपनी परम्पराओं, सांस्कृतिक मूल्यों और इतिहास के प्रति प्रेम और सांस्कृतिक मूल्यों को पुनर्जीवित करने की उत्कंठा सुधार-विरोध है तो संघ सहर्ष इस आरोप को अपने सिर ले लेगा। लेकिन वास्तविकता तो कुछ और ही है। यह आरोप सामान्यतया वे लोग लगाते हैं जो अपने को बुद्धिजीवी मानते हैं। उन लोगों ने मार्क्स तो पढ़ा होता है लेकिन कौटिल्य नहीं, उन्हें भारत से बाहर जन्मे धर्मों के पवित्र ग्रंथों का ज्ञान होता है परन्तु भारत के विभिन्न मत-मतान्तरों के बारे में उनका अज्ञान घोर अज्ञान की परिधि में आता है। उन्हें रोम और यूनान के पुराणों का ज्ञान है, लेकिन वे भारत की पौराणिक परम्पराओं से अनभिज्ञ हैं। ये ऐसे व्यक्ति हैं जो पश्चिमी सभ्यता, पश्चिमी संस्कृति के अधूरे ज्ञान और राष्ट्रीय आत्मसम्मान, राष्ट्रीय दृष्टि के अभाव में प्रत्येक उस वस्तु को तिरस्कार की दृष्टि से देखते हैं जो मूलतः भारतीय है। संघ तो राष्ट्र के वैभव का इच्छुक है। उसकी इच्छा है कि सारी सामाजिक कुरीतियां दूर कर दी जाएं। फिर उसे सुधार का विरोधी किस प्रकार कहा जा सकता है?

साम्यवादी एक और आरोप संघ पर लगाते हैं और वह यह है कि संघ का राष्ट्रवाद उग्र राष्ट्रवाद है। क्या उन्हें यह याद दिलाने की आवश्यकता है कि उनके तीर्थस्थान रूस में यह अंतरर्राष्ट्रीयवाद, जिसकी दुहाई वे दिन-रात दिया करते हैं, तभी समाप्त कर दिया गया था जब कम्युनिस्ट पार्टी के आन्तरिक संघर्ष में स्टालिन ने ट्राट्स्की को हटा दिया था? यदि उग्र राष्ट्रवाद नेपोलियन के फ्रांस के बाद अगर कहीं है तो उन साम्यवादी देशों में है जो भारतीय कम्युनिस्टों को कठपुतलियों के समान नचाते हैं।

संघ जिस राष्ट्रवाद की बात करता है वह उत्कट हो सकता है, परन्तु उग्र नहीं। और उसने इस बात की सावधानी बरती है कि राष्ट्रवाद नारा बनकर न रह जाए। संघ का इतिहास उन घटनाओं से भरा पड़ा है जब उसके स्वयंसेवकों ने देश के मुक्ति आंदोलन में अपना बलिदान किया। यद्यपि संघ सांस्कृतिक संगठन है और इसने सदा अपने-आप को राजनीति से अलग रखा, उसने अपने सदस्यों को अपनी व्यक्तिगत हैसियत में राजनीति में भाग लेने की अनुमति दी है। संघ चाहता

भारत के विभिन्न मत-मतान्तरों के बारे में उनका अज्ञान घोर अज्ञान की परिधि में आता है। उन्हें रोम और यूनान के पुराणों का ज्ञान है, लेकिन वे भारत की पौराणिक परम्पराओं से अनभिज्ञ हैं। ये ऐसे व्यक्ति हैं जो पश्चिमी सभ्यता, पश्चिमी संस्कृति के अधूरे ज्ञान और राष्ट्रीय आत्मसम्मान, राष्ट्रीय दृष्टि के अभाव में प्रत्येक उस वस्तु को तिरस्कार की दृष्टि से देखते हैं जो मूलतः भारतीय है। संघ तो राष्ट्र के वैभव का इच्छुक है।

तो देश के संविधान और कानून के अन्तर्गत एक राजनीतिक दल के रूप में सामने आ सकता था, परन्तु उसने ऐसा नहीं किया क्योंकि उसका विश्वास यह है कि संघ का मुख्य उद्देश्य हिन्दू समाज को संगठित करना और एक बनाना है। यदि इसके अधिकतर स्वयंसेवक भूतपूर्व जनसंघ में ही गए तो इसका मतलब केवल यह है कि अन्य राजनीतिक दल उन नैतिक मापदंडों के अनुसार कार्य नहीं कर रहे थे जो संघ और उसके सदस्यों के मानस का अभिन्न अंग बन गए हैं।

संघ के पहले सरसंघचालक के समय से लेकर आज तक संघ के सदस्यों ने देश की जो सेवा की है वह अपूर्व है। देश के मुक्ति आंदोलन में संघ के हजारों स्वयंसेवकों ने भाग लिया। १९३० में जब कांग्रेस ने सम्पूर्ण स्वराज्य की मांग का प्रस्ताव पास किया तो संघ ने उसका हार्दिक स्वागत किया। भारत छोड़ो आंदोलन में भी संघ के स्वयंसेवक भारी संख्या में गिरफ्तार हुए।

जरा सोचिए कि आपातकाल में संघ के कितने कार्यकर्ता जेलों में थे। यदि आप इस बात को ध्यान में रखेंगे तो आप इस आरोप पर कभी विश्वास नहीं करेंगे कि संघ फासिस्टवादी संगठन है, जिसका विश्वास अधिनायकवाद में है या जो स्वतंत्रता आंदोलन से अलग रहा। यदि संघ के स्वयंसेवक कठोर परिश्रम और त्याग की भावना से १९७५ से १९७७ तक तानाशाही के विरुद्ध संघर्ष में काम न करते तो इस संघर्ष की सफलता संदिग्ध हो जाती।

अब प्रश्न लीजिए कि हरिजनों के बारे में संघ का क्या दृष्टिकोण है? गांधीजी ने हिन्दू समाज के उस अभागे अंग को हरिजन की संज्ञा दी थी जिसे अछूत माना जाता था और दुर्भाग्यवश कुछ लोग आज भी ऐसा सोचते हैं। यदि आप संघ के किसी स्वयंसेवक से इस बारे में पूछेंगे तो उसका उत्तर सम्भवत: यह होगा: "मुझे तो यही सिखाया गया है कि सभी मानव समान हैं। मैं किसी जात-पात में विश्वास नहीं रखता।"

संघ के पहले सरसंघचालक के समय से लेकर आज तक संघ के सदस्यों ने देश की जो सेवा की है वह अपूर्व है। देश के मुक्ति आंदोलन में संघ के हजारों स्वयंसेवकों ने भाग लिया। 1930 में जब कांग्रेस ने सम्पूर्ण स्वराज्य की मांग का प्रस्ताव पास किया तो संघ ने हार्दिक स्वागत किया।

इस संबंध में मैं संघ के एक शिविर में गांधी जी के आगमन का उल्लेख करना चाहता हूं। १९३४ की बात है, जब महात्मा जी वर्धा में सेवाग्राम में रहते थे। उसके समीप ही संघ का एक शिविर लगा हुआ था। एक दिन प्रात: शिविर के बैंड की ध्वनि गांधी जी के कानों में पड़ी तो पूछने लगे कि यह क्या है। जब उन्हें पता चला तो उन्होंने उसे देखने की इच्छा प्रकट की। डा. हेडगेवार शिविर में थे और

गांधी जी शिविर देखने पहुंचे तो स्वयंसेवक दोपहर का भोजन कर रहे थे। एक हजार से अधिक स्वयंसेवक पंक्तियों में बैठे थे। गांधी जी सारे प्रबंध और स्वयंसेवकों के अनुशासन को देखकर प्रभावित हुए और प्रश्न पूछने लगे कि क्या आप लोगों में हरिजन भी हैं। लगभग सभी ने हाथ उठा दिए। गांधी जी आश्चर्य में पड़ गए, सोचा हो, सम्भवतः कोई चाल है।

उन्होंने कहा कि जब भी गांधी जी के पास समय हो, चले आएं। गांधी जी शिविर देखने पहुंचे तो स्वयंसेवक दोपहर का भोजन कर रहे थे। एक हजार से अधिक स्वयंसेवक पंक्तियों में बैठे थे। गांधी जी सारे प्रबंध और स्वयंसेवकों के अनुशासन को देखकर प्रभावित हुए और प्रश्न पूछने लगे कि क्या आप लोगों में हरिजन भी हैं। लगभग सभी ने हाथ उठा दिए। गांधी जी आश्चर्य में पड़ गए, सोचा हो, सम्भवतः कोई चाल है। पूछने लगे, कोई ब्राह्मण भी हैं? उत्तर मिला–''कुछ हैं।'' और क्षत्रिय भी? इसके उत्तर में भी कुछ हाथ उठे। गांधी जी पूछने लगे, क्या आपको पता है कि आप हरिजनों के साथ जी रहे हैं? उत्तर मिला–''नहीं, केवल इतना पता है कि हम सब हिन्दू हैं और इतना ही जानना काफी है।'' गांधी जी यह सुनकर बड़े प्रसन्न हुए और संघ की सफलता की कामना की। इस घटना से पता चलता है कि संघ जिस राष्ट्रीय एकता का स्वप्न देखता है उसमें ऊंच-नीच और जातिभेद नहीं है, जिसने हिन्दू समाज को प्रारम्भ से ही ग्रसित कर रखा है। यह तो जब से बना है सब हिन्दुओं को ऐसे भेदभाव मिटाकर एक करने की चेष्टा में है। सच तो यह है कि जातिभेद को बनाए रखने वाले निहित राजनीतिक स्वार्थ हैं और वे राजनीतिज्ञ हैं जो विभिन्न जातियों के बीच वैमनस्य पर पलते हैं और स्वयं अपने संकुचित स्वार्थों के लिए वैमनस्य की वह भावना पैदा करते हैं। कांग्रेसजन गांधी जी का नाम लेते हैं और हरिजनों तथा अन्य दलित वर्गों के लिए आंसू बहाते हैं। परन्तु क्या वह इस बात से इनकार कर सकते हैं कि चुनाव में वह उसी जाति का उम्मीदवार खड़ा करते हैं जिसका उस चुनाव-क्षेत्र में अधिक प्रतिशत हो? संघ को बदनाम करने वाले अन्य राजनीतिक दलों की भी यही नीति है।

संघ के संस्थापक कहा करते थे कि उनका विश्वास जातिभेद या छुआछूत में नहीं है। और न उनके संगठन में इस प्रकार का व्यवहार किया जाता है। अब्राहम लिंकन ने कहा था: ''यदि दासता बुरी नहीं है तो कुछ भी बुरा नहीं है।'' उसी प्रकार सरसंघचालक का कहना है कि यदि छुआछूत बुरी नहीं है, तो कुछ भी बुरा नहीं है। उन्होंने अपने अनुयायियों से सदा यह कहा है कि अस्पृश्यता को मिटा दो और समाज के उन वर्गों के साथ न्याय और समता का

व्यवहार करो जो शताब्दियों से शोषित और वंचित रहे हैं। उन्हें न्याय मिलना चाहिए और समाज के अन्य वर्गों के बराबर आ जाने का प्रत्येक अवसर प्रदान किया जाना चाहिए।

श्री बाला साहब देवरस ने पुणे में प्रसिद्ध वसन्त व्याख्यानमाला में अपने एक भाषण में कहा था:

"हिन्दू समाज में चाहे कोई भी दोष रहा हो, उसमें बहुत-सी अच्छी बातें भी है...उसने कुछ नैतिक मूल्यों की स्थापना की है। यदि हमें ऐसे समाज की स्थापना करनी है जिसमें उन मूल्यों का आदर किया जाए और यदि कथनी और करनी में कोई अन्तर नहीं रखना है, यदि हमारी जीवन शैली में समरसता लानी है तभी ये मूल्य जीवित रहेंगे....हिन्दुओं में एकता अनिवार्य है और इस एकता का एकमात्र आधार सामाजिक समता ही हो सकता है।"

मैंने स्वयं एक बार उत्तर प्रदेश के एक हरिजन लड़के का विवाह महाराष्ट्र की एक ब्राह्मण लड़की से कराया था। दोनों परिवार मुझे जानते थे और मुझे यह अन्तर्जातीय और अन्तर्प्रान्तीय विवाह कराने में कोई कठिनाई नहीं हुई। आज भी हरिजन लड़कों और ब्राह्मण लड़कियों का विवाह साधारण बात नहीं है। मैं इस दिशा में और भी प्रयत्नशील हूं और ईश्वर ने चाहा तो मुझे इसमें सफलता मिलेगी। □

हिन्दू समाज में चाहे कोई भी दोष रहा हो, उसमें बहुत-सी अच्छी बातें भी है उसने नैतिक मूल्यों की स्थापना की है। यदि हमें ऐसे समाज की स्थापना करनी है जिसमें उन मूल्यों का आदर और कथनी और करनी में कोई अन्तर नहीं रखना है, यदि हमारी जीवन शैली में समरसता लानी है तभी ये मूल्य जीवित रहेंगे।

2 दोहरी सदस्यता का प्रश्न

दोहरी सदस्यता के प्रश्न को लेकर बड़ा हो-हल्ला मचाया गया है। लेकिन इस सारे कोलाहल का एक ही उद्देश्य है और वह यह कि भूतपूर्व जनसंघ के सदस्य जनता पार्टी के दूसरे दर्जे के सदस्य बन जाएं और राजनीतिक दृष्टि से अलग हो जाएं। इस मामले में जनता पार्टी के अतिरिक्त अन्य दलों ने भी, अपने-अपने कारणों से, सहयोग किया है।

सैद्धांतिक आधार पर यह आपत्ति की जाती है कि राष्ट्रीय स्वयंसेवक संघ का विश्वास हिन्दू राष्ट्र में है और इस विचारधारा के मानने वाले कभी जनता पार्टी की धर्मनिरपेक्ष नीतियों और कार्यक्रमों में विश्वास नहीं रख सकते। इसलिए यह कहा जाता है कि यदि किसी व्यक्ति का संघ के साथ संबंध है तो उसे जनता पार्टी में नहीं रहना चाहिए।

ऊपर से देखने में यह तर्क अच्छा लगता है, परन्तु सबसे पहले यह जानना आवश्यक है कि राष्ट्रीय स्वयंसेवक संघ है क्या? इसका गठन कब हुआ और इसके विकास के कौन-कौन से चरण रहे? इसकी विचारधारा क्या है? क्या यह राजनीतिक संगठन है? इसके सदस्य होने का क्या अर्थ है?

दूसरे, यह पता लगाना चाहिए कि क्या देश के अन्य दलों में- उदाहरण के लिए, सर्वोदय और आर्य समाज में-भी दोहरी सदस्यता के समानान्तर प्रश्न उठाए जाते हैं? यह जानने की चेष्टा करनी चाहिए कि उनका विश्वास किस विचारधारा में है। यह देखना भी आवश्यक है कि विभिन्न राजनीतिक नेताओं के विश्वास और घोषणाएं तथा उनके वास्तविक विश्वास क्या हैं।

इस प्रश्न की चर्चा करते समय हमें ब्योरे में जाना होगा और यह देखना होगा

कि क्या राष्ट्रीय स्वयंसेवक संघ की राजनीतिक महत्वाकांक्षाएं रही हैं? यह देखना पड़ेगा कि किस पृष्ठभूमि में जनसंघ राजनीतिक क्षितिज पर उभरा और राष्ट्रीय स्वयंसेवक संघ और जनसंघ के बीच कैसा संबंध रहा। जो लोग जनसंघ से जनता पार्टी में आए, उनका राष्ट्रीय स्वयंसेवक संघ के साथ क्या संबंध है? क्या राष्ट्रीय स्वयंसेवक संघ ने जनता पार्टी के संगठन संबंधी मामलों या सरकार के प्रशासन में कभी कोई हस्तक्षेप किया है? जिन जनता नेताओं का राष्ट्रीय स्वयंसेवक संघ के साथ संबंध रहा और जो सरकार में मंत्री बने उन्हें काम करते हुए कुछ समय बीत ही गया है। प्रश्न यह है कि क्या उन्होंने जनता पार्टी और सरकार की नीतियों तथा कार्यक्रमों को कार्यरूप में परिणत करने में कभी कोई बाधा डाली?

अपने आकार और संगठन की सर्वोत्कृष्टता, अपनी सामर्थ्य और प्रभाव के कारण राष्ट्रीय स्वयंसेवक संघ का राष्ट्र के जीवन में एक विशेष स्थान रहा है। इसकी शाखाएं देश के प्रत्येक भाग में हैं। कोई भी ऐसा राज्य, नगर या कस्बा नहीं है जहां संघ की शाखाएं न लगती हों। बहुत-से गांवों में भी शाखाएं चलती हैं। जो लोग संघ को बदनाम करते हैं उन्होंने कभी यह नहीं सोचा कि यदि संघ के विचार और उसका व्यवहार संकुचित होता तो देश के करोड़ों लोगों ने उसे स्वीकार न किया होता। तथाकथित उदार दलों में आधा दर्जन लोग भी तीन दिन से अधिक आपस में मिलजुल कर नहीं रह सकते। एक बिखराव की प्रक्रिया है और भारत की राजनीति, समाज और शिक्षा के क्षेत्र में भी टूट-फूट और मतभेदों की प्रवृत्ति है जो लोगों को मिलकर बैठने नहीं देती। फूट डालने वाली प्रवृत्तियां सर्वोपरि दिखाई देती हैं। इस पृष्ठभूमि में यह पूछना क्या उचित न होगा कि जब सभी राजनीतिक दल टूट चुके हैं-उनमें से कुछ तो बार-बार टूटे हैं-क्या कारण है कि राष्ट्रीय स्वयंसेवक संघ ही एक ऐसा संगठन है जो टूटता नहीं है बल्कि लगातार प्रगति के पथ पर अग्रसर है? इसी बात का ईमानदारी से विश्लेषण किया जाए तो दोहरी सदस्यता और राष्ट्रीय स्वयंसेवक संघ के विरोध का खोखलापन स्पष्ट हो जाता है।

अपने आकार और संगठन की सर्वोत्कृष्टता, अपनी सामर्थ्य और प्रभाव के कारण राष्ट्रीय स्वयंसेवक संघ का राष्ट्र के जीवन में एक विशेष स्थान रहा है। इसकी शाखाएं देश के प्रत्येक भाग में हैं। कोई भी ऐसा राज्य, नगर या कस्बा नहीं है जहां संघ की शाखाएं न लगती हों। बहुत-से गांवों में भी शाखाएं चलती हैं।

मैं आपको बताता हूं कि संघ, जिसके साथ मेरा संबंध पिछले 47 वर्षों से है, क्या है। जब डॉक्टर हेडगेवार ने 1925 में इसकी स्थापना की थी तो इस संगठन के पीछे मुख्य प्रेरणा, इसका मुख्य लक्ष्य यह

था कि भारत एक स्वतंत्र, समृद्ध और महान राष्ट्र बने। मुझे याद है कि स्वतंत्रता की उत्कट इच्छा संघ के स्वयंसेवकों में उत्पन्न की जाती थी। उनकी धारणा सर्वथा राष्ट्रवादी धारणा थी। संघ के सदस्यों में स्वतंत्र और महान भारत के निर्माण के लिए सभी प्रकार के बलिदान करने की भावना उत्पन्न करने के उद्देश्य से डॉक्टर हेडगेवार ने भाषण देने की बजाय चरित्र-निर्माण की प्रक्रिया अपनाई। उनका देहांत 1940 में हुआ और 1925 से 1940 तक डेढ़ दशाब्दी में उन्होंने अपने जैसे हजारों निष्ठावान स्वयंसेवक तैयार किए। उन्होंने संगठन शास्त्र का विकास किया और ऐसे लोगों को संघ में लाए जो देशभक्ति की भावना से ओतप्रोत थे।

उनके प्रत्येक कार्य के पीछे राष्ट्रवाद की भावना झलकती थी। मैं निश्चयपूर्वक कह सकता हूं कि संघ प्रारम्भ से ही राष्ट्रवादी संगठन रहा है। लेकिन अपने इस विश्वास की उत्कटता के साथ-साथ इसका दृष्टिकोण उदार भी रहा है। संघ का राष्ट्रवाद कभी संकुचित या प्रतिक्रियावादी नहीं रहा है।

इस संबंध में मैं संघ के एक आधारभूत विश्वास का उल्लेख करना चाहता हूं। देश की दुर्दशा की चर्चा करते हुए, अपनी गुलामी या विदेशी आक्रामकों से पराजित होने की घटनाओं का उल्लेख करते हुए संघ ने कभी अंग्रेजों या मुसलमानों को दोष नहीं दिया जिन्होंने कई बार भारत पर आक्रमण किया। संघ का विश्वास है कि भारत की अद्योगति का कारण राष्ट्रीय चरित्र, परस्पर सहयोग की भावना और दृष्टिकोण का अभाव, परस्पर वैमनस्य, ईर्ष्या और झगड़े थे। इस दृष्टिकोण को किसी प्रकार भी प्रतिक्रियावादी नहीं कहा जा सकता। यह तो एक वास्तुनिष्ठ मूल्यांकन है जिसमें कोई पूर्वाग्रह नहीं है। इस परिस्थिति का सही प्रतिकार, संघ की दृष्टि में, यहीं है कि 85 प्रतिशत भारतीय जनता को, जो हिन्दू है, संगठित किया जाए और उसका एक राष्ट्रीय दृष्टिकोण बनाया जाए और चरित्र-निर्माण किया जाए। संघ का विश्वास रहा है कि देश में जो न्यूनताएं और दुर्बलताएं हैं, उसके जीवन में जो गतिहीनता है। वह केवल इस बात का परिणाम है कि हिन्दू समाज में कुछ दुर्बलताएं और न्यूनताएं आ गई थीं। संघ का तर्क यह है कि हिन्दू समाज को

मुझे याद है कि स्वतंत्रता की उत्कट इच्छा संघ के स्वयंसेवकों में उत्पन्न की जाती थी। उनकी धारणा सर्वथा राष्ट्रवादी धारणा थी। संघ के सदस्यों में स्वतंत्र और महान भारत के निर्माण के लिए सभी प्रकार के बलिदान करने की भावना उत्पन्न करने के उद्देश्य से डॉक्टर हेडगेवार ने भाषण देने की बजाय चरित्र-निर्माण की प्रक्रिया अपनाई।

अपने स्वयंसेवकों में अच्छे संस्कार उत्पन्न करने के माध्यम से संघ ने इस बात की चेष्टा की है और कर रहा है कि हिन्दू समाज की बुराइयों को दूर किया जाए जो शताब्दियों से एक शाप के समान उसके सिर पर मंडराती रही है। वे बुराइयां हैं: जातिवाद, वर्गभेद, गरीब और अमीर का भेद, छूत-छात और प्रान्तीयता। अपने आचरण के सभी स्तरों पर संघ के सदस्यों ने जाति, भाषा, प्रान्त और क्षेत्र के भेद मिटा दिए हैं और उत्कट राष्ट्रवाद की भावना उत्पन्न की है। सभी को यह सिखाया जाता है कि एक शक्तिशाली और वैभवशाली भारत के स्वप्न को साकार बनाने की चेष्टा करें। संघ के सभी कार्यक्रमों के पीछे जो भावना है वह केवल राष्ट्रवाद की भावना है। चाहे दैनिक शाखा हो, उसमें खेले जाने वाले खेल या की जाने वाली प्रार्थना, गाए जाने वाले गीत, विचार-विमर्श, प्रीतिभोज या वन-भ्रमण के कार्यक्रम का कार्यकर्ताओं के प्रशिक्षण शिविर, मूल उद्देश्य यही है कि सभी नागरिकों में भाईचारे और भ्रातृभाव के प्रति उत्कट-प्रेम की भावना उत्पन्न हो।

अपने स्वयंसेवकों में अच्छे संस्कार उत्पन्न करने के माध्यम से संघ ने इस बात की चेष्टा की है और कर रहा है कि हिन्दू समाज की बुराइयों को दूर किया जाए जो शताब्दियों से एक शाप के समान उसके सिर पर मंडराती रही है। वे बुराइयां हैं: जातिवाद, वर्गभेद, गरीब और अमीर का भेद, छूत-छात और प्रान्तीयता।

संगठित करना होगा और उसमें एकता की भावना लानी होगी। इसके लिए सबसे अधिक महत्व लोगों के चरित्र-निर्माण और उन्हें संगठित करने को देना पड़ेगा।

संघ के साथ इतने लंबे काल तक मेरा संबंध रहा है, लेकिन मैंने कभी इसके किसी नेता या कार्यकर्ता को इस्लाम, हज़रत मोहम्मद, ईसाई धर्म या भगवान यीशुमसीह की आलोचना करते नहीं सुना। संघ की संगठन पद्धति का आधार उसकी शाखाएं थीं। उसके सदस्य प्रतिदिन प्रातःकाल या संध्या में किसी स्थान पर इकट्ठे होते हैं। वहां पर भारतीय खेल खेले जाते हैं, जिनमें कोई खर्च नहीं होता, देशभक्ति के गीत गाए जाते हैं, देश की समस्याओं पर चर्चा की जाती है और देशसेवा के लिए परस्पर भ्रातृभाव की भावना उत्पन्न की जाती है।

मैं अपने व्यक्तिगत अनुभव से एक उदाहरण देना चाहता हूं। 1934 की बात है जब डॉक्टर हेडगेवार महाराष्ट्र के अकोला जिले के वाशिम नगर में आए। मैं उन दिनों हाई स्कूल में था। उन्होंने नगर के प्रमुख निवासियों की एक सभा में भाषण देते हुए संघ की विचारधारा पर प्रकाश डाला। उनके श्रोताओं में से एक डॉक्टर कुलकर्णी थे, जिन्होंने कहा कि सभी श्रोतागण वृत्तिभोगी व्यक्ति हैं और

भाषण सुनते-सुनते सम्भवतः यह सोच रहे होंगे कि जितना समय उस सभा में बिताया है उतने में वह कोई काम करते तो कुछ पैसा बना लेते। वह बोले: "डाक्टर साहब आप देशभक्ति की बातें करने में अपना समय व्यर्थ गवां रहे हैं। लेकिन जिन लोगों को भाषण दे रहे हैं वे अपने स्वार्थवश केवल पैसा बनाने की बात सोच रहे हैं।" डाक्टर हेडगेवार बोले: "आप ऐसा न कहें। संघ की विचारधारा के अनुसार कोई भी व्यक्ति स्वार्थी नहीं होता। कोई भी केवल अपने लिए नहीं जीता, अपने परिवार के प्रेम में वह अपना सब कुछ गंवाने को तैयार होता है। एक कुली, सर्दी हो या गर्मी, सदा ढाई मन बोझ उठाता है जिससे कि वह अपने परिवार को सुखी देख सके। ऐसे व्यक्ति को स्वार्थी कहना उसके प्रति अन्याय होगा। जितने समय आप लोग यहां बैठे हैं उसमें आप कुछ धन कमा सकते थे, परन्तु वह धन आप अपने माता-पिता अपनी पत्नियों और अपने बच्चों के लिए कमाते। प्रत्येक व्यक्ति की प्रेरणा का स्रोत उसका परिवार है। और जो व्यक्ति अपने परिवार से प्रेम करता है उसे स्वार्थी नहीं कहा जा सकता। संघ यह चाहता है कि प्रेरणा के उस स्रोत को विस्तृत बना दिए जाए। यदि सभी व्यक्तियों की प्रेरणा का स्रोत समाज और देश बन जाए तो हमारे देश का कायाकल्प हो जाए। संघ का मुख्य उद्देश्य यही है।"

स्वयंसेवकों में प्रारम्भ से इस प्रवृत्ति को जन्म दिया गया कि वे अधिकाधिक लोगों से मिलें और उन्हें संघ के काम में लगने के लिए प्रेरित करें। इसे लोक-सम्पर्क, लोक-संग्रह और लोक-नियोजन की संज्ञाएं दी गई हैं। शाखा में जो लोग आते हैं उनमें देशभक्ति की भावना जगाई जा सकती है। स्वयंसेवक अपने निःस्वार्थ सेवा के आचरण से लोगों को प्रेरित करते हैं। उनके आदर्श आचरण के कारण उन लोगों की संख्या बढ़ती चली जाती है जो संघ के काम में विश्वास रखते हैं।

इस प्रक्रिया में हजारों लोग आगे आए जिन्होंने हमारे राष्ट्र के परम वैभव का स्वप्न देखा था। उन्होंने संघ के माध्यम से इसी लक्ष्य की प्राप्ति में अपना सारा जीवन लगा दिया। अपने परिवारों के साथ उन्होंने अपने संबंध तोड़ दिए। अपने व्यक्तिगत भविष्य को भूल गए और आजीवन संघ के माध्यम से देशसेवा करते रहे। संघ के कार्यकर्ताओं ने देशभक्ति और निःस्वार्थ सेवा का आदर्श

संघ की विचारधारा के अनुसार कोई भी व्यक्ति स्वार्थी नहीं होता। कोई भी केवल अपने लिए नहीं जीता, अपने परिवार के प्रेम में वह अपना सब कुछ गंवाने को तैयार होता है। एक कुली, सर्दी हो या गर्मी, सदा ढाई मन बोझ उठाता है जिससे कि वह अपने परिवार को सुखी देख सके। ऐसे व्यक्ति को स्वार्थी कहना उसके प्रति अन्याय होगा।

प्रस्तुत किया जिससे अन्य लोगों को भी प्रेरणा प्राप्त हो। स्कूलों और कॉलेजों, नगरों और शहरों से सहस्त्रों कार्यकर्ता आगे आए और संघ का कार्य आगे बढ़ता चला गया।

एक और उल्लेखनीय बात यह है कि संघ की सदस्यता में कोई औपचारिकता नहीं है-कभी कोई सदस्यता के पारम्परिक हस्ताक्षर नहीं करता। संघ में यह परिपाटी बनी ही नहीं। कोई व्यक्ति सदस्यता के फार्म पर हस्ताक्षर करके नहीं, बल्कि संघ की मूल प्रेरणा को स्वीकार करके उसका सदस्य बनता है। उसका नाम किसी रजिस्टर में नहीं लिखा जाता और यदि वह संघ छोड़ जाए तो उसका नाम काटा नहीं जाएगा। कोई व्यक्ति इसलिए स्वयंसेवक होता है कि उसकी आत्मा संघ की आत्मा से जा मिली है। यह संबंध औपचारिक नहीं है, परन्तु फिर भी अधिक सारवान और अधिक निकट है। संघ के स्वयंसेवक का देश के प्रत्येक भाग में-वह कश्मीर हो, असम या कन्याकुमारी-स्वागत किया जाता है। कोई उसकी जाति या समाज में उसकी स्थिति पर ध्यान नहीं देता, बल्कि सभी प्यार और भ्रातृभाव से उसे देखते हैं और परिवार का सदस्य मानते हैं। आपातकाल में जब मैंने श्रीमती रुखसाना स्वामी को विदेशों में सरकार के विरुद्ध आंदोलन का समर्थन प्राप्त करने के लिए भेजा (वह एक दर्जन से अधिक देशों में गईं) तो उन्हें सभी के स्नेह का परिचय मिला। सभी स्वयंसेवकों ने उन्हें अपनी बहिन के रूप में जाना और उनकी सहायता करने में कोई कसर उठा न रखी।

संघ की सफलता की कुंजी यह है कि वह जीवित रहने के लिए बाहर की किसी शक्ति पर निर्भर नहीं रहे। इसके विकास में किसी राजनीतिक समर्थन का हाथ नहीं है। इसके विपरीत राजनीतिक विरोध से इसने नई शक्ति प्राप्त की है। धन के लिए यह किसी व्यक्ति या दल पर निर्भर नहीं है। संघ में बड़े संयम और मितव्ययिता से काम लिया जाता है।

संघ की सफलता की कुंजी यह है कि वह जीवित रहने के लिए बाहर की किसी शक्ति पर निर्भर नहीं रहे। इसके विकास में किसी राजनीतिक समर्थन का हाथ नहीं है। इसके विपरीत राजनीतिक विरोध से इसने नई शक्ति प्राप्त की है। धन के लिए यह किसी व्यक्ति या दल पर निर्भर नहीं है। इसके सदस्य स्वेच्छा से गुरुदक्षिणा के रूप में जो कुछ देते हैं उसी से यह अपना काम चलाता है। संघ में बड़े संयम और मितव्ययिता से काम लिया जाता है। आर्थिक रूप से आत्मनिर्भर होने के कारण संघ को पैसे वालों का मुंह नहीं देखना पड़ता और किसी दानवीर के इशारों पर नाचना नहीं पड़ता।

दूसरे सर संघचालक श्री गोलवलकर, जिन्होने 1940 में कार्यभार संभाला, के

समय से लेकर 1973 में उनके देहान्त तक संघ की प्रगति के कई आयाम हैं। संघ को कोई भी कार्य, उसकी कार्यपद्धति व्यक्तिनिष्ठ नहीं रही। और यही कारण है कि इसके संस्थापक के देहावसान के बाद इसका काम रुका नहीं। संघ ने देश की स्वतंत्रता में भी अपना योगदान किया।

यह प्रश्न पूछा जा सकता है कि संगठन के रूप में संघ ने स्वतंत्रता संग्राम में क्यों भाग नहीं लिया? यह प्रश्न पहली बार उस समय उठा था जब गांधीजी ने 1929–1930 में असहयोग आंदोलन चलाया। उस समय यह निर्णय किया गया कि संघ के सदस्य अपनी व्यक्तिगत हैसियत से उस आंदोलन में भाग ले सकते हैं। परन्तु संघ का अंतिम लक्ष्य तो यही था कि देश को वैभव के शिखर तक ले जाया जाए।

संगठन के रूप में संघ ने स्वतंत्रता संग्राम में क्यों भाग नहीं लिया? यह प्रश्न पहली बार उस समय उठा था जब गांधीजी ने 1929-1930 में असहयोग आंदोलन चलाया। उस समय यह निर्णय किया गया कि संघ के सदस्य अपनी व्यक्तिगत हैसियत से उस आंदोलन में भाग ले सकते हैं। परन्तु संघ का अंतिम लक्ष्य तो यही था कि देश को वैभव के शिखर तक ले जाया जाए।

मुझे एक और घटना याद आती है जब 1946 में मुस्लिम लीग के प्रत्यक्ष कार्रवाई दिवस के बाद कलकत्ता में बड़े पैमाने पर मार–काट हुई थी। उन दिनों उत्तर प्रदेश के जिला गोरखपुर में बहुत अधिक साम्प्रदायिक तनाव और आतंक था। संघ के एक वरिष्ठ नेता बाला साहब आप्टे ने वहां पर भाषण दिया। उनके श्रोताओं में वहां के प्रमुख नागरिक थे। उन्होंने आप्टे जी से कहा कि आप संघ के सदस्यों को हिन्दू क्षेत्र में गश्त लगाने के काम पर लगा दीजिए। आप्टे जी ने इनकार कर दिया, क्योंकि उनका कहना था कि संघ का यह काम नहीं है। परन्तु संघ के सदस्यों से उनकी व्यक्तिगत हैसियत से यह आशा की जाती है कि वे अपने क्षेत्र में आत्मरक्षा के लिए अन्य निवासियों के साथ सहयोग करेंगे। उनका कहना था: "संघ यह चाहता है कि लोग परस्पर सहयोग से अपनी रक्षा करें। यदि संघ यह काम अपने जिम्मे ले ले तो उसके मुख्य काम में बाधा पड़ेगी। वह राष्ट्र की सेवा करना चाहता है और यह नहीं चाहता कि किसी काम के लिए उसे श्रेय दिया जाए।"

ऊपरी दृष्टि से ऐसा लगता है कि यह इस समस्या के प्रति उपेक्षा का दृष्टिकोण है। परन्तु ऐसा नहीं है। इसका तात्पर्य तो केवल इतना है कि ख्याति की चिंता किए बिना दोनों कर्त्तव्य निभाए जाएं। मैं केवल इतना कहूंगा कि भारत की यही परम्परा रही है और हमने इसी जीवन–पद्धति के विकास की चेष्टा की है।

संघ का विश्वास है कि हमारी दासता हमारे पतन का कारण नहीं, उसका लक्षण मात्र है। हमारे समाज में जो बुराइयां हैं उनका प्रतिकार केवल आजादी के माध्यम से नहीं होगा। यह बात पिछले कुछ समय की घटनाओं से प्रमाणित हो गई है। उन दिनों भारतीय नेताओं की यह प्रवृत्ति थी कि जो भी बुराई होती उसका दोष अंग्रेज के सिर मढ़ देते थे या यह कहते थे कि ऐसा हमारी गुलामी के कारण हुआ है। उनका कहना था कि स्वतंत्रता-प्राप्ति के तुरंत बाद ये सारी बुराइयां अपने आप दूर हो जाएंगी। संघ ने देश को दासता से मुक्त कराने के उद्देश्य को बहुत अधिक प्राथमिकता दी थी, परन्तु उसके सामने एकमात्र लक्ष्य मुक्ति की नहीं था।

संघ का विश्वास है कि राजनीति किसी राष्ट्र के जीवन का अभिन्न अंग होती है, परन्तु राष्ट्र का सम्पूर्ण जीवन राजनीति ही नहीं है। सामाजिक परिवर्तन केवल राजनीति के माध्यम से नहीं लाए जा सकते। उस उद्देश्य की पूर्ति के लिए जनसाधारण की शक्ति अर्थात् लोकशक्ति को जागृत करना होगा।

सन् 1942 के आंदोलन में संघ के बहुत-से कार्यकर्ताओं ने भाग लिया, यद्यपि संगठन के रूप में संघ इस आंदोलन में नहीं कूदा था। आपातकाल के दिनों में भी यही निर्णय किया गया। इसके लाखों कार्यकर्ताओं ने लोक संघर्ष समिति के झंडे के नीचे तानाशाही सरकार के विरुद्ध संघर्ष में भाग लिया। इस संदर्भ में मैं यह कहना चाहता हूं कि मेरे लिए उन स्वयंसेवकों की संख्या जानना कठिन हो रहा है जो आपातकाल में जेल गए या जिन्होंने सत्याग्रह में भाग लिया। संघ के केंद्रीय कार्यालय में उनके आंकड़े नहीं हैं और न उन्हें इकट्ठे करने में संघ की कोई रुचि है।

संघ का विश्वास है कि राजनीति किसी राष्ट्र के जीवन का अभिन्न अंग होती है, परन्तु राष्ट्र का सम्पूर्ण जीवन राजनीति ही नहीं है। सामाजिक परिवर्तन केवल राजनीति के माध्यम से नहीं लाए जा सकते। उस उद्देश्य की पूर्ति के लिए जनसाधारण की शक्ति अर्थात् लोकशक्ति को जागृत करना होगा। और लोकशक्ति को सत्ता की राजनीति के माध्यम से जागृत नहीं किया जा सकता। सत्ता की राजनीति जीवन का सार या एकमात्र उद्देश्य नहीं है और न इसे सर्वशक्तिमान माना जा सकता है। समाज की शक्ति राज्य की शक्ति से ऊपर होती है। जब जयप्रकाश बाबू लोकशक्ति की बात करते थे और यह कहते थे कि राज्य की शक्ति तो जनता पर निर्भर करती है तो वे इसी सिद्धांत का प्रतिपादन कर रहे होते थे।

1947 में जब भारत स्वतंत्र हुआ तो संघ को उस समय की घटनाओं की भट्ठी में से निकलना पड़ा। यह कहना अतिशयोक्ति न होगी कि संघ ने पाकिस्तान में घिरे हुए लाखों हिन्दुओं

को सुरक्षित लाने में महत्वपूर्ण भूमिका निभाई। संघ के कार्य की प्रशंसा तो उसके विरोधियों ने भी की थी। देश के विभाजन की मांग के कारण हमारे समाज में एक अभूतपूर्व तनाव उत्पन्न हो गया था जिसके परिणामस्वरूप बड़े पैमाने पर मार-काट हुई।

संघ देश के विभाजन का विरोधी था क्योंकि इसका विश्वास एकराष्ट्र के सिद्धांत में था। नए राज्य पाकिस्तान के निर्माण को मुस्लिम लीग और साम्यवादी दल के अतिरिक्त और किसी राजनीतिक दल ने पसंद नहीं किया। यह बड़े दुर्भाग्य की बात है कि पाकिस्तान के हिन्दुओं को निकालकर भारत लाने में संघ ने जो भूमिका निभाई उसे मुस्लिम-विरोधी काम मान लिया गया।

जब लाखों हिन्दू पश्चिमी और पूर्वी पाकिस्तान के शरणार्थी बनकर भारत आ रहे थे तो संघ ने हिन्दू सहायता समिति के नाम से एक संगठन बनाया। इस संगठन ने इन अभागों की जितनी सहायता की उतनी सम्भवत: और किसी ने न की होगी। यह मैं अपने अनुभव से कह सकता हूं, क्योंकि उन दिनों मैं समिति का कार्य किया करता था। समिति ने शरणार्थियों को देश के विभिन्न भागों में फिर से बसने में सहायता की।

देश के विभाजन के बाद भी कुछ समय तक हिन्दुओं और मुसलमानों के बीच तनाव की स्थिति बनी रही। 30 जनवरी, 1948 को गांधीजी की हत्या कर दी गई और उस मामले में संघ को अकारण ही लपेट लिया गया। इस

जब लाखों हिन्दू पश्चिमी और पूर्वी पाकिस्तान के शरणार्थी बनकर भारत आ रहे थे तो संघ ने हिन्दू सहायता समिति नामक संगठन बनाया। इस संगठन ने इन अभागों की जितनी सहायता की उतनी सम्भवतः और किसी ने न की होगी। यह मैं अपने अनुभव से कह सकता हूं, क्योंकि उन दिनों मैं समिति का कार्य किया करता था।

आरोप का न तो कोई आधार था और न ही कोई प्रमाण। परन्तु इसके विरोधी अभी तक इसी को लेकर गला फाड़ रहे हैं। उनकी मांग अक्टूबर-नवंबर, 1947 से ही यह थी कि संघ पर प्रतिबंध लगा दिया जाए। गांधीजी की हत्या संघ के शत्रुओं के हाथ में इसे कुचल देने का बहाना बन गई। संघ पर प्रतिबंध लगा दिया गया और उसके हजारों स्वयंसेवक, सरसंघचालक गोलवलकर सहित, गिरफ्तार कर लिए गए। उन दिनों संघ के कार्यकर्ता और उनके परिवार विरोधियों की हिंसा, अग्निकांडों और यातनाओं के शिकार बने। लेकिन संघ के स्वयंसेवकों ने ऐसी परिस्थिति में भी अहिंसा में अपना विश्वास नहीं छोड़ा। इतना बड़ा राष्ट्रव्यापी और शक्तिशाली संगठन उन दिनों भी अपनी अहिंसक प्रवृत्तियों का परिचय देने में सफल हुआ।

गांधी हत्याकांड का मुकदमा चला तो उसमें संघ का हाथ होने का कोई प्रमाण प्रस्तुत नहीं किया गया। बाद में होने वाले हिन्दू-मुस्लिम दंगों के लिए कई जांच आयोग बिठाए गए हैं। उनके सामने भी कोई ऐसा प्रमाण नहीं रखा गया जिससे पता चलता हो कि संघ का किसी दंगे में कोई हाथ था। इसके बावजूद संघ-विरोधी कभी यह कहते हुए लजाते नहीं है कि संघ ही गांधीजी की हत्या के लिए जिम्मेदार था। राजनीतिक अनैतिकता का इससे बड़ा प्रमाण और क्या हो सकता है। संघ ने अपने ऊपर लगाए गए प्रतिबंध के विरोध में शांतिपूर्ण सत्याग्रह आंदोलन छेड़ा जिसमें उसके लाखों स्वयंसेवक जेल गए। यह प्रतिबंध 1949 में हटाया गया और संघ फिर राष्ट्रीय पुनर्निर्माण के अपने काम में लग गया।

प्रतिबंध के काल में संघ ने अपना संविधान बनाया, जिसमें इस बात पर बल दिया गया था कि संघ का मूल उद्देश्य हिन्दुओं को संगठित करना है और हिन्दुओं की सांस्कृतिक परम्पराओं को अक्षुण्ण रखना है जिनमें सर्वधर्म समभाव की भावना निहित है। संघ के संविधान में यह भी कहा गया है कि वह राजनीति में भाग नहीं लेगा। उसमें संघ के विभिन्न कार्यकर्ताओं के चुनाव और संघ-संगठन के मूल ढांचे की व्यवस्था की गई है।

उसी काल में दिल्ली से प्रकाशित संघ के एक साप्ताहिक 'आर्गेनाइजर' में कुछ लेख छपे जिनमें यह कहा गया था कि संघ को राजनीति में आ जाना चाहिए। संघ अपने सदस्यों को किसी ऐसे दल में सम्मिलित होने की अनुमति नहीं देता जो हिंसा में विश्वास रखता हो। एक समय था जब कांग्रेस ने भी संघ के सदस्यों को अपने संगठन में विलीन करने की चेष्टा की थी। वह संकल्प उन दिनों पास किया गया तब पंडित नेहरू राष्ट्रमंडल सम्मेलन में भाग लेने के लिए विदेश गए हुए थे। जब वह लौटे तो उस संकल्प को रद्द कर

प्रतिबंध के काल में संघ ने अपना संविधान बनाया, जिसमें इस बात पर बल दिया गया था कि संघ का मूल उद्देश्य हिन्दुओं को संगठित करना है और हिन्दुओं की सांस्कृतिक परम्पराओं को अक्षुण्ण रखना है जिनमें सर्वधर्म समभाव की भावना निहित है। संघ के संविधान में यह भी कहा गया है कि वह राजनीति में भाग नहीं लेगा।

दिया गया। इसी कारण श्री पुरुषोत्तमदास टंडन को कांग्रेस के अध्यक्ष पद से त्यागपत्र देना पड़ा। परन्तु संघ के अन्दर से और बाहर से जो दबाव पड़ रहा था उसके बावजूद संघ ने राजनीति में पदार्पण करना उचित नहीं समझा।

यह बात स्पष्ट रूप से समझ लेनी चाहिए कि यदि संघ सत्ता की राजनीति में कूदना चाहता तो कोई भी व्यक्ति या कोई भी बात उसे ऐसा करने से रोक नहीं सकती थी। भारत के संविधान में सभी

> **संघ ने जनसंघ की नींव रखी, बल्कि उसकी स्थापना डॉ. मुखर्जी ने की थी। यह बात उन सभी व्यक्तियों ने स्वीकार की है जिन्होंने जनसंघ के बारे में पुस्तकें लिखी हैं। डॉ. मुखर्जी के देहावसान के बाद संघ के कार्यकर्ता जनसंघ में प्रमुख स्थानों पर आ गए जो आरम्भ में इस संगठन में आ गए थे।**

नागरिकों को संस्थाएं बनाने की स्वतंत्रता दी गई है। परन्तु संघ ने राजनीति में पदार्पण न करने का निर्णय स्वतंत्र रूप से किया। उसके लिए वह किसी भी प्रकार के दबाव में नहीं आया।

संघ और जनसंघ के परस्पर संबंधों को समझने के लिए यह जानना आवश्यक है कि संघ की कोई भी राजनीतिक आकांक्षाएं नहीं हैं। यदि उसकी ऐसी आकांक्षाएं होती तो वह खुलेआम राजनीति में आता और कोई भी उसे रोक नहीं सकता था। यद्यपि संघ के विरोधी यह आरोप लगाते हैं कि वह जनसंघ के माध्यम से अपने राजनीतिक उद्देश्यों की पूर्ति करना चाहता है, संघ द्वारा सत्ता की राजनीति से अलग रहने का निर्णय कुछ विशेष कारणों से है। वास्तविकता यह है कि संघ ने जनसंघ की नींव रखी, बल्कि उसकी स्थापना डॉ. मुखर्जी ने की थी। यह बात उन सभी व्यक्तियों ने स्वीकार की है जिन्होंने जनसंघ के बारे में पुस्तकें लिखी हैं। डॉक्टर मुखर्जी के देहावसान के बाद संघ के कार्यकर्ता जनसंघ में प्रमुख स्थानों पर आ गए जो आरम्भ में इस संगठन में आ गए थे। इसका कारण यह है कि इसका और कोई विकल्प रह नहीं गया है।

संघ के शत्रुओं को यह भी सोचना चाहिए कि आज तक संघ के किसी नेता ने जनसंघ की सहायता से चुनाव लड़ने की चेष्टा नहीं की है। सत्ता-राजनीति के इस युग में संघ का प्रयास यह रहा है कि वह राजनीति से परे रहे। संघ के कार्यकर्ताओं से सदा यह कहा गया है कि वे चुनाव आंदोलन से परे रहें। उन्हें कभी यह आदेश नहीं दिया गया कि वे चुनावों में जनसंघ की सहायता करें। परन्तु संघ के जो सदस्य जनसंघ में चले गए थे वे विभिन्न स्तरों पर मिलेंगे और उनमें से कुछ प्रमुख पदों पर पहुंच गए हैं।

सातवें दशक में पांचवें सामान्य निर्वाचन के समय तक परिस्थिति में गुणात्मक परिवर्तन हो गया था। जनसंघ में ऐसे सदस्यों की संख्या बढ़ गई थी जो राष्ट्रीय स्वयंसेवक संघ से नहीं आए थे। परन्तु इस बात से इनकार नहीं किया जा सकता कि जनसंघ में राष्ट्रवाद की वहीं भावना है जो राष्ट्रीय स्वयंसेवक संघ ने अपने कार्यकर्ताओं में जगाई है। ये कार्यकर्ता भले ही जनसंघ में चले गए हों और उनका राष्ट्रीय स्वयंसेवक संघ के साथ कोई भौतिक संबंध न रहा हो, परन्तु भावनात्मक संबंध तो टूटा नहीं करते। संघ ने सदा इस बात पर बल दिया है कि सभी सदस्य एक परिवार के समान हैं।

इसी कारण पुराने संबंध बने हुए हैं और संघ के जो सदस्य जनसंघ में चले गए हैं उनके साथ संबंधों में वैसी कटुता नहीं आई है जैसी कि देश के अधिकतर राजनीतिक दलों में पाई जाती है। यही कारण है कि जनसंघ में भी वैसी ही परम्पराओं का विकास हुआ जैसी राष्ट्रीय स्वयंसेवक संघ में थी, अर्थात् उसके सदस्यों में परस्पर भ्रातृत्व, अनुशासन और उत्कट परन्तु उदार राष्ट्रवाद की भावना ने जन्म लिया है। अन्य दलों की भांति वे सत्ता के पीछे भी नहीं भागते, जो वर्तमान संकट में स्पष्ट हो गया है।

परन्तु संघ और जनसंघ के बीच एक अन्तर रहा है। भारत का कोई भी नागरिक, चाहे उसका धर्म कुछ भी हो, जनसंघ का सदस्य बन सकता है। कई मुसलमान और ईसाई भाई जनसंघ के संगठन में प्रमुख पदों पर पहुंचे हैं। संघ के भूतपूर्व स्वयंसेवकों ने इस बात पर कभी आपत्ति नहीं की। यदि जनसंघ राष्ट्रीय स्वयंसेवक संघ का ही सहायक संगठन होता तो वे लोग ऐसी आपत्ति अवश्य करते। यदि ये दोनों संगठन एक होते-जैसा कि बहुधा आरोप लगाया जाता है-तो जनसंघ में अहिन्दुओं को प्रवेश करने की अनुमति न होती। जिन दिनों हमारा संविधान बन रहा था, राष्ट्रीय स्वयंसेवक संघ ने कभी यह मांग नहीं की थी कि भारत को एक हिन्दू राज्य बनाया जाए। उसने इस बात का स्वागत किया कि भारत में अल्पसंख्यकों के संरक्षण की व्यवस्था की गई है, यद्यपि पाकिस्तान में अल्पसंख्यकों के लिए वैसी व्यवस्था का अभाव है।

संघ और जनसंघ के बीच एक अन्तर रहा है। भारत का कोई भी नागरिक, चाहे उसका धर्म कुछ भी हो, जनसंघ का सदस्य बन सकता है। कई मुसलमान और ईसाई भाई जनसंघ के संगठन में प्रमुख पदों पर पहुंचे हैं। संघ के भूतपूर्व स्वयंसेवकों ने इस बात पर कभी आपत्ति नहीं की। यदि जनसंघ राष्ट्रीय स्वयंसेवक संघ का ही सहायक संगठन होता तो वे लोग ऐसी आपत्ति अवश्य करते।

जिस व्यक्ति को हिन्दू धर्म की परम्पराओं में सच्चा विश्वास है वह कभी भी किसी धार्मिक (थियोक्रेटिक) राज्य की स्थापना की कल्पना नहीं कर सकता। इतिहास में किसी हिन्दू राजा का ऐसा उदाहरण नहीं मिलता जिसने धार्मिक राज्य की स्थापना की हो। इस प्रकार का भेदभाव हिन्दू परम्पराओं के विरुद्ध है। जनसंघ के संविधान में स्पष्ट रूप से यह कहा गया है कि सारे नागरिक समान हैं और उनके साथ समान व्यवहार होना चाहिए। इसके पीछे प्रेरणा संघ की परम्पराओं की ही है जिनके अनुसार धार्मिक असहिष्णुता और भेदभाव को बुरा माना जाता है। संघ के किसी भी नेता ने अपने किसी लेख या भाषण के माध्यम से कभी यह मांग नहीं की कि

हिन्दुओं के साथ विशेष व्यवहार किया जाए या अहिन्दुओं के साथ भेदभाव की नीति बरती जाए। इसमें संदेह नहीं कि संघ ने मुस्लिम अल्पसंख्यकों के तुष्टिकरण की नीति का सदा विरोध किया है। परन्तु कुछ राजनीतिज्ञ और राजनीतिक दल जिस परिवेश में यह नीति अपनाते थे उसे देखते हुए संघ द्वारा इसका विरोध उचित ही था। जनसंघ में काम करने वाले संघ के स्वयंसेवक सारे नागरिकों की समानता और उनके साथ समान व्यवहार किए जाने की बात करते हैं तो पाखंड की भावना से नहीं करते। उन्हें वास्तव में समता में विश्वास है।

यह बात तो समझ में आ सकती है कि आज के वातावरण में जब आरोप-प्रत्यारोप की प्रक्रिया चल पड़ी है, संघ के इस दावे का सही मूल्यांकन करना कोई सरल काम नहीं है कि उसके मन में किसी के प्रति भी वैमनस्य की भावना नहीं है, क्योंकि हिन्दुओं की मूल धारणा यही है। इसका प्रमाण है धार्मिक सहिष्णुता की परम्परा, जिसका पालन युगों से होता आया है। परन्तु आज की स्थिति की जिम्मेदारी संघ-विरोधियों पर है, संघ का हिन्दुओं पर नहीं। यदि हम वस्तुस्थिति देख पाएं तो हमें सच्चाई का पता चल जाएगा।

आज के वातावरण में जब आरोप-प्रत्यारोप की प्रक्रिया चल पड़ी है, संघ के इस दावे का सही मूल्यांकन करना कोई सरल काम नहीं है कि उसके मन में किसी के प्रति भी वैमनस्य की भावना नहीं है, क्योंकि हिन्दुओं की मूल धारणा यही है। इसका प्रमाण है धार्मिक सहिष्णुता की परम्परा, जिसका पालन युगों से होता आया है।

अब मैं सर्वोदय, आर्य समाज और अन्य संगठनों के संदर्भ में दोहरी सदस्यता के प्रश्न पर विचार करना चाहता हूं। इनसे तुलना रुचिकर और ज्ञानवर्धक होगी। सर्वोदय गांधीवादी दर्शन है और इसके कई पहलू राजनीतिक भी हैं। परन्तु यह नहीं कहा जा सकता कि यह कोई राजनीतिक आंदोलन है या इस दर्शन का प्रतिपादन करने वाले सत्तापेक्षी हैं। सर्वोदय एक संगठन के रूप में चुनावों में नहीं आता, यद्यपि इसके नेता राजनीतिक विषयों पर अपने विचार व्यक्त करते रहते हैं। हम यह देखते हैं कि इस आंदोलन से संबद्ध बहुत-से व्यक्तियों का कई राजनीतिक दलों से संबंध रहा है और वे चुनाव भी लड़ते हैं। वे लोग विधानसभाओं के सदस्य भी रहे हैं और उनमें से कुछ राज्यपाल भी थे। परन्तु इसके बावजूद सर्वोदय के मानने वालों पर कभी यह आरोप नहीं लगाया गया कि उनकी निष्ठा या सदस्यता दोहरी है। यह भी दावा नहीं किया जा सकता कि सर्वोदय कार्यकर्ता जिन दो या तीन राजनीतिक दलों में गए हैं उनमें राजनीतिक विषयों पर कोई सहमति थी और या सर्वोदय कार्यकर्ताओं के विचार उन राजनीतिक दलों के दर्शन से भिन्न

सर्वोदय कार्यकर्ता मार्क्सवादी दलों में नहीं मिलेंगे, परन्तु आर्य समाज के कार्यकर्ता लगभग सभी राजनीतिक दलों में सभी स्तरों पर पाए जाते हैं। चौधरी चरणसिंह तो पक्के आर्य समाजी हैं ही, बाबू जगजीवन राम भी आर्यसमाज से प्रभावित है। आर्यसमाज के कुछ अनुयायियों ने मिलकर आर्य सभा के नाम से एक राजनीतिक संगठन बनाया था।

नहीं थे जिनमें वे सम्मिलित हुए। इसके बावजूद उनकी दोहरी सदस्यता या दोहरी निष्ठा का कोई प्रश्न कभी नहीं उठाया गया।

ऐसी ही स्थिति आर्य समाज की है। उसके विचारों और दर्शन से सभी परिचित हैं। यह हिन्दू समाज का अग्रगामी आक्रामक अंग है जिसका विचार न केवल शुद्धि में है बल्कि जो यह सोचता है कि ''कृण्वन्तो विश्वमार्यम।''

सर्वोदय कार्यकर्ता मार्क्सवादी दलों में नहीं मिलेंगे, परन्तु आर्य समाज के कार्यकर्ता लगभग सभी राजनीतिक दलों में सभी स्तरों पर पाए जाते हैं। चौधरी चरणसिंह तो पक्के आर्य समाजी हैं ही, बाबू जगजीवन राम भी आर्यसमाज से प्रभावित है। आर्यसमाज के कुछ अनुयायियों ने मिलकर आर्य सभा के नाम से एक राजनीतिक संगठन बनाया था। आर्यसमाज के दर्शन में विश्वास रखने वाले व्यक्ति जहां भी हों वे बड़े उत्साह से अपनी बात कहते हैं। कांग्रेस और आर्यसमाज का दर्शन किसी भी अर्थ में समान नहीं है, परन्तु आर्यसमाज के बहुत-से व्यक्ति कांग्रेस में मिलेंगे। वे भूतपूर्व जनसंघ में भी थे। आर्यसमाज के सदस्यों के अपने राजनीतिक विचार हैं, परन्तु उनकी विभाजित निष्ठा या दोहरी सदस्यता के बारे में कभी कोई प्रश्न नहीं उठाया गया।

ऐसे मुसलमान नेता कई दलों में मिलेंगे जिनका उन मुस्लिम संगठनों के साथ गहरा संबंध है जिनके विचार उन राजनीतिक दलों के विचारों से मेल नहीं खाते। ये संगठन कई प्रकार की साम्प्रदायिक मांगें रखते हैं और मुसलमानों के साम्प्रदायिक संगठनों से उनके संबंध हैं। इन नेताओं के विचार कई बार देश के संविधान या उसके निदेशक तत्वों के सिद्धांतों के विरुद्ध होते हैं। हमारे संविधान में सभी नागरिकों की बराबरी की बात कही गई है, परन्तु इन नेताओं ने सदा इस बात का विरोध किया है कि देश के सभी नागरिकों के लिए एक जैसा कानून या संहिता बनाया जाए। जिन संगठनों में इस प्रकार के लोग गए हैं, उन्होंने ऐसी मांगों का विरोध कभी नहीं किया, लेकिन उन पर कोई यह आरोप नहीं लगाता कि उनकी निष्ठा विभाजित है या उनकी दोहरी सदस्यता है। इस

प्रकार के बहुत-से व्यक्ति साम्यवादी दलों में भी मिलेंगे।

जो लोग बहुसंख्यकों और अल्पसंख्यकों की बात करते हैं वे यह न बता पाएंगे कि सर्वोदय में कितने मुसलमान हैं। क्या उन्हें यह पता नहीं है कि सर्वसेवा संघ में एक भी मुसलमान नहीं है? तो फिर क्या कारण है कि विभाजित निष्ठा या दोहरी सदस्यता का प्रश्न केवल राष्ट्रीय स्वयंसेवक संघ के लिए ही उठाया जाता है? इसी तरह का समानान्तर मामला मजदूर आंदोलन में भी मिलेगा। मजदूर संघों में काम करने वाले व्यक्तियों के विचार और दर्शन उन राजनीतिक दलों की विचारधारा से भिन्न हो सकते हैं जिनके सदस्य रहते हुए वे मजदूर आंदोलन में आते हैं। वे लोग मजदूर आंदोलन में भी होते हैं और उन राजनीतिक दलों के सदस्य भी, परन्तु उनकी विभाजित निष्ठा या दोहरी सदस्यता का मामला कभी नहीं उठाया जाता। चौधरी चरण सिंह ने किसान सम्मेलन की नींव डाली। यह संगठन कितना ही व्यापक क्यों न हो समाज के एक ही अंग का प्रतिनिधि तो है। इसके कार्यक्रम और नीतियां जनता पार्टी के कार्यक्रमों और नीतियों के समान नहीं हैं। क्या चौधरी चरण सिंह और उनके अनुयायी दोहरी सदस्यता के दोषी नहीं हैं जब वे जनता पार्टी में रहते हुए किसान सम्मेलन के सदस्य बने?

हम सामान्यतया यह देखते हैं कि व्यक्ति का समाज के विभिन्न स्तरों पर कई संगठनों के साथ संबंध होता है। जब तक वह एक ही समय दो राजनीतिक दलों का सदस्य न हो, उस पर कोई आपत्ति नहीं की जाती। जब तक कोई आर्यसमाजी, जो मूर्तिपूजा में विश्वास नहीं रखते, सनातन धर्म में सम्मिलित नहीं होता और किसी मन्दिर में मूर्ति की स्थापना नहीं करता तब तक आर्यसमाज उस पर कोई आपत्ति नहीं करता। संक्षेप में यह कहा जा सकता है कि कोई व्यक्ति एक ही क्षेत्र में सक्रिय दो संगठनों का एक ही समय सदस्य नहीं हो सकता,

व्यक्ति का समाज के विभिन्न स्तरों पर कई संगठनों के साथ संबंध होता है। जब तक वह एक ही समय दो राजनीतिक दलों का सदस्य न हो, उस पर कोई आपत्ति नहीं की जाती। जब तक कोई आर्यसमाजी, जो मूर्तिपूजा में विश्वास एवं सनातन धर्म में सम्मिलित नहीं होता और किसी मन्दिर में मूर्ति की स्थापना नहीं करता तब तक आर्यसमाज कोई आपत्ति नहीं करता।

क्योंकि सम्भव है कि वे दोनों संगठन एक-दूसरे के प्रतिद्वंद्वी हों। परन्तु यह तर्क जनता पार्टी और राष्ट्रीय स्वयंसेवक संघ पर लागू नहीं होता, क्योंकि दोनों का अपना-अपना अलग कार्यक्षेत्र है। यह सर्वथा गलत है कि संघ की राजनीतिक महत्वाकांक्षाएं हैं। हां, जहां समाजसेवा की बात आती है संघ हमेशा उसके लिए तैयार रहता है। □

3 साम्प्रदायिकता का आरोप

संघ और जनसंघ पर जो आरोप लगाए जाते हैं उनमें सबसे कुत्सित आरोप यह है कि ये साम्प्रदायिक संगठन है और दंगे करवाते हैं। राष्ट्रीय स्वयंसेवक संघ के विरोध के पीछे एक सुनियोजित और सुगठित प्रचारतंत्र है। इसके माध्यम से संघ को साम्प्रदायिक राक्षस के रूप में प्रचारित किया जाता है, जिसका एकमात्र उद्देश्य मुसलमानों को समाप्त करना है और लोगों को इस बात का विश्वास दिलाना है कि संघ न केवल दंगों में भाग लेता है, बल्कि उनका सूत्रपात भी करता है।

इस प्रचार का ढांचा क्या है, इससे सभी परिचित हैं। जब भी देश में कहीं पर साम्प्रदायिक दंगा होता है तो राजनीतिक दल तुरंत वक्तव्य और भाषण देने लगते हैं कि दंगा जनसंघ ने करवाया है। वे लोग सच्चाई की चिंता किए बिना, किसी दंगे के तथ्यों का पता लगाए बिना आरोप लगा देते हैं, क्योंकि ऐसा आरोप लगाना एक फैशन-सा बन गया है। संघ-विरोधी समाचार पत्र सदा उसके मुंह पर कालिख पोतते रहते हैं। जब भी कोई दंगा होता है तो उसकी जांच के लिए आयोग बिठाया जाता है, लेकिन उस आयोग के प्रतिवेदन की प्रतीक्षा करता कौन है ? जब प्रतिवेदन आ जाता है और उसमें इस बात का कोई प्रमाण नहीं होता कि दंगे में संघ का हाथ है तो उस प्रतिवेदन की उपेक्षा कर दी जाती है। प्रतिवेदन के प्रकाशन तक निराधार आरोपों और संदेहों के बादल छा जाते हैं। इसका लाभ संघ के विरोधी खूब उठाते हैं। इस प्रकार के झूठे प्रचार का शिकार संघ होता है और अपराधी की भांति उसे जनता के सामने लाया जाता है।

हमारे देश में ब्रिटिश शासनकाल में भी दंगे हुआ करते थे और उसके बाद भी होते आए हैं। जनता पार्टी भी

साम्प्रदायिक मनमुटाव और संघर्ष के दानव को समाप्त करने में सफल नहीं हुई है। परन्तु आरोप लगाने वालों को यह तो सोचना चाहिए कि उन क्षेत्रों में दंगे क्यों होते हैं जहां संघ है ही नहीं या उसका प्रभाव अत्यन्त नगण्य है?

सच्चाई तो यह है कि यह शरारतपूर्ण परिपाटी बन गई है कि जब भी कोई दंगा हो, उसके तथ्यों को जानकारी प्राप्त किए बिना उसका सारा दोष संघ और जनसंघ पर थोप दिया जाए। इस प्रचार के पीछे एक सुनियोजित षड्यंत्र है, जिसका उद्देश्य केवलमात्र यह है कि संघ को सदा ऐसी स्थिति में रखा जाए कि वह अपनी सफाई देता फिरे और अन्ततोगत्वा उसे कुचलकर रख दिया जाए। सन् १९४७ और सन् १९७५ में सरकार ने आदेश जारी करके संघ पर प्रतिबंध लगाया, जिसका उद्देश्य उसे कुचलना था।

जब भी कोई दंगा हो, उसके तथ्यों को जानकारी प्राप्त किए बिना उसका सारा दोष संघ और जनसंघ पर थोप दिया जाए। इस प्रचार के पीछे एक सुनियोजित षड्यंत्र है, जिसका उद्देश्य केवलमात्र यह है कि संघ को सदा ऐसी स्थिति में रखा जाए कि वह अपनी सफाई देता फिरे और अन्ततोगत्वा उसे कुचलकर रख दिया जाए।

आइए, यह देखें कि इस आरोप में क्या सार है। इसके निम्नलिखित ९ तत्व है: (१) संघ साम्प्रदायिक है; (२) यह हिंसा में विश्वास रखता है, हथियार इकट्ठे करता है और अपने सदस्यों को हथियारों का प्रशिक्षण देता है; (३) मुसलमानों और अन्य अल्पसंख्यकों का शत्रु है; (४) यह दंगे करवाता है; (५) इसने महात्मा गांधी की हत्या की; (६) यह सैनिक संगठनों जैसा है; (७) यह फासिस्टवादी संगठन है और हिटलर के तरीकों पर चलता है; (८) यह लोकतंत्र-विरोधी है और अधिनायकवाद का समर्थक है; और (९) यह एक हिन्दू राज्य की स्थापना करना चाहता है। इसी तरह के और भी कई आरोप लगाए जाते हैं।

ये सारे तत्व एक-दूसरे से जुड़े हुए हैं और एक-दूसरे की पुष्टि भी करते हैं। परिणाम यह होता है कि संघ को एक दानव के रूप में प्रस्तुत किया जाता है। इस बात के बावजूद कि इन आरोपों का कोई आधार नहीं है, इनके बार-बार दोहराए जाने व वैज्ञानिक प्रचार की विधियों के प्रयोग के कारण कुछ लोग इन झूठी बातों पर विश्वास करने लग जाते हैं। प्रचार की इस कला के विशेषज्ञों का विश्वास है कि यदि आप संघ पर कीचड़ उछालते रहेंगे तो कुछ न कुछ छींटे अवश्य रह जाएंगे और लोग, कम से कम कुछ लोग तो अवश्य ही, इस बात पर विश्वास कर लेंगे कि संघ एक दानव के समान है।

मैं इन सभी आरोपों को सर्वथा निराधार

कहता हूं, क्योंकि इनमें लेशमात्र भी सच्चाई नहीं है। पिछले ३२ वर्षों में निहित राजनीतिक स्वार्थों की पूर्ति के लिए ऐसे आरोप लगाए गए हैं। उदाहरण के रूप में महात्मा गांधी की हत्या को ही लीजिए। १८ नवम्बर, १९७७ को गृहमंत्री चौधरी चरण सिंह ने लोकसभा में एक वक्तव्य में कहा था कि महात्मा गांधी की हत्या में राष्ट्रीय स्वयंसेवक संघ का कोई हाथ नहीं था और हत्या के बाद जो प्रतिबंध लगाया गया उसमें कहीं यह नहीं कहा गया था कि संघ का गांधी जी की हत्या से कोई संबंध था।

महात्मा गांधी के हत्यारों पर मुकदमा चलाया गया और उनका दोष प्रमाणित होने पर उन्हें दंडित किया गया। उच्च न्यायालय के निर्णय में संघ की चर्चा तक नहीं थी। नेहरू सरकार ने इस अपराध के लिए संघ के किसी भी स्वयंसेवक पर कोई मुकदमा नहीं चलाया और तो और, किसी न्यायालय में ऐसा कोई मामला ले जाया ही नहीं गया। तत्कालीन गृहमंत्री सरकार पटेल ने पंडित नेहरू को अपने मंत्रालय में उपलब्ध जानकारी के आधार पर यह सूचित किया था कि संघ का गांधीजी की हत्या में बिलकुल भी हाथ नहीं था। लेकिन सरकार ने न तो सच्चाई की परवाह की और न राजनीति की ईमानदारी बरती और संघ पर प्रतिबंध लगा दिया। इस आधार पर संघ के किसी स्वयंसेवक के विरुद्ध कोई मामला न्यायालय में नहीं लाया गया। गांधीजी की हत्या के मामले की नए सिरे से जांच करने के लिए कपूर आयोग बैठाया गया था। उसने भी संघ को निर्दोष पाया। जांच आयोगों के प्रतिवेदन और न्यायालयों के निर्णयों से एक बात निर्विवाद रूप से स्पष्ट हो जाती है और वह यह कि संघ का महात्मा गांधी की हत्या में लेशमात्र भी हाथ नहीं था। परन्तु इसके बावजूद पिछले ३२ वर्षों से लगातार यह आरोप लगाया जाता रहा है कि संघ का गांधीजी की हत्या में हाथ था।

यदि कोई दोषी है तो संघ के वे विरोधी हैं जो गांधीजी की हत्या के बाद सैकड़ों स्वयंसेवकों की हत्या के लिए जिम्मेदार थे। इन लोगों ने स्वयंसेवकों की लाखों रुपए की सम्पत्ति नष्ट की और हजारों को जेलों में डाल दिया। इनका दोष केवल इतना था कि ये एक देशभक्त संगठन के सदस्य थे, जिसने राष्ट्र के जीवन में

महात्मा गांधी के हत्यारों पर मुकदमा चलाया गया और उनका दोष प्रमाणित होने पर उन्हें दंडित किया गया। उच्च न्यायालय के निर्णय में संघ की चर्चा तक नहीं थी। नेहरु सरकार ने इस अपराध के लिए संघ के किसी भी स्वयंसेवक पर कोई मुकदमा नहीं चलाया और तो और, किसी न्यायालय में ऐसा कोई मामला ले जाया ही नहीं गया।

अपना स्थान बना लिया था। क्या इस प्रकार की संघ-विरोधी कार्रवाइयां अपराधपूर्ण नहीं थीं? क्या यह इस बात का प्रमाण नहीं थीं कि सभी संघ-विरोधी तत्वों ने मिल-जुलकर संघ को कुचलने का षड्यंत्र रचा था?

महात्मा गांधी की हत्या में हाथ होने का आरोप संघ-विरोधी प्रचार की आधारशिला है, यद्यपि सच्चाई की कसौटी पर यह आरोप पूरा नहीं उतरता। इसी आधार पर यह झूठा प्रचार किया जाता है कि संघ हिंसा में विश्वास रखता है, हथियार इकट्ठे करता है और साम्प्रदायिक दंगे करवाता है। विडम्बना यह है कि संघ-विरोधी प्रचार का भवन बालू की नींव पर खड़ा है।

संघ पर दो बार प्रतिबंध लगा- पहले 1948 में और फिर 1975 में। दोनों बार प्रतिबंध के आधार एक समान थे। यह आरोप लगाया गया कि संघ हथियार जमा कर रहा है, लेकिन किसी स्वयंसेवक या संघ के कार्यालय से किसी कांग्रेसी या गैर कांग्रेसी सरकार को किसी भी राज्य में कोई हथियार नहीं मिले। कभी हथियार रखने के आरोप में कोई अभियोग नहीं चलाया गया।

संघ पर दो बार प्रतिबंध लगा-पहले १९४८ में और फिर १९७५ में। दोनों बार प्रतिबंध के आधार एक समान थे। यह आरोप लगाया गया कि संघ हथियार जमा कर रहा है, लेकिन किसी स्वयंसेवक या संघ के कार्यालय से किसी कांग्रेसी या गैर कांग्रेसी सरकार को किसी भी राज्य में कोई हथियार नहीं मिले। कभी हथियार रखने के आरोप में कोई अभियोग नहीं चलाया गया और इसलिए इस आधार पर दोष-सिद्धि का प्रश्न ही उत्पन्न नहीं होता। आपातकाल में दूरदर्शन पर लकड़ी की तलवारें दिखाई गईं, जिनका प्रयोग स्वयंसेवक अभ्यास के लिए करते थे। इससे भी इस धारणा की पुष्टि नहीं हुई कि संघ हथियार इकट्ठे कर रहा है। उन दिनों भी श्री जगन्नाथराव जोशी ने तत्कालीन प्रधानमंत्री से संघ के कार्यालयों के तथाकथित हथियारों के पाए जाने का ब्योरा पूछा तो श्रीमती गांधी के पास कोई उत्तर नहीं था।

इन तलवारों और राइफलों के संबंध में 'न्यूयार्क टाइम्स' मैगजीन में एक रोचक समाचार प्रकाशित हुआ था। उसमें कहा गया था:

राष्ट्रीय स्वयंसेवक संघ अनुशासनबद्ध स्वयंसेवकों का समूह है- इनकी आयु १२ और २१ वर्ष के बीच है- परन्तु उन्हें 'सैनिकों' की संज्ञा नहीं दी जा सकती। आपातकाल की घोषणा के बाद संघ के कार्यालयों से जो सामान मिला है उसके चित्रों से स्पष्ट है कि उसमें मुख्य रूप से लाठियां और लकड़ी की तलवारें हैं। मैंने गृह-राज्य-मंत्री श्री ओम मेहता से इस बारे में पूछा तो उन्होंने कहा कि धातु की

कुछ तलवारें भी थीं। उनके इस अस्पष्ट से उत्तर से सन्तुष्ट न होकर मैंने कहा कि कुछ ऐसी तलवारें हों तो भी लाठियों से ये लड़के दस लाख की सशस्त्र सेना, ८५००० के सीमा सुरक्षा दल, ५७००० की केंद्रीय सुरक्षा पुलिस और ७,५५,००० राज्य पुलिस के सिपाहियों के लिए कैसा खतरा उत्पन्न कर सकते हैं? मेहता ने कहा-"कुछ राइफलें भी थीं।" मैंने पूछा, -"वह आपको मिलीं?" तो उनका उत्तर था-"नहीं," फिर बोले-"लेकिन संभवत: वह उन्हें अपने घरों में रखते थे। इन लोगों में शरारत की जो सामर्थ्य है, उसे कम न जानिए।"

(सत्यवारिणी, लंदन के १२ जून, १९७९ अंक में उद्धृत)

एक आरोप यह लगाया जाता है कि वह बड़े पैमाने पर हिंसा कराने का षड्यंत्र रचता है। लेकिन क्या संघ-विरोधी षड्यंत्र का आरोप प्रमाणित करने के लिए कभी कोई साक्ष्य या प्रमाण दे पाए हैं? उत्तर स्पष्ट रूप से यही है कि ऐसे प्रमाण कभी नहीं मिला।

पाठक चाहें तो इस बात में विश्वास न करें कि संघ का साम्प्रदायिक दंगों में कोई हाथ नहीं है। उन्हें इस बात पर कैसे विश्वास कर लेना चाहिए जब कांग्रेस और साम्यवादी दल अपने संकुचित राजनीतिक स्वार्थों की पूर्ति के लिए ऐसा झूठा आरोप लगाते हैं। जब सारे वातावरण में संदेह और झूठे दोषारोपण की धुंध छा गई हो तो उसमें से सच्चाई को ढूंढ निकालने में कठिनाई होती है। लेकिन मैं यह प्रश्न पूछता हूं: "क्या किसी जांच आयोग का एक भी ऐसा प्रतिवेदन है जिसमें यह कहा गया हो कि साम्प्रदायिक दंगे संघ ने करवाए? क्या इन आयोगों की नियुक्ति ऐसी सरकारों ने नहीं की जो खुलेआम संघ-विरोधी थीं? यदि किसी एकाध आयोग के प्रतिवेदन में संघ को दोषी ठहराया गया होता तो संघ-विरोधी प्रचार का कोई आधार होता, परन्तु ऐसे कोई तथ्य हैं ही नहीं, जो परोक्ष रूप से भी इन आरोपों की किसी हद तक पुष्टि करते हों। वक्तव्य दे देना बहुत आसान है क्योंकि जीभ हिलाने में अधिक परिश्रम नहीं करना पड़ता। और इस प्रकार के वक्तव्य अपने नियंत्रण में चलने वाले समाचार पत्रों में प्रकाशित करवाने में भी कोई कठिनाई नहीं हो सकती। परन्तु प्रमाण ढूंढना आसान काम नहीं।"

पाठक चाहें तो इस बात में विश्वास न करें कि संघ का साम्प्रदायिक दंगों में कोई हाथ नहीं है। उन्हें इस बात पर कैसे विश्वास कर लेना चाहिए जब कांग्रेस और साम्यवादी दल अपने संकुचित राजनीतिक स्वार्थों की पूर्ति के लिए ऐसा झूठा आरोप लगाते हैं। जब सारे वातावरण में संदेह और झूठे दोषारोपण की धुंध छा गई हो तो उसमें से सच्चाई को ढूंढ निकालने में कठिनाई होती है।

न्यायिक जांचों के माध्यम से ही नहीं, बल्कि प्रशासनिक जांचों के माध्यम से भी इन आरोपों की पुष्टि नहीं हो पाई है। आज तक संघ के एक भी सदस्य पर कोई मुकदमा नहीं चला है। गृह मंत्रालय ने १९६८ और १९६९ के बीच हुए २३ साम्प्रदायिक दंगों के बारे में एक प्रतिवेदन तैयार किया था जो कि राष्ट्रीय एकता परिषद की एक उपसमिति के सदस्यों को भेजा गया था। इस प्रतिवेदन में भी एक भी दंगे में संघ का हाथ होने का प्रमाण नहीं था। वे दंगे चिकमंगलूर, मेरठ, करीमगंज, इलाहाबाद, हजारीबाग, मंगलौर, औरंगाबाद, नागपुर, परभनी, पिपरी, कटक, हुबली और अन्य स्थानों में हुए थे। जनसंघ के श्री अटल बिहारी वाजपेयी ने १४ मई, १९७० को लोकसभा में इस प्रतिवेदन का ब्योरा दिया था।

जब भी और जहां भी दंगे होते हैं जनसंघ का नाम उनमें घसीटा जाता है। रघुवरदयाल आयोग ने रांची के दंगों के बारे में अपना प्रतिवेदन दिया है कि उसमें जनसंघ का कोई हाथ नहीं था। साम्प्रदायिक दंगों और साम्प्रदायिक झगड़ों में संघ की तथाकथित भूमिका के संबंध में अल्पसंख्यक आयोग के विचारों का उल्लेख करना भी अनुचित न होगा।

इस प्रतिवेदन के कुछ अंश जनसंघ द्वारा १९७० में प्रकाशित पुस्तिका 'फेस दि फैक्ट्स' में दिए गए थे। वाजपेयी जी ने अपने भाषण में कहा था:

"दंगे कौन शुरू कराता हैं, इस बारे में मैं अपनी ओर से कुछ नहीं कहता। मेरे पास गृहमंत्रालय का एक प्रतिवेदन है जिसे आपकी अनुमति से मैं सभापटल पर रखने के लिए तैयार हूं। राष्ट्रीय एकता परिषद ने साम्प्रदायिकता की समस्या पर विचार करने के लिए एक उपसमिति बनाई थी–उसी के लिए सरकार ने यह प्रतिवेदन तैयार किया था जिसमें डेढ़ वर्ष में हुए ११ गंभीर दंगों का ब्योरा दिया गया था और उनके कारणों के बारे में गृहमंत्रालय के निष्कर्ष बताए गए थे।

इस अवधि में २३ दंगे हुए, जिनमें से २२ के लिए तथाकथित अल्पसंख्यक सम्प्रदाय जिम्मेदार थे।

यह प्रतिवेदन प्रकाशित नहीं हुआ है, परन्तु इसे प्रकाश में लाना आवश्यक है।"

रांची के दंगों के बारे में एक और प्रतिवेदन का उल्लेख करते हुए उसी भाषण में श्री वाजपेयी ने कहा–

"जब भी और जहां भी दंगे होते हैं जनसंघ का नाम उनमें घसीटा जाता है। रघुवरदयाल आयोग ने रांची के दंगों के बारे में अपना प्रतिवेदन दिया है। वह इस निष्कर्ष पर पहुंचा है कि उसमें जनसंघ का कोई हाथ नहीं था।"

साम्प्रदायिक दंगों और साम्प्रदायिक झगड़ों में संघ की तथाकथित भूमिका के संबंध में अल्पसंख्यक आयोग के विचारों

का उल्लेख करना भी अनुचित न होगा। इस आयोग के अध्यक्ष जस्टिस एम.आर.ए. अंसारी हैं और अन्य अल्पसंख्यक समुदायों के प्रतिनिधि प्रोफेसर वी.वी.जोन, सेवानिवृत एयर चीफ मार्शल अर्जुन सिंह, कुमार अलु दस्तूर और श्री कुशक बकुल है। आयोग ने जमशेदपुर और अलीगढ़ के दंगाग्रस्त क्षेत्रों का दौरा करने के बाद अपना प्रतिवेदन सरकार को दिया। आयोग के अध्यक्ष जस्टिस अंसारी ने ३ अगस्त, १९७९ को मद्रास में एक भेंट में यह आरोप लगाया कि "दंगों में परोक्ष रूप से राष्ट्रीय स्वयंसेवक संघ के तत्वों का हाथ था।" आयोग के दूसरों सदस्यों ने दो अलग-अलग वक्तव्यों में अध्यक्ष की इस बात खंडन किया। यह वक्तव्य 'इंडियन एक्सप्रेस' में १७ और २१ अगस्त, १९७९ के छपे थे। इन सदस्यों ने स्पष्ट रूप से यह कहा है कि उन्हें जमशेदपुर या मई में अलीगढ़ में हुए दंगों में इस बात का कोई प्रमाण नहीं मिला कि राष्ट्रीय स्वयंसेवक संघ का उनमें हाथ था। उन्होंने अपने वक्तव्य में कहा: "आयोग ने बिहार सरकार को दंगों से पीड़ित व्यक्तियों के पुनर्वास संबंधी कार्यों का सुझाव देते हुए जो प्रतिवेदन दिया है उसमें राष्ट्रीय स्वयंसेवक संघ का उल्लेख तक नहीं है।" श्री कुशक बकुल ने इस बात खेद प्रकट किया कि आयोग के अध्यक्ष ने ऐसी उत्तरदायित्वविहीन बात कही। उन्होंने कहा: "आयोग को धर्म-निरपेक्षता और सहअस्तित्व का उदाहरण उपस्थित करना चाहिए, तभी वह अल्पसंख्यकों की समस्याओं का प्रभावी

आयोग को धर्म-निरपेक्षता और सहअस्तित्व का उदाहरण उपस्थित करना चाहिए, तभी वह अल्पसंख्यकों की समस्याओं का प्रभावी रूप से हल कर पाएगा। यदि किसी विशेष अल्पसंख्यक समाज की समस्याओं और शिकायतों पर विशेष बल देगा तो आयोग की स्थापना का मूल उद्देश्य ही समाप्त हो जाएगा।

रूप से हल कर पाएगा। यदि किसी विशेष अल्पसंख्यक समाज की समस्याओं और शिकायतों पर विशेष बल देगा तो आयोग की स्थापना का मूल उद्देश्य ही समाप्त हो जाएगा।"

(देखिए : परिशिष्ट)

४ अक्तूबर, १९७९ के 'ट्रिब्यून' में आयोग के संबंध में एक समाचार में स्पष्टतया कहा गया है कि (१) दंगों में प्रत्यक्ष या परोक्ष रूप से संघ का कोई हाथ नहीं था (२) इनमें अल्पसंख्यकों की अपेक्षा बहुसंख्यक समुदाय के अधिक व्यक्ति मारे गए, और (३) जमशेदपुर में झगड़ा इसलिए प्रारम्भ हुआ कि अल्पसंख्यक हरिजनों को निकालना चाहते थे, "अलीगढ़ में भी झगड़े की जड़ शहरी सम्पत्ति थी," और "जामा मस्जिद (दिल्ली) में भी झगड़ा सम्पत्ति का ही था।"

(देखिए : परिशिष्ट)

यह बड़े खेद का विषय है कि उच्च

न्यायलयों के न्यायमूर्ति जैसे न्यायिक स्वभाव वाले कुछ व्यक्ति इस प्रकार के पूर्वाग्रहों से मुक्त नहीं है। जनता सरकार के शासन काल में संघ के विरुद्ध जो प्रचार किया गया है उसका आधार मुख्य रूप से जमशेदपुर और अलीगढ़ में हुए दंगे हैं। परन्तु ऊपर जिन वक्तव्यों का उल्लेख किया गया है उनके बावजूद यह प्रचार किया जा रहा है। अन्याय की पराकाष्ठा यह है कि इस प्रकार का प्रचार जारी रहने की सम्भावना है। कई बार मेरे जैसा व्यक्ति यह सोचने पर विवश हो जाता है कि इस प्रकार का झूठ ठहराने वाले व्यक्तियों के विरुद्ध कार्रवाई होनी चाहिए। उन लोगों को न्यायालयों के सामने लाया जाना चाहिए। इस बात का कोई कारण नहीं है कि अल्पसंख्यक आयोग के अध्यक्ष पर इस प्रकार स्पष्ट रूप से झूठी बात कहने के आरोप में मुकदमा क्यों न चलाया जाए।

कई सर्वोदयी नेता भी, जिनका दृष्टिकोण संकुचित नहीं है और जो प्रचार से प्रभावित नहीं होते, यह मानते हैं कि संघ साम्प्रदायिक दंगों के लिए जिम्मेदार नहीं है। उत्तर प्रदेश शांति सेना के संयोजक तथा गांधी शांति प्रतिष्ठान आगरा के सचिव श्री कृष्णचंद्र सहाय ने अलीगढ़ तथा दादरी के दंगों का अध्ययन करके स्थानीय पत्रों में वक्तव्य प्रकाशित किए थे।

सम्भव है कि मैंने अकेली इस घटना का आवश्यकता से अधिक ब्योरा दिया हो, परन्तु यह इस बात का प्रतीक है कि साम्प्रदायिक झगड़े होते हैं तो किस प्रकार की बातें कही जाती हैं। लगभग सारे संघ-विरोधी इस प्रकार के सफेद झूठ फैलाने में परस्पर सहयोग करते हैं। बहुत-से समाचार पत्रों ने उन वक्तव्यों की उपेक्षा की है जो मैंने ऊपर दिए हैं या उन्हें किसी कोने में काट-पीट कर डाल दिया है। ऐसे समाचार पत्रों पर भी कार्रवाई होनी चाहिए।

उपरोक्त घटना का एक बड़ा रोचक पहलू है और वह यह कि अल्पसंख्यक आयोग का मुसलमान सदस्य ही (जो उसका अध्यक्ष भी था) ऐसा व्यक्ति था जिसे दंगों में संघ और जनसंघ का हाथ 'दिखाई' पड़ा। ईसाई, पारसी, सिख और बौद्ध सदस्यों को उस आरोप का कोई आधार दिखाई नहीं दिया जो आयोग के अध्यक्ष के अतिशयोक्तिपूर्ण ढंग से लगाया था। और उन्होंने बड़े गुस्से से उसका खण्डन किया, जब वह समाचार पत्रों में छपा। क्या यह इस बात का परिचायक नहीं है कि इस आरोप के पीछे कुछ मुसलमानों की साम्प्रदायिक भावना है? इस संदर्भ में कुछ और प्रश्न भी पूछे जा सकते हैं।

कई सर्वोदयी नेता भी, जिनका दृष्टिकोण संकुचित नहीं है और जो प्रचार से प्रभावित नहीं होते, यह मानते हैं कि संघ साम्प्रदायिक दंगों के लिए जिम्मेदार नहीं है। उत्तर प्रदेश शांति सेना के

संयोजक तथा गांधी शांति प्रतिष्ठान आगरा के सचिव श्री कृष्णचंद्र सहाय ने अलीगढ़ तथा दादरी के दंगों का अध्ययन करके स्थानीय पत्रों में वक्तव्य प्रकाशित किए थे। "अमर उजाला" में २९ मई, १९७९ को प्रकाशित वक्तव्य में उन्होंने कहा था कि इन दंगों में संघ का कोई हाथ नहीं है। यही नहीं, उसी समय उन्होंने यह भी कहा था कि इन दंगों के लिए मुस्लिम विश्वविद्यालय स्वयं जिम्मेदार है। अब इस दूसरे तथ्य की पुष्टि अल्पसंख्यक आयोग के दो सदस्य ने भी कर दी है (आयोग के मुस्लिम अध्यक्ष श्री अंसारी ने पुष्टि नहीं की है)। श्री सहाय ने अपने वक्तव्य में कहा था कि विश्वविद्यालय में इस प्रकार का फंड रहता है जिसका इस काम के लिए उपयोग किया जाता है। अब आयोग के सदस्यों ने यह भी बता दिया है कि कितना धन व्यय किया गया।

श्री सहाय ने अपने हाल के वक्तव्यों में राजनीतिक नेताओं तथा विशेष रूप से श्री राजनारायण से अपील की है कि वे बिना जानकारी तथा अकारण संघ पर आरोप न लगाएं, क्योंकि इसकी प्रतिक्रिया के रूप में भी हिंसा भड़क सकती है।

(देखें : परिशिष्ट)

संघ राष्ट्रव्यापी संगठन है जैसे कि भूतपूर्व जनसंघ था। संघ के कार्यक्रम, उसके प्रचारकों और नेताओं के दौरे, सभाएं और शिविर सामान्यतया देशभर में लगते रहते हैं। कई बार किसी शिविर के लगाए जाने या किसी ऐसे नगर में संघ के किसी नेता द्वारा सभा में भाषण दिए जाने को भी उसके कुछ मास बाद होने वाले साम्प्रदायिक दंगे का प्रमाण मान लिया जाता है। संघ-विरोधी ऐसे ही तथाकथित 'प्रमाणों' का सहारा लेकर उसे बदनाम करते हैं। एक जांच आयोग ने भी स्पष्ट रूप से इस प्रकार के आक्षेप का खण्डन किया था।

संघ राष्ट्रव्यापी संगठन है। संघ के कार्यक्रम, उसके प्रचारकों और नेताओं के दौरे, सभाएं और शिविर देशभर में लगते रहते हैं। कई बार किसी शिविर के लगाए जाने या किसी ऐसे नगर में संघ के किसी नेता द्वारा सभा में भाषण दिए जाने को भी उसके कुछ मास बाद होने वाले साम्प्रदायिक दंगे का प्रमाण मान लिया जाता है।

आइए, इस विवाद का दूसरा पक्ष भी देखें। इस बात को देखते हुए कि राष्ट्रीय स्वयंसेवक संघ के सदस्यों की संख्या बहुत है, क्या यह बात आश्यर्चजनक नहीं है कि किसी भी जांच आयोग ने आज तक किसी भी साम्प्रदायिक दंगे में एक भी स्वयंसेवक को दोषी नहीं पाया है? क्या यह इस बात का प्रमाण नहीं है कि राष्ट्रीय स्वयंसेवक संघ के सदस्य सम्प्रदायवादी नहीं हैं? जब सैकड़ों व्यक्तियों में उत्तेजना फैल जाती है और वे परस्पर मार-काट पर उतर आते हैं तो उसमें किसी एकाध स्वयंसेवक का होना कोई असाधारण या अस्वाभाविक बात

नहीं है। यदि कुछ स्वयंसेवकों के मन में साम्प्रदायिक भावना भड़क उठे तो आश्चर्य की बात नहीं है क्योंकि वे भी मानव हैं और मानव स्वभाव भावावेश से प्रभावित हो सकता है। साम्प्रदायिक आवेश से ऊपर उठना उतना आसान नहीं है जितना उन लोगों को लगता है जो साम्प्रदायिक उत्पात के क्षेत्र से बहुत दूर हों। परन्तु यदि कांग्रेस और दूसरे राजनीतिक दल सत्तारूढ़ होते हुए भी साम्प्रदायिक हिंसा के आरोप में राष्ट्रीय स्वयंसेवक संघ के किसी एक सदस्य को भी फंसा नहीं सके तो यह इस बात का प्रमाण है कि राष्ट्रीय स्वयंसेवक संघ का दृष्टिकोण साम्प्रदायिक नहीं है। परन्तु संघ के विरोधियों को सच्चाई की कोई चिंता नहीं है और वे इस प्रकार के आरोप लगाते ही रहते हैं। और जैसा कि मैं पहले कह चुका हूं, जब कीचड़ उछाला जाता है तो थोड़ा-बहुत चिपक ही जाता है।

मैं यहां एक चेतावनी देना चाहता हूं। यदि राजनीतिक कार्यसाधकता की भावना से ओतप्रोत होकर राष्ट्रीय स्वयंसेवक संघ के माध्यम से हिन्दुओं पर यह आरोप लगाया जाता रहेगा कि वे साम्प्रदायवादी हैं तो उसका देश में साम्प्रदायिक भ्रातृभाव पर बड़ा विनाशकारी प्रभाव पड़ेगा। केवल वक्तव्यबाजी से काम नहीं चलेगा। संघ-विरोधी आंदोलन में साम्प्रदायिक कटुता का मुख्य स्रोत है जिसके कारण साम्प्रदायिक दंगे भड़क उठते हैं।

मैं यहां एक चेतावनी देना चाहता हूं। यदि राजनीतिक कार्यसाधकता की भावना से ओतप्रोत होकर राष्ट्रीय स्वयंसेवक संघ के माध्यम से हिन्दुओं पर यह आरोप लगाया जाता रहेगा कि वे साम्प्रदायवादी हैं तो उसका देश में साम्प्रदायिक भ्रातृभाव पर बड़ा विनाशकारी प्रभाव पड़ेगा। केवल वक्तव्यबाजी से काम नहीं चलेगा। सच तो यह है कि संघ-विरोधी आंदोलन में साम्प्रदायिक कटुता का मुख्य स्रोत है जिसके परिणामस्वरूप अन्ततोगत्वा साम्प्रदायिक दंगे भड़क उठते हैं। साम्प्रदायिक सौहार्द्र और भ्रातृभाव का वातावरण बनाने के लिए रचनात्मक दृष्टिकोण अनिवार्य आवश्यकता है। इसी विचार से मैंने साम्प्रदायिक एकता समिति के तत्वावधान में कार्य करना स्वीकार कर लिया था, जिससे कि दंगे से पीड़ित सभी धर्मों के नागरिकों को सहायता की जा सके और उन्हें फिर से बसाया जा सके। जिन लोगों की राजनीति हिन्दुओं और मुसलमानों के मृत शरीरों पर चलती है उन्हें यह सोचना चाहिए कि क्या कारण है कि पुलिस या सीमा सुरक्षा बल के विरुद्ध आरोप लगाने वाले अल्पसंख्यक समुदाय के लोग ही क्यों होते हैं। इस बात की, जो बड़ी अप्रिय है, गहरी खोजबीन करना आवश्यक है, विशेषकर उस अवस्था में जब हम देश में साम्प्रदायिकता सौहार्द्र बनाए रखना अत्यन्त आवश्यक मानते हैं।

यदि आपके जोड़ों में पीड़ा हो तो सिर पर तेल मलने से कोई भी लाभ नहीं होगा। जो रोग है उसका सही निदान और चिकित्सा आवश्यक है।

साम्प्रदायिक दंगे भारत के सुन्दर मुख पर काले धब्बों के समान हैं। वे सभी सरकारों, राजनीतिक दलों और समस्त भारतीय जनता के लिए लज्जा की बात हैं। और उन्हीं पर कुछ राजनीतिक दल पलते भी हैं। मैं यह आरोप नहीं लगा रहा कि वे दल दंगे करवाते हैं; मेरा कहना तो केवल इतना है कि वे अल्पसंख्यक समुदाय के मत प्राप्त करने की इच्छा से प्रेरित होकर साम्प्रदायिक मेल-मिलाप की बलि चढ़ा देते हैं और दंगों से अनुचित लाभ उठाने की भरपूर चेष्टा करते हैं। साम्प्रदायिक दंगों से राजनीतिक लाभ उठाने की चेष्टा की जाती है तो संकट और अधिक गंभीर हो जाता है और ऐसे प्रयत्नों से साम्प्रदायिक प्रवृत्तियों को बल मिलता है।

दंगों के सन्दर्भ में संघ की स्थिति बड़ी अद्‌भुत है। संघ स्कूल के उस छात्र के समान है जिसे नया अध्यापक अपनी कक्षा में केवल इस बात का प्रमाण देने के लिए अकारण पीट देता है कि वह किसी भी छात्र की शरारत को सहन नहीं करेगा। ज्यों ही कोई दंगा होता है, संघ के विरोधी उसे लताड़ना प्रारम्भ कर देते हैं। संघ के शत्रु सच्चाई की खोज करने की चेष्टा ही नहीं करते, क्योंकि उसमें परिश्रम करना पड़ता है और कई बार असफलता का मुंह देखना पड़ता है। और फिर जब बलि का बकरा उनके सामने है, वे सच्चाई की खोज करें ही क्यों? यही उनका तर्क है। यह तो वही बात हुई कि किसी कुत्ते को मारना हो तो उसे पागल कह दो।

साम्प्रदायिक दंगे भारत के सुन्दर मुख पर काले धब्बों के समान हैं। वे सभी सरकारों, राजनीतिक दलों और समस्त भारतीय जनता के लिए लज्जा की बात हैं। मैं यह आरोप नहीं लगा रहा कि कुछ राजनीतिक दल दंगे करवाते हैं; वे अल्पसंख्यक समुदाय के मत प्राप्त करने के लिए साम्प्रदायिक मेल-मिलाप की बलि चढ़ा देते हैं।

यह तर्क दिया जाता है कि संघ इसलिए सम्प्रदायिक है कि वह हिन्दुओं को संगठित करना चाहता है। परन्तु क्या हिन्दू किसी सम्प्रदाय का नाम है? क्या हिन्दुओं में एक भी ऐसा विशेष गुण है जिसके आधार पर उन्हें समुदाय की संज्ञा दी जा सके। हिन्दुओं में बीसियों सम्प्रदाय हैं। उनकी देवमाला में असंख्य देवी-देवता हैं। हिन्दुओं में नास्तिक भी हैं और आस्तिक भी, देवों के पुजारी भी हैं और दैत्यों के भी। दर्जनों ऐसे धार्मिक ग्रंथ हैं जिन्हें हिन्दुओं का कोई न कोई सम्प्रदाय पवित्र ग्रंथ मानता है। उनका कोई एक पवित्र ग्रंथ नहीं है। और वे किसी ग्रंथ के पुजारी नहीं हैं जैसे कि, पाठक जानते हैं, कुछ और सम्प्रदाय हैं। हिन्दू धर्म में धर्म-परिवर्तन को कभी अच्छा नहीं माना गया और न उनके किसी धार्मिक ग्रंथ में

यह आदेश दिया गया है कि अ-हिन्दुओं को हिन्दू बनाओ। किसी भी हिन्दू शासक ने धर्म के नाम पर कभी कोई अत्याचार नहीं किया। हिन्दू धर्म में सर्वधर्म समभाव और पूजा की अलग-अलग विधियों के प्रति सहिष्णुता की उदात्त परम्परा सदा से रही है। सच तो यह है कि हिन्दू संस्कृति की विशेष उपलब्धि यही है। हिन्दुओं के देवी-देवता साथ-साथ रहे हैं। आप देखेंगे कि कई मन्दिरों में कई अलग-अलग देवों की मूर्तियां विद्यमान हैं जिनके आराधक विभिन्न सम्प्रदायों के हैं। हिन्दू परिवारों में भी बहुधा यह देखने को मिलेगा कि उनके सदस्य अलग-अलग मत्तों के अवलम्बी हैं। फिर भी वे लोग परस्पर मेल-जोल की भावना से रहते चले आए हैं। जो व्यक्ति हिन्दुओं को सम्प्रदाय की संज्ञा देता है वह हिन्दू संस्कृति और उसकी परम्पराओं के प्रति अपने अज्ञान का प्रमाण-मात्र दे रहा है। यदि हिन्दू धर्मनिरपेक्ष नहीं हैं तो और कौन है?

हिन्दू इतिहास में किसी ऐसे राजा का उदाहरण मिलता है जिसने धार्मिक राज्य की स्थापना की हो? हिन्दुओं ने राज्य की शक्ति को सदा धर्म से परे रखा है और इन दोनों का सम्मिश्रण कभी नहीं होने दिया। हिन्दुओं के सारे इतिहास में यही सूत्र मिलेगा। हिन्दू धर्म में अन्य धर्मों के प्रति वैमनस्य की भावना का सर्वथा अभाव है। यदि कोई हिन्दू अन्य धर्मों के प्रति सहिष्णु नहीं है तो वह हिन्दू नहीं।

यह आरोप लगाया जा सकता है कि संघ अपने कार्यकलाप के माध्यम से हिन्दुओं को सम्प्रदाय का रूप दे रहा है या उनमें सम्प्रदायवाद की भावना उत्पन्न कर रहा है। परन्तु संघ तो एक ही देव की आराधना करता है और उसी का प्रचार करता है और वह है राष्ट्रदेव। वह तो राष्ट्रमाता का आराधक है। उसके सारे कार्यक्रमों का एक ही प्रयोजन है और वह यह है कि देशभक्ति और राष्ट्रवाद की भावनाओं को सुदृढ़ किया जाए और भाषा, जाति, प्रान्त या क्षेत्र पर आधारित भेद-भाव समाप्त किए जाएं। इसमें तो जनता से यही कहा जाता है कि वे अपने व्यक्तिगत या पारिवारिक हितों से ऊपर उठें। इन प्रयत्नों को सम्प्रदायवाद की संज्ञा किस प्रकार दी जा सकती है?

संघ अपने कार्यकलाप के माध्यम से हिन्दुओं को सम्प्रदाय का रूप दे रहा है या उनमें ऐसी भावना उत्पन्न कर रहा है। परन्तु संघ तो एक ही देव की आराधना करता है और उसी का प्रचार करता है और वह है राष्ट्रदेव। वह तो राष्ट्रमाता का आराधक है। उसके सारे कार्यक्रमों का एक ही प्रयोजन है और वह यह है कि देशभक्ति और राष्ट्रवाद की भावनाओं को सुदृढ़ किया जाए।

संघ का किसी भी सम्प्रदाय के प्रति वैमनस्य फैलाने को कोई उद्देश्य नहीं है। वह तो केवल इस बात का इच्छुक है कि

4 जनसंघ-विरोध की प्रेरणाएं

जनसंघ और राष्ट्रीय स्वयंसेवक संघ संबंधी विरोध के पीछे राजनीतिक प्रेरणा है। इस विरोध का उद्देश्य न केवल यह है कि भूतपूर्व जनसंघ के सदस्यों को जनता पार्टी के दूसरे दर्जे का सदस्य बना दिया जाए बल्कि ऐसी स्थिति उत्पन्न कर दी जाए जिसमें वे राजनीतिक दृष्टि से अलग कर दिए जाएं। इस बारे में बहुत से राजनीतिक दल एक-दूसरे से सहमत दिखाई देते हैं। इस परिस्थिति के पीछे कई कारण हैं।

पिछले तीन दशकों में भारत की राजनीति के तीन मुख्य तत्व रहे हैं-कुछ राजनीतिज्ञ, कुछ थोथे नारे और कुछ जातियों और सम्प्रदायों का परस्पर गठजोड़।

राजनीति में शून्य की कोई स्थिति नहीं रह सकती, जैसे प्रकृति में नहीं होती। जो राजनीति सिद्धान्तों, नैतिकता, संगठन और राजनीतिक इच्छाशक्ति पर आधारित होती है उसका रास्ता अपना ही होता है। परन्तु जब सत्ता हथियाने की आकांक्षा ही राजनीति की मूल प्रेरणा बन जाए तो परिवर्तन का संकल्प और संगठन निरर्थक हो जाते हैं। यही कारण है कि सत्ता की राजनीति को कोई न कोई मुद्दा, कोई न कोई कारण ढूंढना पड़ता है, क्योंकि सिद्धान्त, संगठन और इच्छाशक्ति का सर्वथा अभाव होता है। सत्ता की राजनीति लोकप्रिय नारों, साम्प्रदायिक जोड़-तोड़ और व्यक्तिपरक नेतृत्व का सहारा लेने की चेष्टा करती है।

भारत की राजनीति आज तक इन्हीं बैसाखियां के सहारे चलती रही है। भूतपूर्व जनसंघ एकमात्र राजनीतिक दल था जिसका विश्वास सिद्धान्तों में था, जिसका अपना संगठन था और जिसमें देश के कल्याण के लिए परिवर्तन लाने

की इच्छाशक्ति थी। सापेक्ष दृष्टि से देखें तो जनसंघ का चरित्र अपूर्व ही है, जिसके कारण अन्य दलों के साथ उसकी पटी नहीं है। विरोधी पक्ष के मत बंट जाते थे और कांग्रेस अल्पमत से भी सत्तारूढ़ होती रही। जनसंघ भी इस संदर्भ में अधिक कुछ नहीं कर पाया। डा. लोहिया पहले व्यक्ति थे जिन्होंने गैर कांग्रेसवाद के आधार पर सभी दलों को संगठित करने की आवश्यकता समझी। मैं इस पर बाद में प्रकाश डालूंगा।

आशा थी कि जो लोग आपातकाल की भट्टी में तपे हैं, जिन्होंने अकथनीय कष्ट और यातनाएं सही हैं वे भारतीय राजनीति के ध्रुवीकरण में सहायक होंगे। बहुत से लोग यह भी आशा करते थे कि जनता पार्टी जिसने कांग्रेस का स्थान लिया है और देश के सामने एक जीवन्त विकल्प उपस्थित किया है वह बनी रहेगी। लगातार तीस वर्षों तक कांग्रेस का शासन रहने के बाद केंद्र में सरकार पलटी थी और आशा थी कि सभी दलों से मिलकर बने इस दल में उन सभी विशेष गुणों का समावेश भारतीय राजनीति के लिए आशा की किरण बनेगा। इसमें संगठन कांग्रेस की परिपक्वता, उसके नेताओं की प्रशासनिक योग्यता और सामंजस्य के गुणों का समावेश हो गया था। यह दल दृढ़प्रतिज्ञ और लगन वाले कार्यकर्ताओं का दल बन सकता था, जिनका आधार सर्वसाधारण का समर्थन था, क्योंकि इसमें जनसंघ के लोग थे जो संगठन शास्त्र के ज्ञाता हैं और जो अपने दृढ़ विश्वासों और राष्ट्रीय महत्वाकांक्षाओं के लिए विख्यात हैं। समाजवादी दल के सदस्य संघर्ष करने की योग्यता से जनता पार्टी को लाभान्वित कर सकते थे और वह यथास्थिति का उपसंहार करके सामाजिक तथा आर्थिक गतिहीनता का अन्त कर सकते थे। श्री चन्द्रशेखर जैसे सच्चे और ईमानदार लोग इसमें अपना योगदान देते रह सकते थे। बाबू जगजीवन राम सदा से शोषित और वंचित समाज की करुण पुकार सुन सकते थे। परन्तु ऐसा नहीं हो पाया।

समाजवादियों में अनुशासन-हीनता सदा से रही है और जनता पार्टी में आने के बाद भी उसमें कोई कमी नहीं आई, बल्कि उसने अधिक विकराल रूप धारण कर लिया। परिवर्तन लाने की इच्छाशक्ति पर श्रीमती गांधी जैसी राजनीति और सत्तालोलुपता के घने बादल मंडराने लगे।

जनता पार्टी के बने रहने की सारी आशाओं पर पानी फिर गया। वह एक घोर षड्यंत्र का शिकार हो गई, जिसका सूत्रपात करने वालों ने न तो राष्ट्रीय हितों का ध्यान रखा और न ही यही समझा की राष्ट्र का हित किस बात में है। समाजवादियों में अनुशासनहीनता सदा से रही है और जनता पार्टी में आने के बाद भी उसमें कोई कमी नहीं आई, बल्कि उसने अधिक विकराल रूप धारण कर

लिया। परिवर्तन लाने की इच्छाशक्ति पर श्रीमती गांधी जैसी राजनीति और सत्तालोलुपता के घने बादल मंडराने लगे।

चौधरी चरण सिंह को कभी परिवर्तन की राजनीति में विश्वास नहीं रहा। सत्ता-राजनीति ने सदा उन्हें आकृष्ट किया है। हमारा प्रयत्न यह रहा है कि कुछ सीमाओं में रहते हुए चौधरी चरण सिंह की आकांक्षाओं को पूरा करके भी अपने दल को रचनात्मक और परिवर्तन की राजनीति के पथ पर अग्रसर रखें। जे.पी. ने जो आंदोलन छेड़ा था उसका मुख्य उद्देश्य देश में परिवर्तन लाना था और यह भावना सभी के मन में घर कर गई थी, लेकिन दुर्भाग्य इस बात का है कि हमने चौधरी चरण सिंह की दुराकांक्षाओं के आयामों को समझने में भूल की और चौधरी साहब ने राष्ट्र के हितों की सर्वथा उपेक्षा की। जब उन्होंने जे.पी. के आंदोलन में अधिक रुचि नहीं दिखाई थी तभी हमें पता चल जाना चाहिए था कि उन्हें परिवर्तन की राजनीति में रुचि नहीं है। जब उन्होंने जे.पी. के आंदोलन को एक जीवन्त दल में परिवर्तित करने की ओर कोई उत्साह नहीं दिखाया तभी हमें उनका चरित्र समझ लेना चाहिए था। आपातकाल में जब तानाशाही खुलकर खेल रही थी, उन्होंने भूमिगत कार्य को कोई महत्व नहीं दिया। उनकी दृष्टि तो भविष्य में आने वाले चुनाव की ओर लगी हुई थी। यह एक चेतावनी थी जिसे हम लोग समझ नहीं पाए। आपातकाल में जब एक दल बनाने की चेष्टा की गई तो यह प्रस्ताव था कि श्री एन.जी. गोरे या एस.एम. जोशी को उसका अध्यक्ष बनाया जाएगा। चौधरी साहब ने इस प्रस्ताव को अस्वीकार कर दिया। यह इस बात का स्पष्ट संकेत था कि व्यक्तिगत अकांक्षाओं के सामने राष्ट्रीय लक्ष्य का उनके लिए कोई मूल्य नहीं है।

१९७७ में जब चुनाव की घोषणा की गई और यह प्रस्ताव आया कि तदर्थ आधार पर जनता पार्टी का संगठन किया जाए तो उन्होंने सर्वोच्च पद प्राप्त करने के लिए दौड़-धूप करनी प्रारम्भ कर दी। वह भी हमारे लिए एक चेतावनी थी जिसे हम समझ नहीं पाए। जब तक उन्हें इस बात का विश्वास नहीं हो गया कि तदर्थ संगठन का अध्यक्ष संसद में जनता दल का अध्यक्ष नहीं होगा और उपाध्यक्ष का पद स्वीकार करके उन्हें उत्तर भारत में जनता दल के उम्मीदवारों को टिकट बांटने का अधिकार प्राप्त हो जाएगा, तब तक उन्होंने इस दल में सम्मिलित होना

आपातकाल में जब एक दल बनाने की चेष्टा की गई तो यह प्रस्ताव था कि श्री एन.जी. गोरे या एस.एम. जोशी को उसका अध्यक्ष बनाया जाएगा। चौधरी साहब ने इस प्रस्ताव को अस्वीकार कर दिया। यह इस बात का स्पष्ट संकेत था कि व्यक्तिगत अकांक्षाओं के सामने राष्ट्रीय लक्ष्य का उनके लिए कोई मूल्य नहीं है।

स्वीकार नहीं किया। यह अत्यन्त कठिन समय था जब देश के सामने तानाशाही की जड़े मजबूत होने का खतरा था, जिसे जनता ने ठुकरा दिया था। ऐसे विकट समय में, जब राष्ट्रीय महत्व के निर्णय किए जाने थे और चारों ओर तनाव था, कई वरिष्ठ नेता चौधरी चरण सिंह की चालों से बच नहीं पाए। उन्होंने सभी को ब्लैकमेल किया।

जब चुनाव में जनता पार्टी की विजय हो गई और उसे निर्णायक बहुमत प्राप्त हो गया तो चौधरी चरण सिंह ने प्रधानमंत्री बनने के लिए जोड़-तोड़ और सांठ-गांठ प्रारम्भ कर दी। भूतपूर्व जनसंघ के सदस्यों के सामने यह प्रश्न आया कि प्रधानमंत्री कौन हो तो उनकी दृष्टि श्री मोरारजी देसाई पर पड़ी, जिन्हें प्रशासन का अनुभव है और जिन्हें सारे भारतवासी जानते हैं। उनके सामने बाबू जगजीवन राम का नाम भी था जिनमें योग्यता भी है और प्रभाव भी, और जो भारत की दलित, शोषित और वंचित जनता के प्रतीक हैं, वह भी वैसे परिवर्तन ला सकते थे जिनसे भारत एक महान राष्ट्र बन सके। वह तब तक प्रधानमंत्री पद पर नहीं रहे थे और उन्हें यह दिखाने का कोई अवसर नहीं मिला था कि सरकार की बागडोर हाथ में आ जाने पर वह क्या कर सकते हैं। लोकसभा के वे सदस्य जो भूतपूर्व जनसंघ के सदस्य रहे थे, अन्ततोगत्वा बाबू जगजीवन राम को प्रधानमंत्री बनाने के लिए तैयार हो गए।

चौधरी चरण सिंह को ज्यों ही इस बात आभास मिला उन्होंने देखा कि प्रधानमंत्री बनने की उनकी आकांक्षा सफलीभूत नहीं हो सकती, अब उन्होंने यह सोचा कि प्रधानमंत्री के बाद दूसरे स्थान, उप-प्रधानमंत्री के पद तक ही पहुंचने का प्रयत्न करें। उन्होंने श्री मोरारजी देसाई को पत्र लिखकर प्रधानमंत्री पद के लिए समर्थन देने की बात कही। जहां तक संसद के भूतपूर्व जनसंघ सदस्यों का प्रश्न है, उनकी दृष्टि में श्री देसाई के प्रशासनिक अनुभव और अखिल भारतीय ख्याति का महत्व था। उस परिस्थिति में यह बहुत आवश्यक था कि नए दल के नेता के पद के लिए होड़ न हो और मोरारजी भाई को प्रधानमंत्री चुन लिया गया।

प्रधानमंत्री मोरारजी देसाई ने अपने पद का कार्यभार संभाला ही था कि चौधरी चरण सिंह ने अपनी लड़ाई के दूसरे दौर की तैयारी शुरू कर दी। उन्हें पता था कि वह फिर एक बार टकराव की स्थिति

यह अत्यन्त कठिन समय था जब देश के सामने तानाशाही की जड़े मजबूत होने का खतरा था, जिसे जनता ने ठुकरा दिया था। ऐसे विकट समय में, जब राष्ट्रीय महत्व के निर्णय किए जाने थे और चारों ओर तनाव था, कई वरिष्ठ नेता चौधरी चरण सिंह की चालों से बच नहीं पाए। उन्होंने सभी को ब्लैकमेल किया।

उत्पन्न करेंगे। उन्होंने उप-प्रधानमंत्री पद पर बने रहने की बात को अस्थायी रूप से ही स्वीकार किया और अब इस बात के लिए प्रयत्नशील हो गए कि प्रधानमंत्री की कुर्सी तक पहुंचे। आज इस बात की पुष्टि हो चुकी है कि देसाई-विरोधी प्रचार का सूत्रपात चौधरी चरण सिंह ने ही किया था। उन्होंने विरोधी दलों के सदस्यों को इस बात के लिए उकसाया कि संसद के दोनों सदनों में श्री कान्ति भाई का मामला उठाएं और अन्ततोगत्वा स्वयं यह मामला उठा दिया। मोरारजी भाई के साथ पत्र-व्यवहार में उन्होंने श्री कान्ति देसाई के कथित कुकर्मों का प्रश्न उठाया। उन दिनों की पत्र-पत्रिकाएं देखें तो इस निष्कर्ष पर पहुंचने के लिए विवश होना पड़ेगा कि मोरारजी भाई विरोधी प्रचार का स्रोत स्वयं चौधरी चरण सिंह थे। उन्होंने कार्यसाधकता की भावना से प्रेरित होकर उप-प्रधानमंत्री का पद स्वीकार कर लिया था और उसका प्रयोग वह प्रधानमंत्री पद तक पहुंचने के लिए करना चाहते थे।

जो लोग भूतपूर्व जनसंघ से जनता पार्टी में आए थे उनका विचार था कि जे.पी. के आंदोलन के परिणामस्वरूप परिवर्तन की जिस राजनीति का सूत्रपात हुआ है उसे अक्षुण्ण रखने के लिए यह आवश्यक है कि सत्ता की राजनीति को न आने दिया जाए और इसके लिए उन्हें बलिदान करना होगा। यही कारण था कि यद्यपि लोकसभा के ३०२ जनता दल के सदस्यों में से उनकी संख्या लगभग एक-तिहाई थी, उन्होंने न तो प्रधानमंत्री बनने की चेष्टा की और न उप-प्रधानमंत्री पद पर दांत लगाए बैठे रहे। केवल इतना ही नहीं, उन्होंने इस बात पर भी कोई बल नहीं दिया कि उन्हें कोई विशेष विभाग दिया जाए। इस बात पर भी उन्होंने कोई आपत्ति नहीं की कि उनके मंत्रियों की संख्या समाजवादी दल के मंत्रियों की संख्या जितनी ही थी, जबकि समाजवादियों की संख्या केवल ३२ थी और जनसंघ के सदस्यों की लगभग ९६। उनके मन में यह विचार था कि विभागों का मंत्रिपदों की बांट के बारे में परस्पर मनमुटाव हो तो जनता पार्टी समरस संगठन नहीं बन पाएगी।

उसके बाद राज्य विधानसभाओं के चुनाव हुए तो टिकट देने में भूतपूर्व जनसंघ के सदस्यों की व्यापक रूप से उपेक्षा की गई। जनता पार्टी में भूतपूर्व

आज इस बात की पुष्टि हो चुकी है कि देसाई-विरोधी प्रचार का सूत्रपात चौधरी चरण सिंह ने ही किया था। उन्होंने विरोधी दलों के सदस्यों को इस बात के लिए उकसाया कि संसद के दोनों सदनों में श्री कान्ति भाई का मामला उठाएं और अन्ततोगत्वा स्वयं यह मामला उठा दिया।

जनसंघ का अंग ही एक ऐसा दल था जिसके पास अनुशासनबद्ध और लगन से काम करने वाले कार्यकर्ताओं की समुचित संख्या और एक सुदृढ़ तथा व्यापक संगठन था। जनता पार्टी के

विभिन्न अंगों को उचित प्रतिनिधित्व नहीं दिया गया। इससे भूतपूर्व जनसंघ के सदस्यों में बड़ी निराशा फैली, लेकिन उन्होंने उसे व्यक्त नहीं किया, क्योंकि ऐसा करने से नए दल को क्षति पहुंच सकती थी। जब उन्हें अपनी संख्या के अनुपात में विधानसभाओं के लिए टिकट नहीं दिए गए तो भी उन्होंने उसे लेकर कोई विवाद खड़ा नहीं किया।

लेकिन जनसंघ के विरोधियों ने उसकी इस भलमनसाहत का भी गलत अर्थ लगाया। कितनी विडम्बना है कि उन विरोधियों का यह तर्क था कि यह रवैया उनकी दीर्घावधि चालों का अंग था और उनका उद्देश्य अंततोगत्वा जनता पार्टी के संगठन तंत्र पर अधिकार कर लेना था। जो राजनीतिज्ञ व्यक्तिनिष्ठ राजनीति, जातियों के जोड़-तोड़ और नारों में विश्वास रखते हैं उनके लिए इस प्रकार सोचना स्वाभाविक ही था। उन्हें जिन जीवन-मूल्यों में विश्वास है उन्हें देखते ही उनकी आशंकाएं समझ में आ जाती हैं। विधानसभाओं के चुनाव के बाद जब राज्यों के मंत्रिमंडल बने तो यह कहा गया कि भालोद और जनसंघ ने अपने-अपने सदस्यों की संख्या के अनुसार आपस में सत्ता बांट ली है, यद्यपि ऐसी कोई बात नहीं थी और इस बारे में दोनों दलों में कोई समझौता नहीं हुआ था।

मधु लिमये जनता पार्टी के दूसरे महासचिव थे और उस समय हमारे संबंध अच्छे थे। हम दोनों का यह विचार था कि नौ राज्यों के विधानसभा चुनावों में हमारा बहुमत आया है और हमें मुख्यमंत्री बनाते समय समाज के सभी वर्गों को प्रतिनिधित्व देना चाहिए।

मैं बताना चाहता हूं कि उस समय वास्तव में क्या हुआ। उस समय मधु लिमये जनता पार्टी के दूसरे महासचिव थे और उस समय हमारे संबंध अच्छे थे। हम दोनों का यह विचार था कि नौ राज्यों के विधानसभा चुनावों में हमारा बहुमत आया है और हमें मुख्यमंत्री बनाते समय समाज के सभी वर्गों को प्रतिनिधित्व देना चाहिए। हम दोनों यही विचार लेकर मोरारजी भाई, बाबू जगजीवन राम और चौधरी चरण सिंह के पास गए, परन्तु मोरारजी और जगजीवन बाबू सहमत नहीं हुए। उनका विचार था कि उन राज्यों के विधायकों को स्वयं अपने नेता चुनने चाहिए। हमारा तर्क था कि इससे घटकवाद को प्रोत्साहन मिल सकता है, परन्तु वह नहीं माने। हमने यही प्रस्ताव संसदीय बोर्ड के सामने रखा, लेकिन उस पर भी हमारे तर्कों का कोई प्रभाव नहीं पड़ा।

परन्तु चौधरी साहब हमारे प्रस्ताव से सहमत हो गए। हमने मुख्यमंत्री पदों के लिए अलग-अलग नामों की चर्चा की। उत्तर प्रदेश के लिए हरिजन सदस्य (स्वर्गीय) मंगलदेव विशारद के नाम पर

सहमति हुई, परन्तु ऐन मौके पर श्री राजनारायण ने श्री रामनरेश यादव का नाम रख दिया।

उन दिनों हम जनसंघ या भालोद की बात नहीं सोच रहे थे। घटकवाद के विष का समावेश तो बाद में हुआ। इससे पता चलता है कि कई बार समाचार पत्रों में जो कुछ छपता है वह तथ्यों का परिचायक नहीं होता या वे कुछ महत्वपूर्ण बातों की उपेक्षा कर देते हैं।

यह आरोप लगाया जाता है कि भालोद ने जनसंघ को मध्य प्रदेश, राजस्थान, दिल्ली और हिमाचल प्रदेश में अपनी सरकार बनाने दी और जनसंघ ने उसके बदले उत्तर प्रदेश, बिहार, उड़ीसा और हरियाणा में भारतीय लोक दल को अपनी सरकार बनाने में सहायता की।

लेकिन सच्चाई कहां है? वास्तव में दिल्ली में प्रारम्भ से ही जनसंघ का जोर रहा है। दिल्ली में जनता पार्टी के अन्य घटकों ने कोई उल्लेखनीय कार्य नहीं किया था। इस बात के बावजूद कि दिल्ली में जनता पार्टी के अन्य घटकों को मुक्तहस्त से पार्टी के टिकट बांटे गए, चुनाव जीतने वाले उम्मीदवारों में बहुमत जनसंघ का था। यदि जनसंघ के किसी सदस्य के स्थान पर और किसी को दिल्ली में जनता पार्टी का नेता चुना जाता तो यह न केवल स्वाभाविक और उचित न होता, बल्कि दूसरे किसी व्यक्ति के लिए शासन चलाना कठिन हो जाता। एक समरस दल के निर्माण की प्रक्रिया एकदम पूरी नहीं हो सकती–उसमें कुछ समय लगता है।

मध्य प्रदेश की भी वैसी ही स्थिति थी।

यह आरोप लगाया जाता है कि भालोद ने जनसंघ को मध्य प्रदेश, राजस्थान, दिल्ली और हिमाचल प्रदेश में अपनी सरकार बनाने दी और जनसंघ ने उसके बदले उत्तर प्रदेश, बिहार, उड़ीसा और हरियाणा में भारतीय लोक दल को अपनी सरकार बनाने में सहायता की।

१९७७ के चुनाव से पहले मध्य प्रदेश में समाजवादी विधायकों की संख्या जनसंघ विधायकों की संख्या की तुलना में दसवां भाग भी नहीं थी। वहां पर जनसंघ का ही जोर था। इस परिस्थिति में यह स्वाभाविक ही था कि जनसंघ का बहुमत रहा, यद्यपि जनता पार्टी के टिकट बांटते समय गैर जनसंघ उम्मीदवारों के प्रति अत्यधिक उदारता दिखाई गई थी। इसका मतलब यह है कि इन राज्यों में भूतपूर्व जनसंघ के मुख्यमंत्री भालोद के समर्थन पर निर्भर नहीं थे, बल्कि सामान्य तरीकों से ही मुख्यमंत्री बने थे।

जहां तक राजस्थान का संबंध है वहां के भालोद के विधायक मुख्यमंत्री श्री भैरोंसिंह शेखावत के विरोधी रहे हैं। श्री शेखावत न केवल जनसंघ के वरिष्ठ नेता थे बल्कि कई दशकों से राज्य की राजनीति में सक्रिय रहे हैं। वहां के अधिकतर सदस्य उन्हीं को राज्य का मुख्यमंत्री बनाना चाहते थे। और फिर भालोद के विधायक बराबर उनका विरोध

करते रहे हैं। इसलिए यह नहीं कहा जा सकता कि भालोद और जनसंघ के बीच किसी समझौते के उदाहरण के रूप में राजस्थान का नाम लिया जा सकता है।

हिमाचल प्रदेश में भारतीय लोक दल की विशेष स्थिति नहीं थी। इस दल के विरोध के बाद हिमाचल के मुख्यमंत्री ने कई बार अपने बहुमत का प्रमाण दिया है।

जहां तक उत्तर प्रदेश का संबंध है, भूतपूर्व जनसंघ प्रमुख दलों में से एक है, परन्तु १९७४ के चुनाव के बाद भालोद

मुख्यमंत्री श्री रामनरेश यादव बुरी तरह असफल हुए हैं। इस मामले में उनकी तुलना चौधरी चरण सिंह के साथ की जा सकती है जो केंद्र के गृह मंत्री होते हुए भी इंदिरा गांधी को जेल में नहीं डाल सके और फिर भी दूसरों को ''नपुंसक'' की संज्ञा देने में उन्हें किसी प्रकार की झिझक का अनुभव नहीं होता।

के सदस्यों की संख्या जनसंघ की अपेक्षा अधिक थी। राज्य में चौधरी चरण सिंह का भी काफी प्रभाव है और इसलिए यह बात स्वाभाविक ही थी कि भालोद का सदस्य ही वहां का मुख्यमंत्री बनता। जनसंघ ने वहां पर स्थायी सरकार बनाए रखने की दृष्टि से भारतीय लोक दल के साथ सहयोग किया। लेकिन यह तो सभी जानते हैं कि दल के मुख्यमंत्री श्री रामनरेश यादव बुरी तरह असफल हुए हैं। इस मामले में उनकी तुलना चौधरी चरण सिंह के साथ की जा सकती है जो केंद्र के गृह मंत्री होते हुए भी इंदिरा गांधी को जेल में नहीं डाल सके और फिर भी दूसरों को ''नपुंसक'' की संज्ञा देने में उन्हें किसी प्रकार की झिझक का अनुभव नहीं होता।

बिहार में भारतीय लोक दल जनसंघ के समर्थन के बिना कभी अपने किसी सदस्य को मुख्यमंत्री नहीं बना सकता था। जनता पार्टी का जन्म जे.पी. आंदोलन के कारण हुआ था और इसलिए यह स्वाभाविक ही था कि वह बाबू जयप्रकाश की यह राय स्वीकार कर लेती कि श्री कर्पूरी ठाकुर को राज्य का मुख्यमंत्री बनाया जाए। उसी प्रकार यह भी स्वाभाविक ही था कि श्री बीजू पटनायक के भालोद के एक साथी ही उड़ीसा के मुख्यमंत्री चुने जाते। जहां तक हरियाणा का संबंध है, वहां पर तो भारतीय लोक दल के विधायकों का बहुमत था ही।

लोकतंत्र में संख्या का जो महत्व है उससे कभी इनकार नहीं किया जा सकता, लेकिन इन राज्यों में जिन व्यक्तियों को संयोगवश मुख्यमंत्री बनाया गया उसके बारे में यह आरोप लगाया जाता है कि उनकी नियुक्तियां जनसंघ और भारतीय लोक दल के परस्पर समझौते का परिणाम हैं। ऐसे उदाहरण भी हैं कि जनता पार्टी के कुछ घटकों को उनकी संख्या के अनुसार मंत्री-पदों पर

नियुक्त नहीं किया गया, यद्यपि मैंने इस बात पर बल दिया था कि भूतपूर्व सी.एफ.डी. और संगठन कांग्रेस के विधायकों को भी मंत्रिमंडल में सम्मिलित किया जाए।

जो लोग जनसंघ से जनता पार्टी में आए उनका आचार तथा व्यवहार विशेष प्रकार का रहा। उसकी पांच मुख्य विशेषताएं थी:

(१) चाहे कुछ भी हो जाए जनता पार्टी की एकता बनाए रखी जाए;
(२) अनुशासन बनाए रखा जाए;
(३) मंत्री लोकतंत्र की परम्पराओं और सार्वजनिक जीवन के सर्वोच्च मापदंडों का अनुसरण करें;
(४) जनता पार्टी की चुनाव घोषणाओं में जो सामाजिक और आर्थिक कार्यक्रम बताए गए थे, उन्हें सच्चे अर्थों में लागू किया जाए;
(५) चाहे कुछ भी हो जाए परशासन में स्थायित्व बनाए रखा जाए।

मैं बड़े गर्व और विश्वास से यह कह सकता हूं कि भूतपूर्व जनसंघ के सदस्यों ने इस बात का प्रयत्न किया है कि उपर्युक्त मापदंडों के अनुसार आचरण करें। भूतपूर्व जनसंघ के सदस्यों ने दल में एकता बनाए रखने के लिए नाना प्रकार के बलिदान किए।

मैं बड़े गर्व और विश्वास से यह कह सकता हूं कि भूतपूर्व जनसंघ के सदस्यों ने इस बात का भरसक प्रयत्न किया है कि उपर्युक्त मापदंडों के अनुसार आचरण करें।

भूतपूर्व जनसंघ के सदस्यों ने दल में एकता बनाए रखने के लिए नाना प्रकार के बलिदान किए। उन्होंने किसी मांग या दावे को लेकर दल में कोई संकट खड़ा नहीं किया। उनकी चेष्टा यह रही है कि दल में एकता बनी रहे और इसके लिए उन्होंने अपने बूते से बाहर होकर भी कार्य किया। उसके कुछ उदाहरण अन्यत्र दिए गए हैं।

एक घटना को छोड़कर भूतपूर्व जनसंघ के सदस्यों ने दल में अनुशासन बनाए रखने के लिए जो उदाहरण प्रस्तुत किया वह प्रशंसनीय है और उस पर वे लोग गर्व कर सकते हैं। कारण होते हुए भी अनुशासन बनाए रखना कोई सरल कार्य नहीं था।

परन्तु मुझे इस बात का खेद है कि एक अवसर पर भूतपूर्व जनसंघ के सदस्यों ने अन्य लोगों के साथ मिलकर अपनी ही सरकार के विरुद्ध मतदान किया। मैं इसे अनुशासन का घोर उल्लंघन मानता हूं। यद्यपि यह तर्क दिया जा सकता है कि स्थानीय राजनीति के कुछ मुद्दे ऐसे थे जिनके कारण उन लोगों को क्रोध आ गया और उन्होंने सोचा कि चाहे अपनी ही सरकार क्यों न हो, उसके विरुद्ध उन्हें मतदान करना ही चाहिए। इसमें संदेह नहीं कि इस संकट का प्रादुर्भाव भालोद के कारनामों के कारण ही हुआ और यदि दोष किसी को देना ही है तो वह भालोद को ही दिया जा सकता है।

सारा देश इस बात से अवगत है कि यद्यपि भूतपूर्व जनसंघ की तीव्र आलोचना हुई, उसके विरुद्ध घृणित षड्यंत्र रचा गया और उसे बदनाम करने के लिए उसके विरुद्ध प्रचार किया गया, फिर भी उसके सदस्यों ने दल का अनुशासन बनाए रखा। लेकिन इसके ब्योरे में जाने की आवश्यकता नहीं है। यह हाल ही की घटनाएं हैं और अभी तक जनता के मानस पटल पर अंकित हैं। वह उसे भूली नहीं होगी। भूतपूर्व जनसंघ ने दल की एकता के लिए अपने राजनीतिक हितों की आहूति दे दी। और इस बात के बावजूद कि वह जनता पार्टी का सबसे बड़ा घटक था, उसने मंत्रिमंडल में स्थान पाने, प्रधानमंत्री के पद या दल के अध्यक्ष के पद के प्रश्न को लेकर कोई संकट खड़ा नहीं किया। अपनी संख्या के बूते पर जनसंघ चाहता तो एक समस्या खड़ी कर सकता था, परन्तु ऐसा कोई उदाहरण नहीं मिलता जब जनसंघ के सदस्यों ने ऐसा कोई कुकर्म किया हो। लोकतंत्र की इससे बड़ी विडम्बना क्या होगी कि जिन लोगों की संख्या बहुत कम थी वहीं जनता पार्टी और उसकी सरकार के लिए समस्याएं खड़ी करते रहे हैं।

ऐसा कोई उदाहरण नहीं मिलता जब जनसंघ के सदस्यों ने ऐसा कोई कुकर्म किया हो। जनसंघ के जो सदस्य मंत्रिमंडल के लिए गए उन्होंने - एक अवसर को छोड़कर - सर्वोच्च नैतिक सिद्धांतों का श्रद्धापूर्वक पालन किया है। उनका आचरण राजनीतिक नैतिकता, प्रशासनिक योग्यता और शालीन व्यवहार का ज्वलंत उदाहरण है।

जनसंघ के जो सदस्य मंत्रिमंडल के लिए गए उन्होंने – एक अवसर को छोड़कर – सर्वोच्च नैतिक सिद्धांतों का श्रद्धापूर्वक पालन किया है। उनका आचरण राजनीतिक नैतिकता, प्रशासनिक योग्यता और शालीन व्यवहार का ज्वलंत उदाहरण है। जो व्यक्ति समझ–बूझ रखते हैं उन्हें पता है कि जनता परिवार को बनाए रखने में जनसंघ का योगदान कितना महत्वपूर्ण था। इस तर्क को सिद्ध करने के लिए केंद्रीय मंत्रिमंडल, राज्यों के मंत्रिमंडलों के सदस्यों या मुख्यमंत्रियों के नाम गिनवाने की आवश्यकता नहीं है। पहले उनके संबंध चाहे किसी भी दल से रहा हों, आज वे जनता पार्टी के सदस्य हैं और उन्हीं के अच्छे काम के कारण जनता पार्टी को श्रेय मिला है। पहले उनका जो वैभव था उसकी चर्चा करना मेरा उद्देश्य नहीं है। मैं तो केवल उन घटनाओं की चर्चा कर रहा हूं जो अब इतिहास का अंग बन गई हैं। ऐसे तथ्य भी मैंने दिए हैं जिनसे पता चलता है कि जनसंघ सर्वथा निर्दोष था।

जो लोग जनसंघ से जनता पार्टी में आए उन्होंने इस बात का भरसक प्रयत्न किया कि चुनाव के घोषणा पत्र में जनता को जो वचन दिए गए हैं उनके अनुसार

कार्य किए जाए। एक भी ऐसा उदाहरण नहीं मिल सकेगा जहां उन्होंने जनता के प्रति किए गए वादों को पूरा करने में रुकावट डाली हो या ऐसे कामों के बारे में कोई विवाद खड़ा किया हो।

जनता पार्टी के आर्थिक कार्यक्रम को ही लीजिए, सबसे पहले राजस्थान में भूतपूर्व जनसंघ के प्रशासन में अन्त्योदय योजना प्रारम्भ की गई जिसका उद्देश्य समाज के सबसे अधिक पिछड़े हुए अंग की दशा को सुधारना है। प्रश्न चाहे रेडियो तथा दूरदर्शन जैसे प्रचार साधनों में लोकतंत्र की परम्पराओं का पालन करना हो, अन्तर्राष्ट्रीय संबंधों का या कि साम्प्रदायिक सद्भावना बनाए रखने का, सरकार के जो भी मंत्री भूतपूर्व जनसंघ के सदस्य रहे हैं उन्होंने सारी योजनाओं और कार्यक्रमों को सुचारु रूप से लागू करने में अपनी प्रशासनिक योग्यता तथा सामर्थ्य का प्रमाण दिया है।

मैं बार-बार उन लोगों की चर्चा कर रहा हूं जो जनसंघ से जनता पार्टी में आए। और यही वे लोग थे जिनके बारे में इस प्रकार का कुत्सित प्रयत्न किया गया कि इन्हें जनता पार्टी में दूसरे दर्जे का सदस्य बनाए रखने का भरसक प्रयत्न किया, लोकतंत्र की परम्पराओं को अक्षुण्ण रखा और दल की नीतियों तथा कार्यक्रमों को कार्यरूप में परिणत करने में कोई कसर उठा न रखी।

जब हरियाणा तथा उत्तर प्रदेश के विधायक दलों में वहां के मुख्यमंत्रियों के विरुद्ध असंतोष की लहर दौड़ गई और ऐसी परिस्थिति उत्पन्न हो गई कि उन्हें पुनः पहले अपने दल का विश्वास प्राप्त करना पड़ा तो भूतपूर्व जनसंघ के सदस्यों ने भालोद मुख्यमंत्रियों का साथ दिया, जिससे कि जनता पार्टी के विभिन्न घटकों के बीच संतुलन की जो स्थिति बनी थी वह बिगड़ने न पाए और दल टूट न जाए। यह बात उल्लेखनीय है कि हमारे प्रयत्नों के फलस्वरूप ही चौधरी चरण सिंह पुनः केंद्रीय मंत्रिमंडल में आने में सफल हुए थे। हमारे इस आचरण के कारण चौधरी चरण सिंह के मन में यह विचार उत्पन्न हुआ होगा कि शायद भूतपूर्व जनसंघ उनका प्रधानमंत्री बनना स्वीकार कर लेगा। प्रधानमंत्री श्री मोरारजी देसाई के विरुद्ध उनकी चालें जारी रहीं और कुछ क्षेत्रों में उनके देसाई-विरोधी प्रचार को समर्थन भी मिला।

हमारे प्रयत्नों से ही चौधरी चरण सिंह पुनः केंद्रीय मंत्रिमंडल में आने में सफल हुए थे। हमारे इस आचरण के कारण चौधरी चरण सिंह के मन में यह विचार उत्पन्न हुआ होगा कि शायद भूतपूर्व जनसंघ उनका प्रधानमंत्री बनना स्वीकार कर लेगा। प्रधानमंत्री श्री मोरारजी देसाई के विरुद्ध उनकी चालें जारी रहीं और कुछ क्षेत्रों में उनके देसाई-विरोधी प्रचार को समर्थन भी मिला।

जब हरियाणा और उत्तर प्रदेश में भालोद के मुख्यमंत्रियों की गद्दी बच गई

तो चौधरी चरण सिंह जनसंघ के एक वरिष्ठ नेता से, जो अखिल भारतीय चिकित्सा विज्ञान संस्थान, नई दिल्ली, में उनका हाल-चाल पूछने गए थे, बातचीत करते हुए इस बात पर संतोष व्यक्त किया कि दोनों प्रदेशों की सरकारें बच गई हैं। और बोले: ''अब मैं आपको बताऊंगा कि आगे क्या करना है।''

भविष्य के लिए उनकी योजना धीरे-धीरे प्रकट हुई। 'योजना' यह थी कि भालोद अपने सदस्यों की सहायता से जनसंघ के किसी सदस्य को जनता पार्टी का अध्यक्ष बनवा देगा और जनसंघ चौधरी साहब को प्रधानमंत्री बनने के लिए समर्थन प्रदान करेगा।

इसी योजना के अन्तर्गत श्री राजनारायण ने जनता पार्टी के अध्यक्ष श्री चन्द्रशेखर के विरुद्ध प्रचार आंदोलन

भविष्य के लिए चौधरी चरण सिंह की योजना धीरे-धीरे प्रकट हुई। 'योजना' यह थी कि भालोद अपने सदस्यों की सहायता से जनसंघ के किसी सदस्य को जनता पार्टी का अध्यक्ष बनवा देगा और जनसंघ चौधरी साहब को प्रधानमंत्री बनने के लिए समर्थन प्रदान करेगा।

आरम्भ कर दिया। दिल्ली से श्री सुन्दर सिंह भंडारी और पुणे से श्री लालकृष्ण आडवाणी ने श्री चंद्रशेखर के समर्थन में वक्तव्य दिए, जिससे कि श्री राजनारायण की मंशा पूरी न हो सके। इन वक्तव्यों का उद्देश्य यही था कि मार्च, १९७७ में जनता पार्टी के विभिन्न घटकों के बीच जो संतुलन बना था वह बिगड़ने न पाए। हमारी चेष्टा यह थी कि जनता पार्टी की यथास्थिति बनी रहे।

श्री चंद्रशेखर के विरुद्ध किया जाने वाला भीषण प्रचार अपने उद्देश्य में सफल नहीं हो पाया और इसी काल में चौधरी चरण सिंह ने अपना बहुचर्चित वक्तव्य दिया कि केंद्रीय मंत्रिमंडल ''नुपंसकों का समूह'' है। उन्होंने यह भी कहा था कि श्रीमती गांधी पर वैसे ही मुकदमा चलाना चाहिए जैसे न्यूरमबर्ग में नाजी युद्ध-अपराधियों पर चलाया गया था। केंद्रीय मंत्रिमंडल के एक सदस्य के लिए इस प्रकार का वक्तव्य देना अनुशासनहीनता की पराकाष्ठा थी।

इस प्रकार के बयानों से तंग आकर मोरारजी भाई को इस बात के लिए विवश होना पड़ा कि वह श्री राजनारायण और चौधरी साहब से उनके त्यागपत्र मांगें। यह निर्णय उन्होंने मंत्रिमंडल की बैठक के बाद किया। श्री देसाई द्वारा पत्र लिखे जाने से पूर्व ही श्री अटल बिहारी वाजपेयी उनसे मिलने गए और प्रार्थना की कि वे त्यागपत्र न मांगें। यदि संसदीय कार्यप्रणाली की लोकतांत्रिक परम्पराओं को देखा जाए तो श्री देसाई का यह निर्णय सर्वथा उचित था, परंतु जिन परिस्थितियों में जनता पार्टी का संगठन हुआ था उन्हें देखते हुए इस बात की आशंका थी कि इस भवन की एक भी ईंट निकल गई तो यह ढह जाएगा। यह भविष्य के लिए खतरे की पूर्व-सूचना थी और यही कारण था कि कई नेताओं ने इस

संकट को रोकने की चेष्टा की। मुझे–जैसा कि बाद में प्रमाणित हो गया–पहले से ही सन्देह था कि इस प्रकार की कार्रवाई उचित नहीं होगी।

यह प्रश्न पूछा जा सकता है कि चौधरी चरण सिंह ने ऐसा विवादास्पद वक्तव्य क्यों दिया? स्पष्ट है कि उनका उद्देश्य दल में संकट उत्पन्न करना था। उनकी योजना यह थी कि मोरारजी भाई को प्रधानमंत्री के पद से हटा दिया जाए। प्रधानमंत्री की कुर्सी तक पहुंचने की लालसा उनके मन में इतनी अधिक उत्कट थी कि उन्होंने अपने दल के हितों को पूर्णरूपेण विस्मृत कर दिया। यदि सरकार श्रीमती गांधी के विरुद्ध प्रभावोत्पादक कार्रवाई नहीं कर पाई तो इसमें दोष तो चौधरी चरण सिंह का ही है जो गृहमंत्री के पद पर आसीन थे। उन्होंने कभी इन्दिरा गांधी के विरुद्ध कार्रवाई करने के लिए कोई ऐसा प्रस्ताव नहीं रखा जिसे मंत्रिमंडल या श्री मोरारजी देसाई ने अस्वीकार कर दिया हो।

चौधरी चरणसिंह और श्री राजनारायण से त्यागपत्र देने की बात कहते समय श्री देसाई सर्वथा तर्कसंगत कार्रवाई कर रहे थे। साथ ही यह उनकी राजनीतिक सूझबूझ का प्रमाण था। इसके बावजूद भूतपूर्व जनसंघ के कुछ नेताओं का विचार था कि दल और राज्य सरकारों में जनता पार्टी के विभिन्न घटकों में जो संबंध स्थापित हो गए हैं उनमें बाधा आएगी और दल में एकता बनाए रखना असंभव हो जाएगा। सात महीने से भी अधिक समय तक भूतपूर्व जनसंघ के नेता केंद्रीय मंत्रिमंडल से चौधरी

चौधरी चरण सिंह के मंत्रिमंडल से निकाले जाने और फिर उसमें वापिस लिए जाने तक वे दृढ़ रहे और उनका रवैया तर्क तथा सिद्धान्तों पर आधारित था। इसके बावजूद उन्होंने संगठन के व्यापक हितों को देखते हुए दल के सदस्यों के विचार के सामने सिर झुका दिया और फिर से चौधरी चरण सिंह को मंत्री पद पर आसीन कर दिया।

चरणसिंह के निष्कासन से उत्पन्न हुई परिस्थिति का प्रतिकार करने की चेष्टा करते रहे। चौधरी चरण सिंह के मंत्रिमंडल से निकाले जाने और फिर उसमें वापिस लिए जाने तक वे दृढ़ रहे और उनका रवैया तर्क तथा सिद्धान्तों पर आधारित था। इसके बावजूद उन्होंने संगठन के व्यापक हितों को देखते हुए दल के सदस्यों के विचार के सामने सिर झुका दिया और फिर से चौधरी चरण सिंह को मंत्री पद पर आसीन कर दिया।

श्री मधु लिमये आपसी बातचीत में सदा यही बात कहते रहे कि यदि श्री राजनारायण को फिर से मंत्रिमंडल में नहीं लिया गया तो इसके दुष्परिणाम बड़े गंभीर होंगे। श्री लिमये की यह धमकी उस षड्यंत्र की सूचक थी जो परदे के पीछे रचा जा रहा था। मार्च, १९७७ में स्थापित किए गए संतुलन में तनिक परिवर्तन से भी

बड़े घातक परिणाम निकले, जैसा कि बाद की घटनाओं से प्रमाणित हो गया। श्री राजनारायण ने अपने करतब दिखाने शुरू किए। सबसे पहला काम उन्होंने यह किया कि दो मंत्रियों को, जो भूतपूर्व जनसंघ के सदस्य थे, पदच्युत करवा दिया। यह उन लोगों की सफलता का सूत्रपात था जो जनता पार्टी को तोड़कर श्री चरण सिंह को प्रधानमंत्री पद पर आसीन कराना चाहते थे।

अब चौधरी साहब ने प्रधानमंत्री श्री मोरारजी देसाई को पदच्युत करने का आंदोलन प्रारम्भ किया। लेकिन उनके समर्थक तब तक अपने उद्देश्य में सफल नहीं हो सकते थे जब तक कि वे जनता पार्टी में रहते। इसका कारण यह था कि

चौधरी साहब ने प्रधानमंत्री श्री मोरारजी देसाई को पदच्युत करने का आंदोलन प्रारम्भ किया। लेकिन उनके समर्थक तब तक अपने उद्देश्य में सफल नहीं हो सकते थे जब तक कि वे जनता पार्टी में रहते। इसका कारण यह था कि भूतपूर्व जनसंघ के सदस्य सामान्यतय श्री देसाई के साथ थे और 1977 के संतुलन को बनाए रखना चाहते थे। दल में जो राजनीति चलती थी उसमें यही स्थायित्व का मुख्य तत्व था।

भूतपूर्व जनसंघ के सदस्य सामान्यतय श्री देसाई के साथ थे और १९७७ के संतुलन को बनाए रखना चाहते थे। दल में जो राजनीति चलती थी उसमें यही स्थायित्व का मुख्य तत्व था। और दूसरा तत्व यह था कि मोरारजी भाई प्रधानमंत्री बने रहें। अब प्रधानमंत्री पर जो आक्रमण किए जा रहे थे उनका निशाना जनसंघ घटक को बनाया गया, जिससे कि भूतपूर्व जनसंघ और श्री मोरारजी देसाई तथा जनसंघ और श्री चन्द्रशेखर के बीच फूट पड़ जाए और षड्यंत्रकारी सत्ता हथिया लें।

जिन लोगों में लेशमात्र भी पदलिप्सा नहीं थी, जिन्होंने कोई संकट उत्पन्न नहीं किया, अपने दल के कार्यक्रमों और नीतियों को कार्यरूप में परिणत करने में पहल की, जिन्होंने सरकार की नीतियों में कोई बाधा नहीं डाली-चाहे वे अल्पसंख्यक आयोग के बारे में हों या अलीगढ़ मुस्लिम विश्वविद्यालय के बारे में, बोनस का प्रश्न हो या आणविक अस्त्रों के निर्माण का-और जिन्होंने केंद्र तथा राज्यों में अपने दल की सफलताओं में सबसे अधिक योगदान दिया, वहीं लोग विध्यवंसवादियों के शिकार हो गए। विध्वंस में विश्वास रखने वाले इन षड्यंत्रकारियों में आकांक्षाएं तो थीं, लेकिन कोई काम करने की इच्छाशक्ति नहीं थी और वे श्री देसाई को समर्थन देने के पक्ष में नहीं थे।

जनसंघ के विरोधियों को इससे दो शिकायतें हुईं : पहली, यह कि भूतपूर्व जनसंघ के लोग प्रधानमंत्री श्री मोरारजी देसाई को पदच्युत करने में बाधक हो रहे थे और दूसरी, यह कि ये संयुक्त और

सशक्त थे। थोथे नारे लगाने वाले जो व्यक्तिनिष्ठ राजनीतिक या जातिवाद में विश्वास रखते हों ऐसे किसी दल या समूह को सहन नहीं कर सकते जो नैतिकता की कसौटी पर पूरा उतरता हो और सशक्त भी हो।

जार्ज फर्नांडिस ने दोहरी सदस्यता के विवाद की चर्चा करते हुए कई बार यह बात दोहराई कि समस्या दोहरी सदस्यता की नहीं है, बल्कि यह है कि भूतपूर्व जनसंघ के सदस्य बड़े सशक्त हैं और सम्भव है कि एक दिन दल का सारा तंत्र और अन्ततोगत्वा सरकार उनके हाथ में आ जाए।

श्री मधु लिमये के मन में भी यही बात थी–जब उन्होंने यह कहा था कि संगठन के चुनाव नहीं होने चाहिए। उन्हें आशंका थी कि यदि चुनाव हुए और सभी घटकों को बराबर के प्रतिनिधित्व के स्थान पर उनकी संख्या के अनुपात में प्रतिनिधित्व दिया गया तो दल में भूतपूर्व जनसंघ के सदस्यों का प्रभुत्व हो जाएगा और अन्ततोगत्वा वे लोग शासन तंत्र पर छा जाएंगे।

जनसंघ के संविरुद्ध प्रचार और उसको बदनाम करने के प्रयत्नों के पीछे वास्तविक कारण यही है।

भारतीय राजनीति की कुछ ऐसी परम्परा रही है कि जनसंघ के विरुद्ध आंदोलन चलाने से अधिक आसान कोई काम नहीं है। केवल राष्ट्रीय स्वयंसेवक संघ और उसके कथित साम्प्रदायिक दृष्टिकोण की चर्चा भर कर देना काफी है। भारत के राजनीतिज्ञों को एक ऐसा विषय मिल गया है जो सदा से विस्फोटक रहा है। जिन लोगों पर भ्रष्टाचार के आरोप नहीं लग सकते, जिन पर यह लांछन कभी नहीं लग सकता है कि उन्होंने राजनीतिक समस्याओं के प्रति सिद्धान्तहीन रवैया अपनाया है, जिन पर अनुशासनहीनता का दोष कभी नहीं थोपा जा सकता, उन्हें केवल यह कहकर बदनाम किया जाता है कि उनके संबंध राष्ट्रीय स्वयंसेवक संघ के साथ थे। और एक बार इस बात की चर्चा कर दी जाए तो सभी दल, छोटे हों या बड़े, इस विवाद में कूद पड़ते हैं और संघ-विरोधियों को समर्थन देते-देते अपना भी उल्लू सीधा कर लेते हैं।

श्री मधु लिमये के मन में भी यही बात थी-जब उन्होंने कहा कि संगठन के चुनाव नहीं होने चाहिए। यदि चुनाव हुए और सभी घटकों को बराबर के प्रतिनिधित्व के स्थान पर उनकी संख्या के अनुपात में प्रतिनिधित्व दिया गया तो दल में भूतपूर्व जनसंघ के सदस्यों का प्रभुत्व हो जाएगा और अन्ततोगत्वा वे लोग शासन तंत्र पर छा जाएंगे।

संघ के विरोधियों ने जब यह देखा कि सर्वश्री अटल बिहारी वाजपेयी, लाल कृष्ण आडवाणी और अन्य जनसंघी सदस्यों के सामने, जिनका चित्र कभी धूमिल नहीं किया जा सकता, वे स्वयं अत्यंत फीके नजर आने लगे हैं तो उन्होंने

जनसंघ के विरुद्ध यह षड्यंत्र रचा।

श्री मधु लिमये ने कई अवसरों पर यह कहा है कि जनता पार्टी को टूटना चाहिए क्योंकि उसका विघटन एक ऐतिहासिक आवश्यकता है और उन्होंने इस जिम्मेदारी को अपने कन्धों पर ले लिया क्योंकि उनका विचार था कि यही काम श्रेयस्कर है। जार्ज फर्नांडिस ने दिल्ली में समाजवादियों का एक सम्मेलन बुलाया था। उसमें श्री मधु लिमये ने स्पष्ट रूप से यह बात कही। लेकिन वास्तविकता तो यह है कि उन्होंने जनता पार्टी के जन्म के तुरंत बाद ही उसके विघटन का आंदोलन प्रारम्भ कर दिया था। सबसे पहले उनकी चेष्टा यह थी कि राष्ट्रीय स्वयंसेवक संघ का विलय जनता पार्टी में कर दिया जाए। उनकी इच्छा थी कि संघ एक संस्था के रूप में समाप्त हो जाए। इसके लिए श्री मधु लिमये की पहली मांग यह थी कि संघ के द्वार सभी भारतीय नागरिकों के लिए खोल दिए जाएं। मैं इस विचार का विरोधी नहीं हूं, क्योंकि मेरी यह मान्यता है कि संघ के विकास की प्रक्रिया का अगला चरण यही होना चाहिए, परन्तु संघ एक स्वतंत्र संगठन है और उसके नेताओं को संगठन के बारे में निर्णय करने का उतना ही अधिकार है जितना कि जनता पार्टी के नेताओं को अपने दल के बारे में निर्णय करने का है।

मधु लिमये ने कई अवसरों पर यह कहा है कि जनता पार्टी को टूटना चाहिए क्योंकि उसका विघटन एक ऐतिहासिक आवश्यकता है और उन्होंने इस जिम्मेदारी को अपने कन्धों पर ले लिया क्योंकि उनका विचार था कि यही काम श्रेयस्कर है। जार्ज फर्नांडिस ने दिल्ली में समाजवादियों का एक सम्मेलन बुलाया था। उसमें श्री मधु लिमये ने स्पष्ट रूप से यह बात कही।

उन्होंने इस बात पर बल क्यों दिया कि संघ जनता पार्टी में विलीन हो जाए? श्री लिमये जनता पार्टी में जनसंघ के अस्तित्व से ही भयभीत हैं और यह नहीं चाहते कि दल के चुनावों की लोकतंत्रीय प्रक्रिया का पालन किया जाए तो उनका यह कहना, कि राष्ट्रीय स्वयंसेवक संघ जनता पार्टी में विलीन हो जाए, उनकी समर नीति की भूलमात्र है। श्री लिमये और उनके मित्र संघ जैसे व्यापक संगठन के सदा से विरोधी रहे हैं। उन्हें भलीभांति मालूम था कि संघ सत्ता की राजनीति में विश्वास नहीं रखता, फिर भी उन्होंने यह मांग करके कि संघ का विलय जनता पार्टी में कर दिया जाए, संघ के प्रति सहानुभूति के वातावरण को बिगाड़ने का भरसक प्रयत्न किया। इस चाल का उद्देश्य भूतपूर्व जनसंघ के कार्यकर्ताओं की निष्ठा के प्रति अविश्वास की भावना उत्पन्न करना था। इस विलय की बात इतनी अधिक बार की गई कि जनता पार्टी के अध्यक्ष श्री चन्द्रशेखर को यह कहने पर विवश होना

पड़ा कि उनका दल राष्ट्रीय स्वयंसेवक संघ को अपने घटक के रूप में स्वीकार करने के लिए तैयार नहीं है। ३ नवंबर, १९७७ के टाइम्स ऑफ इंडिया में श्री चन्द्रशेखर का यह वक्तव्य छपा था कि यदि राष्ट्रीय स्वयंसेवक संघ जनता पार्टी में सम्मिलित नहीं होना चाहता तो उसे ऐसा निर्णय करने की पूरी आजादी है।

इन मित्रों की बैचेनी तो उस वक्तव्य से प्रकट होती है जो स्वर्गीय जयप्रकाश जी के नाम से जारी किया गया था। जयप्रकाश जी को संघ के नेताओं के साथ अपनी बातचीत में उस वक्तव्य का खंडन करना पड़ा जो वक्तव्य जे.पी. के नाम से प्रकाशित किया गया। वह उन लोगों के दुराशयों का प्रमाण है जिन्होंने संघ के विरुद्ध झूठा प्रचार किया है। उस वक्तव्य में कहा गया था : ''श्री नारायण ने राष्ट्रीय स्वयंसेवक संघ को यह परामर्श दिया है कि वह संगठन के रूप में समाप्त हो जाए और जनता पार्टी के विभिन्न संगठनों में जा मिले।''

जब संघ ने अपने आप को विघटित करने से इनकार कर दिया और जनता पार्टी में विलीन होना भी स्वीकार नहीं किया और इसके साथ ही उसकी प्रगति में डाली जाने वाली बाधाएं असफल रहीं तो उसके विरोधियों के सामने केवल यह रास्ता बच गया था कि वह उसे बदनाम करने की चेष्टा करें।

सुनियोजित प्रचार के माध्यम से यह कहने की चेष्टा की गई कि संघ के लोग देश की सेनाओं, प्रशासन और शिक्षा तथा अन्य क्षेत्रों में घुसपैठ कर रहे हैं। यह प्रचार कितना शरारतपूर्ण था वह उस प्रश्न से पता चलता है जो संसद में पूछा गया था। प्रश्न यह था कि क्या राष्ट्रीय स्वयंसेवक संघ में की जाने वाली प्रार्थना राष्ट्रगीत के रूप में स्वीकार कर ली गई है ? तत्कालीन गृहमंत्री चौधरी चरण सिंह को इसका खंडन करना पड़ा क्योंकि यह बात सर्वथा निराधार थी।

जब संघ ने अपने आप को विघटित करने से इनकार कर दिया और जनता पार्टी में विलीन होना भी स्वीकार नहीं किया और इसके साथ ही उसकी प्रगति में डाली जाने वाली बाधाएं असफल रहीं तो उसके विरोधियों के सामने केवल यह रास्ता बच गया था कि वह उसे बदनाम करने की चेष्टा करें।

विदेशों से दौरे के बाद लौटने पर श्री मधु लिमये ने जनता पार्टी की कार्यकारिणी के एक वरिष्ठ सदस्य श्री रामधन से पूछा कि भालोद के सदस्यों को दल से निष्कासित करने की प्रक्रिया क्यों प्रारम्भ कर दी गई है ? यदि किसी घटक को दल से निष्कासित करना चाहिए तो वह जनसंघ का घटक है। यह विचार थे श्री मधु लिमये के!

जिन दिनों दोहरी सदस्यता का विवाद पूरे जोरों पर था चौधरी चरण सिंह ने अपने एक विश्वस्त साथी के हाथ अपने

ही मंत्रालय के राज्यमंत्री श्री सतीश अग्रवाल को एक सन्देश भेजा। उनकी इच्छा थी कि श्री अग्रवाल भूतपूर्व जनसंघ के सदस्यों से कहें कि यदि वे चुनाव से पहले या उसके बाद प्रधानमंत्री के रूप में चौधरी चरण सिंह का समर्थन करने के लिए तैयार हैं तो दोहरी सदस्यता के बारे में सारे विवाद समाप्त हो जाएंगे और राज्य सरकारों के काम में भी कोई समस्या नहीं रहेगी।

दोहरी सदस्यता का विवाद एक प्रयत्न था, बल्कि षड्यंत्र था, जिसका एकमात्र उद्देश्य यह था कि भूतपूर्व जनसंघ के सदस्यों को जनता पार्टी के दूसरे दर्जे का सदस्य बना दिया जाए। विभिन्न तत्वों ने अपने-अपने कारणों से इस कुत्सित योजना को सफल बनाने में सहायता की।

श्री सतीश अग्रवाल ने श्री लालकृष्ण आडवाणी से बात की, उन्होंने इस विश्वास के कारण कि १९७७ में जनता पार्टी में जो संतुलन बनाया गया था उसे हर कीमत पर बनाए रखना आवश्यक है, यह कहला भेजा कि वह इस प्रकार की सौदेबाजी में विश्वास नहीं रखते। यह बात श्री मोरारजी देसाई तक भी पहुंची और श्री चौधरी चरण सिंह ने श्री मोरारजी देसाई से मिलकर यह आश्वासन दिया कि मैं प्रधानमंत्री बनने की चेष्टा नहीं कर रहा हूं और आप जब तक चाहें इस पद पर बने रह सकते हैं।

यह बात स्पष्ट है कि दोहरी सदस्यता का विवाद एक प्रयत्न था, बल्कि षड्यंत्र था, जिसका एकमात्र उद्देश्य यह था कि भूतपूर्व जनसंघ के सदस्यों को जनता पार्टी के दूसरे दर्जे का सदस्य बना दिया जाए। विभिन्न तत्वों ने अपने-अपने कारणों से इस कुत्सित योजना को सफल बनाने में सहायता की।

अन्ततोगत्वा वही हुआ जिसका डर था। राजनीतिक विध्वंस के विशेषज्ञ सर्वश्री मधु लिमये और राजनारायण सबसे बड़े दल-बदलू चौधरी चरण सिंह के साथ मिलकर जनता पार्टी को तोड़ने में सफल हो गए। देश के लिए इससे बड़ा दुर्दिन और क्या हो सकता था। श्री मधु लिमये और राजनारायण तो वे व्यक्ति हैं जिन्होंने अपने समाजवादी दलों को पिछले बीस वर्षों में चार बार तोड़ा है। चौधरी चरण सिंह अपनी सत्तोलोलुपता में कम से कम तीन बार दल बदल चुके थे। सच तो यह है कि राजनीतिक विश्वासघात का उनका रिकार्ड अपूर्व है। अपने राजनीतिक जीवन में उन्होंने ग्यारह बार दल बदला है। ये बातें चौधरी चरण सिंह को लिखे अपने खुले पत्र में, जो उनके प्रधानमंत्री बनने के बाद मैंने उन्हें लिखा था, विस्तार से दी हैं।

(देखिए : परिशिष्ट)

□

5 जयप्रकाश आंदोलन में संघ

1977 का वर्ष भारत ही नहीं, बल्कि विश्व के इतिहास में अभूतपूर्व माना जाएगा, क्योंकि उसी वर्ष मार्च के महीने में एक रक्तहीन क्रांति हुई। लहू की एक बूंद गिराए बिना तानाशाही समाप्त कर दी गई और लोकतंत्र की फिर से स्थापना हो गई।

१९७१ के चुनाव में श्रीमती इन्दिरा गांधी को भारी बहुमत प्राप्त हुआ था और सम्भवत: उसी के कारण उनकी तानाशाही प्रवृत्तियां प्रकट हुईं। शासन तंत्र और शासक दल के संगठन, दोनों पर उनका वर्चस्व स्थापित हो गया। कांग्रेस में चुनाव की प्रक्रिया समाप्त कर दी गई। वही विभिन्न राज्यों में कांग्रेस के विधायक दलों के नेताओं को नाम-निर्दिष्ट करती थी और किसी में भी इतना साहस न था कि ऐसे लोकतंत्र-विरोधी व्यवहार पर आपत्ति कर सके। सभी स्तरों पर अवैध ढंग से अपार धन बटोरा गया और देश में भ्रष्टाचार का साम्राज्य हो गया। कानून मुट्ठीभर लोगों की कठपुतली बन गया। योग्यता का बहिष्कार हुआ और विभिन्न पदों पर नियुक्तियां सिफारिशों और घूस के आधार पर की जाने लगीं। प्रगति का एकमात्र साधन यह बन गया कि किस व्यक्ति में राज्यतंत्र को अपने उद्देश्यों की पूर्ति के लिए प्रयुक्त करने की कितनी योग्यता है। विरोधी दलों का प्रभाव समाप्त हो गया था और उनकी आवाज नक्कारखाने में तूती की आवाज के समान थी। कोई भी ऐसा व्यक्ति या शक्ति दिखाई नहीं दे रही थी जो शासन और राजनीति में इस बढ़ती हुई तानाशाही को रोक सके।

यह मात्र संयोग था कि छात्रों ने १९७३ में गुजरात के मुख्यमंत्री चिमन भाई पटेल की मनमानी के विरुद्ध संघर्ष छेड़ दिया।

नव-निर्माण समिति के नाम से जो संगठन बना वह मंद समीर से बढ़कर आंधी का रूप धारण कर गया और यह आंधी सारे राज्य में फैल गई। आंदोलन को दबाने के लिए शासन ने दमन का सहारा लिया, जिसे देखकर वयोवृद्ध नेता स्वर्गीय जयप्रकाश नारायण व्यथित हो उठे और अहमदाबाद पहुंचे। गुजरात के युवकों की अपार भीड़ उनके स्वागत के लिए हवाई अड्डे पर मौजूद थी। युवक उनका मार्गदर्शन चाहते थे। और रोष-भरे युवकों के शांतिपूर्ण और विशाल प्रदर्शन देखकर जयप्रकाश बाबू का मन भर आया। उन्होंने यह देखा कि युवकों में वैसा ही उत्साह है जैसा कि सन् १९४२ में भारत की जनता में था। उन्होंने बड़े गौरव से कहा: "मुझे यह देखकर बड़ी प्रसन्नता हुई है कि देश के नौजवानों में समय के अनुसार बदलने की क्षमता है और वे नव-निर्माण के इच्छुक हैं।" जयप्रकाश बाबू के इन उद्‌गारों को सभी समाचार पत्रों ने प्रकाशित किया और उनका व्यक्तित्व फिर से भारत के क्षितिज पर उभरने लगा।

आंदोलन को दबाने के लिए शासन ने दमन का सहारा लिया, जिसे देखकर जे.पी. व्यथित हो उठे और अहमदाबाद पहुंचे। गुजरात के युवकों की अपार भीड़ उनके स्वागत के लिए हवाई अड्डे पर मौजूद थी। युवक उनका मार्गदर्शन चाहते थे और विशाल प्रदर्शन देखकर जयप्रकाश बाबू का मन भर आया।

परन्तु जब १८ मार्च, १९७४ को बिहार पुलिस ने पटना में छात्रों के जुलूस पर गोली चलाई तो जयप्रकाश जी अत्यन्त खिन्न हुए। गया में पुलिस ने घरों के अन्दर घुसकर विद्यार्थियों को गोलियों से भून डाला। जयप्रकाश बाबू अन्याय और अत्याचार को सहन नहीं कर सके और उन्होंने पुलिस के इस अमानवीय कृत्य पर उसकी घोर निंदा की। अब विद्यार्थी जयप्रकाश बाबू से मार्गदर्शन प्राप्त करने के लिए उनकी ओर अभिमुख हुए और उसने कहा कि हमारे आंदोलन का नेतृत्व कीजिए। उनमें से अधिकतर विद्यार्थी परिषद के सदस्य थे और जयप्रकाश बाबू ने एक शर्त उनके सामने रखी: "आपके आंदोलन में सम्पूर्ण शांति और अनुशासन रहना चाहिए।" छात्रों ने इस शर्त को सहर्ष स्वीकार कर लिया और समग्र क्रान्ति का आंदोलन १९७४ में बिहार में प्रारम्भ हुआ। यही वह समय था जब देश की युवाशक्ति को ठीक दिशा, ठीक कार्यक्रम और ठीक नेतृत्व मिला।

वृद्धावस्था में, पत्नी-वियोग के बाद, जयप्रकाश बाबू बहुत उदास रहा करते थे। जब वह दिल्ली आते तो इंडियन एक्सप्रेस के अतिथि गृह में ठहरते थे, जहां रामनाथ गोयनका, राष्ट्रकवि रामधारी सिंह दिनकर और श्री गंगाशरण सिंह उनसे मिलने आया करते थे। परस्पर राजनीतिक स्थिति पर चर्चा होती थी और

उसी चर्चा के परिणामस्वरूप उनका अहमदाबाद जाने का कार्यक्रम बना। मैंने उनके आगमन की तैयारियां करने के लिए एक सप्ताह पहले अहमदाबाद जाना स्वीकर कर लिया। वहीं से जे.पी. के आंदोलन के साथ मेरा संबंध प्रारम्भ हुआ।

इसी समय राष्ट्रीय स्वयंसेवक संघ और जनसंघ इसे आंदोलन में प्रविष्ट हुए और शीघ्र ही उसमें आगे आए। यह देखकर कि जयप्रकाश बाबू देश की युवाशक्ति का नेतृत्व कर रहे हैं, श्रीमती इन्दिरा गांधी को बड़ी परेशानी हुई, क्योंकि यह शक्ति उनके वर्चस्व के लिए खतरा बन सकती थी। भुवनेश्वर में एक सभा में इन्दिरा गांधी ने जयप्रकाश बाबू का नाम लिए बिना उन पर आरोप लगाया कि ''वह ठहरते एक पूंजीपति के घर में हैं और क्रान्ति की बात करते हैं।''

परन्तु इस प्रकार की तर्कहीन और थोथी आलोचना का जे.पी. पर कोई प्रभाव पड़ने वाला नहीं था। उन्हें पता था कि भारत की जनता इस बात को जानती है कि जब गांधी जी, नेहरू और सरदार पटेल भारत के स्वतंत्रता संग्राम में डटे हुए थे तो वे बिड़ला भवन में ठहरा करते थे। १९४२ की ऐतिहासिक क्रान्ति कभी सफल नहीं होती यदि जे.पी. हजारी बाग जेल की दीवार फांदकर भाग न निकलते और भारत छोड़ो आंदोलन का नेतृत्व करने के लिए मैदान में न उतरते। स्वतंत्रता-प्राप्ति के बाद जे.पी. सत्ता के लिए कभी लालायित नहीं हुए, यद्यपि राजनीति से उनका इतना घनिष्ठ संबंध था। उन्होंने चुनाव लड़ने की बात सोची तक नहीं। वह जनसेवा में लगे रहे और एक सामान्य नागरिक के समान रहते रहे। उनका जीवन गांधीजी के समान जनसेवा में बीता। और जनता इस बात को कभी सहन नहीं कर सकती थी कि जे.पी. पर कोई लांछन लगाने का साहस करे। इन्दिरा ने जो आरोप लगाया उससे जे.पी. का व्यक्तित्व और निखर आया और करोड़ों भारतवासियों ने उन्हीं को ध्रुवतारा मानकर अपना मार्ग तलाश किया। जे.पी. निरंकुश शासन, भ्रष्टाचार और अन्याय की शक्तियों के लिए मूर्तिमान चुनौती थे।

समग्र क्रांति के आंदोलन में बिहार की युवा पीढ़ी सबसे आगे थी। संघ के स्वयंसेवक भी बहुत बड़ी संख्या में इस आंदोलन में आए और अनुशासनबद्ध कार्यकर्ताओं की संख्या बढ़ती चली गई। जनसंघ ने भी इस आंदोलन में पूरा सहयोग दिया। उन दिनों मेरा भी सारा

1942 की ऐतिहासिक क्रान्ति कभी सफल नहीं होती यदि जे.पी. हजारी बाग जेल की दीवार फांदकर भाग न निकलते और भारत छोड़ो आंदोलन का नेतृत्व करने के लिए मैदान में न उतरते। जे.पी. सत्ता के लिए कभी लालायित नहीं हुए, यद्यपि राजनीति से उनका घनिष्ठ संबंध था। परंतु चुनाव लड़ने की बात सोची तक नहीं।

समय बिहार में इस आंदोलन का काम देखने में बीत रहा था।

३, ४ और ५ अक्तूबर, १९७४ के ऐतिहासिक बिहार बंद की घोषणा की गई तो जे.पी. को बहुत-से साथियों ने यह परमार्श दिया कि तीन दिन तक लगातार हड़ताल चल नहीं पाएगी। परन्तु जे.पी. तो जनता की भावना से भलीभांति परिचित थे। उनका कहना था कि इसकी घोषणा की जा चुकी है और अब पीछे हटना सम्भव नहीं है।

हम सभी लोग काम में जुट गए। मैं जीप और मोटर साइकिल पर सारे राज्य का दौरा करता रहा। हजारों छात्र यह संदेश लेकर दूर-दूर के गांवों में फैल गए थे कि हड़ताल सफल होनी चाहिए। हड़ताल की सफलता इतनी आशातीत थी कि सब लोग आश्चर्यचकित रह गए। बन्द पूर्णतया शान्तिमय रहा। रेलगाड़ियां और बसें ही बंद नहीं हुईं, तीन दिनों तक दुकानें भी नहीं खुलीं। गांवों से दूध लेकर शहर जाने वाले भी तीन दिनों अपने घरों से नहीं निकले। बिहार की जनता जे.पी. और उनके कार्यक्रम से पूरा सहयोग कर रही थी।

उन दिनों जवान और बूढ़ी महिलाएं अपने बच्चों सहित रेल की पटरी पर बैठी मिलती थीं। इस आंदोलन में सभी दलों के मतभेद समाप्त हो गए थे। और यह वास्तव में जन-आंदोलन का रूप धारण कर चुका था। आलसी से आलसी व्यक्तियों में भी इस आंदोलन ने एक नई स्फूर्ति और उत्साह उत्पन्न कर दिया था। ग्रामीण हों अथवा नागरिक, शिक्षित हों अथवा अशिक्षित, स्त्रियां हों अथवा पुरुष या बच्चे, कोई भी हड़ताल के आह्वान के प्रति उपेक्षाशील नहीं रहा।

सब लोग आश्चर्यचकित रह गए। बन्द पूर्णतया शान्तिमय रहा। रेलगाड़ियां और बसें ही बंद नहीं हुईं, तीन दिनों तक दुकानें भी नहीं खुलीं। गांवों से दूध लेकर शहर जाने वाले भी तीन दिनों अपने घरों से नहीं निकले। बिहार की जनता जे.पी. और उनके कार्यक्रम से पूरा सहयोग कर रही थी।

जिन दिनों मैं बिहार का दौरा कर रहा था, मैंने एक स्थान पर देखा कि सासाराम के पास एक थाने में थानेदार ने ७ से १४ वर्ष की आयु के लगभग डेढ़ सौ बच्चों को बैठा रखा था। मांएं अपने बच्चों के लिए भोजन लेकर आई थीं और उन्हें खिला रही थीं। मैंने थानेदार से पूछा कि इन छोटे-छोटे निरीह बालकों को क्यों पकड़ रखा है तो उसने कहा कि ये लोग तीन स्थानों पर रेल की पटरी पर बैठे थे। मुझे पता था कि सी.आर.पी. के जवानों का एक ट्रक गश्त करता हुआ उधर आएगा। यदि मैं इन्हें वहां से पकड़ कर न ले आता तो ये उनकी गोलियों के शिकार हो जाते। मैं शाम तक इनको छोड़ दूंगा। एक पुलिस अधिकारी के मुंह से ऐसे उद्गार सुनकर मुझे प्रसन्नता भी हुई और आश्चर्य भी। इस घटना से पता चलता है कि पुलिस भी जे.पी. आंदोलन

के प्रभाव से अछूती न बची थी।

इसी आंदोलन में जे.पी. ने बिहार के विधायकों से त्यागपत्र देने की बात कही। जो लोग आज समग्र क्रांति के आंदोलन में अपनी भूमिका की ढिंढोरा पीटते हैं उनका उन दिनों कहीं पता भी नहीं था। और जब जे.पी. का वक्तव्य समाचार पत्रों में प्रकाशित हुआ तो श्री मधु लिमये और दूसरे समाजवादी नेताओं ने विधायकों द्वारा त्यागपत्र देने के इस प्रस्ताव का विरोध किया। इस कारण विधायकों में भ्रम उत्पन्न हुआ, क्योंकि कोई स्पष्ट बात उनके सामने नहीं थी। इस मानसिक दुविधा के कारण अनेकों ने स्वयं को उससे अलग कर लिया। जनसंघ एकमात्र राजनीतिक दल था जिसने विधानसभा के अपने उन सदस्यों को निकाल बाहर किया था जिन्होंने त्यागपत्र देने में आनाकानी की थी या इनकार किया था।

क्या यही कारण है कि श्री मधु लिमये और उनके साथी संघ और जनसंघ से चिढ़े हुए हैं, क्योंकि इन संगठनों के सदस्य उनके सदस्यों की अपेक्षा अधिक बलिदान कर सके थे? अक्तूबर, १९७४ के पहले सप्ताह में जे.पी. ने घोषणा की कि यदि बिहार की भ्रष्ट और दुराचारी सरकार त्यागपत्र देकर अपने पापों का प्रायश्चित नहीं करती तो ४ नवंबर को राज्य की जनता सचिवालय पर धरना देगी। हम लोग बिहार के कस्बे-कस्बे और गांव-गांव में दौरा कर रहे थे और लोगों को धरने में सम्मिलित होने के लिए उत्साहित कर रहे थे। बिहार बंद की अभूतपूर्व सफलता ने धरने के कार्यक्रम के लिए जन-साधारण में अपार उत्साह और विश्वास की भावना जगा दी थी। लोग छोटे-से-छोटे स्थान पर बड़ी संख्या में एकत्रित होने लगे और एक स्वर में अवश्य सम्मिलित होंगे। उत्साह की इस लहर को देखकर सरकार घबरा गई और पटना शहर को बांसों के कटघरे में घेर दिया गया। प्रमुख सड़कों से मिलने वाली छोटी सड़कों और गलियों को बंद किया जाने लगा। रेल की पटरी के साथ-साथ भी बांसों की रोक लगा दी गई थी। पटना नगर में ही नहीं, गंगा के किनारे नगर से दस-दस मील में न पहुंच सकें। ऐसा लगता था, मानों सरकार किसी बहुत बड़े युद्ध की तैयारी कर रही हो। तथाकथित लोकतांत्रिक सरकार जनता के रोष को देख कर भयभीत थी।

जे.पी. ने घोषणा की कि यदि बिहार की भ्रष्ट और दुराचारी सरकार त्यागपत्र नहीं देती तो ४ नवंबर को राज्य की जनता सचिवालय पर धरना देगी। हम लोग बिहार के कस्बे-कस्बे और गांव-गांव में दौरा कर रहे थे और लोगों को धरने में सम्मिलित होने के लिए उत्साहित कर रहे थे।

३० अक्तूबर की बात है कि मुझे सासाराम में प्रातः, जब मैं कार्यकर्ताओं की एक बैठक में भाषण दे रहा था, पुलिस ने घेर लिया। पुलिस के ट्रक देखकर मैंने सोचा कि सम्भवतः मुझे

गिरफ्तार होना पड़ेगा, परन्तु सभा जारी रही। जब मैं एक कार्यकर्ता के घर पर खाना खाने गया तो पुलिस ने उस घर को घेर लिया। एक पुलिस अधिकारी घर में घुसे और कहने लगे कि उन्हें यह आदेश मिला है कि मुझे बिहार की सीमा से बाहर छोड़ आएं। मैंने उनसे पूछा कि मेरे निर्वासित किए जाने से क्या लाभ होगा, जबकि बिहार का प्रत्येक नागरिक दृढ़ संकल्प किए बैठा है कि वह धरने में भाग लेने के लिए ४ नवंबर को पटना अवश्य पहुंचेगा? इस प्रश्न का उनके पास कोई उत्तर न था। जनता ने जे.पी. के आह्वान के प्रति जो उत्साह दिखाया था वह अभूतपूर्व था।

मेरे साथ गाड़ी में जो जिलाधीश बैठे थे उनके कान खड़े हुए और कहने लगे कि नानाजी आप उस दिन पटना नहीं पहुंच पाएंगे, क्योंकि आपकी तस्वीर सभी पुलिस चौकियों में भेजी गई है और यह आदेश दिया गया है कि पांच नवंबर तक आपको बिहार में न आने दिया जाए। मैंने उससे कहा कि महोदय आप अपना काम कीजिए, लेकिन मैं निश्चित तिथि को पटना अवश्य पहुंचूंगा।

परन्तु पुलिस भी तो अपने कर्त्तव्य से बंधी है। मुझे उन लोगों के साथ जाने में कोई आपत्ति नहीं थी। परन्तु घर की सारी महिलाएं बाहर आ गईं और पुलिस के सिपाहियों से बोलीं: "यदि आपने नानाजी को भोजन करने से पहले गिरफ्तार कर लिया तो हमारे सामने इसके अलावा और कोई रास्ता नहीं रहेगा कि हम घर से निकल पड़ें और जे.पी. का संदेश गांव-गांव पहुंचाएं।" पुलिस भी मन ही मन आंदोलन से सहानुभूति रखती थी, लेकिन पुलिस अधिकारी भी विवश थे। उनका कहना था कि हमारा बस चले तो हम नानाजी को बिहार से कभी न निकालें।

पुलिस की जिस जीप में बिठाकर मुझे ले जाया गया उसके चारों ओर अपार भीड़ इकट्ठी हो गई। लोगों का कहना था कि वे जुलूस बनाकर नगर के बाहर तक मेरे साथ आएंगे और मेरा भाषण सुनने के बाद ही मुझे पुलिस के साथ जाने देंगे। हजारों नर-नारी और बच्चे मुझे विदा देने आए। मैंने अपने भाषण के अन्त में कहा "अब मैं ४ नवंबर को पटना में आपसे मिलूंगा।"

मेरे साथ गाड़ी में जो जिलाधीश बैठे थे उनके कान खड़े हुए और कहने लगे कि नानाजी आप उस दिन पटना नहीं पहुंच पाएंगे, क्योंकि आपकी तस्वीर सभी पुलिस चौकियों में भेजी गई है और यह आदेश दिया गया है कि पांच नवंबर तक आपको बिहार में न आने दिया जाए। मैंने उससे कहा कि महोदय आप अपना काम कीजिए, लेकिन मैं निश्चित तिथि को पटना अवश्य पहुंचूंगा। पुलिस की जीप मुझे वाराणसी में जनसंघ के कार्यालय में छोड़ गई। वहां पर मैंने पुलिस के जवानों को जलपान कराया

और उसके बाद दिल्ली चला आया।

४ नवंबर की तैयारियां जारी थीं और मैं बिहार में विभिन्न केंद्रों के साथ लगातार सम्पर्क बनाए हुए था। यह आंदोलन वास्तव में जनता का आंदोलन बन चुका था। मैं टैलीफोन पर अपने कार्यकर्ताओं को बार-बार यह आश्वासन दे रहा था कि उस दिन मैं जे.पी. के साथ होऊंगा।

४ नवंबर को सबेरे मैं गाड़ी से पटना स्टेशन पर उतरा तो मैंने डाक कर्मचारी की वर्दी पहन रखी थी। मैं दिल्ली से रेलवे स्टेशन डाक-सेवा के डिब्बे में बैठकर गया था। स्टेशन से मैं एक मित्र के यहां पहुंच गया और वहां नहा-धोकर जलपान करने के बाद उस स्थान पर पहुंच गया जहां से जुलूस प्रारम्भ होना था। जे.पी. ने मुझे देखा तो आश्चर्य से पूछने लगे कि तुम किस प्रकार पहुंच गए। मैंने उन्हें कहा कि फुर्सत में बताऊंगा और जुलूस निश्चित कार्यक्रम और समय के अनुसार चल पड़ा। पुलिस ने डंडे बरसाने प्रारम्भ कर दिए। सी.आर.पी. के जवानों की लाठियां भी चल रही थीं। जब हम गांधी मैदान में पहुंचे तो यह देखकर हमारे आश्चर्य का कोई ठिकाना नहीं रहा कि पुलिस की नाकेबंदी और लंबे-चौड़े बंदोबस्त के बावजूद लोग ठसाठस भरे पड़े थे। गंगा पार से लोग स्वयं ही नावें बनाकर या तख्तों पर तैरकर इस पार आ गए थे और बांसों के कटघरों को लांघकर पटना पहुंचे थे। उनमें से बहुत से तो आधी रात के समय जान हथेली पर रखकर गंगा के पार आए थे। यह इस बात का प्रमाण था कि जे.पी. और

जब जुलूस गांधी मैदान पहुंचा तो आंसू गैस के गोले बरसने लगे। जे.पी. लोगों से बार-बार कह रहे थे कि आप लोग शान्त रहिए। जुलूस में बहुत-से युवक और युवतियां भी थीं। युवावस्था में खून गर्म होता है और युवा पीढ़ी पुलिस की हिंसा का उत्तर दे सकती थी, परन्तु उनमें से प्रत्येक शान्ति का दूत बना हुआ था।

उनके सिद्धान्तों के प्रति जन-मानस में कितना श्रद्धा उत्पन्न हो चुकी थी।

जब जुलूस गांधी मैदान पहुंचा तो आंसू गैस के गोले बरसने लगे। जे.पी. लोगों से बार-बार कह रहे थे कि पुलिस चाहे जो भी करे, आप लोग शान्त रहिए। जुलूस में बहुत-से युवक और युवतियां भी थीं। युवावस्था में खून गर्म होता है और युवा पीढ़ी पुलिस की हिंसा का उत्तर दे सकती थी, परन्तु उनमें से प्रत्येक शान्ति का दूत बना हुआ था। जब पुलिस ने घेरा डाल कर जुलूस को आगे बढ़ने से रोक दिया तो कुछ युवकों ने अश्रुगैस के गोलों को उठाकर क्रिकेट की गेंद के समान वापिस पुलिस पर फेंकना शुरू कर दिया। जब पुलिस के जवानों की आंखों में आंसू आने लगे तो यह देखकर हम लोगों को बड़ी हंसी आई। मुझे डर था कि कहीं जे.पी. युवकों की इस कार्रवाई पर आपत्ति न करें और मैंने उन्हें रोकने की

चेष्टा की, परन्तु उनका उत्तर था कि गोले वापिस फेंकने से किसी को हानि नहीं होती, क्योंकि वे वहां पर गिर रहे हैं जहां न पुलिस है और न ही प्रदर्शनकारी।

लगभग आंधे घंटे तक अश्रुगैस के गोले गिरते रहे और युवक उन्हें उठा कर वापस फेंकते रहे। परन्तु जब जुलूस गांधी मैदान से आगे निकला तो पुलिस और सी.आर.पी. के जवानों ने लाठियां बरसानी शुरू कर दीं, जिससे बहुत से व्यक्ति घायल हो गए। बिहार सरकार के एक मंत्री श्री हैदर अली को, जो प्रमुख

जे.पी. कभी जीप में बैठ जाते कभी पैदल चलने लगते। मैं जीप में खड़ा था तो मैंने उनसे कहा कि सम्भवतः पुलिस हमें आगे नहीं जाने देगी। जुलूस का अगला भाग पुलिस के पास पहुंच चुका था और अब सी.आर.पी. के जवानों ने बिना किसी चेतावनी के प्रदर्शनकारियों पर लाठी बरसानी प्रारम्भ कर दीं। मैंने देखा कि कई युवकों के सिर से लहू की धार बह रही थी।

सर्वोदय नेता भी हैं, सिर पर गहरा घाव लगा। पुलिस ने अश्रु गैस के गोले बरसाना बंद कर दिया था क्योंकि वे लौटकर उन्हीं पर जा पड़ रहे थे और लाठियां चलानी शुरू कर दी थीं। इसके बावजूद जुलूस की प्रगति नहीं रुकी। भीड़ के ऊपर गिद्धों के समान हैलीकाप्टर मंडरा रहे थे– मुझे आज तक पता नहीं चला कि वे किसके हैलीकाप्टर थे। जब हम सचिवालय को जाने वाली सड़क पर पहुंचे तो देखा कि पुलिस ने नाकेबंदी कर रखी है। अगली पंक्ति में पुलिस के जवान लाठियां लिए खड़े थे। उनके पीछे बंदूकें थीं और पास ही खड़ी की गई ट्रकों में भी लाठियां और बंदूक लिए पुलिस के जवान थे।

जे.पी. कभी जीप में बैठ जाते कभी पैदल चलने लगते। मैं जीप में खड़ा था तो मैंने उनसे कहा कि सम्भवतः पुलिस हमें आगे नहीं जाने देगी। जुलूस का अगला भाग पुलिस के पास पहुंच चुका था और अब सी.आर.पी. के जवानों ने बिना किसी चेतावनी के प्रदर्शनकारियों पर लाठी बरसानी प्रारम्भ कर दीं। मैंने देखा कि कई युवकों के सिर से लहू की धार बह रही थी। मुजफ्फरपुर का एक १७ वर्षीय युवक, नवल किशोर, एक ही लाठी खा कर गिर पड़ा। मैंने जे.पी. से कहा कि मैं इस प्रकार की अमानवीय मारपीट देखते हुए चुप नहीं रह सकता और आगे जा रहा हूं। लेकिन जे.पी. का कहना था कि वह स्वयं जाएंगे।

इतना कहते ही जे.पी. जीप से कूद पड़े और सी.आर.पी. के लंबे-तगड़े जवानों की भर्त्सना करने लगे कि क्यों वे निहत्थे युवकों को इतनी निर्दयता से पीट रहे हैं। "ठहरो" उन्होंने रोष भरे स्वर में कहा। और इतने में एक सी.आर.पी. जवान ने लाठी उठाकर जे.पी. के सिर पर निशाना लगाया। मुझे डर हुआ कि जे.पी. का वृद्ध शरीर इस प्रहार को सहन नहीं कर

पाएगा। मैं वहीं से कूदा और लाठी का प्रहार अपने बाएं हाथ पर लिया। जीप के ऊपर से कूदने के बाद मैं खड़ा नहीं रह सका और जे.पी. के ऊपर गिर पड़ा। सौभाग्य ही कहिए कि लाठी के सभी प्रहार मेरे ऊपर पड़े और जे.पी. को अधिक चोटें नहीं आई। केवल उनके पैरों में घाव लगा। मैं संभलकर उठ खड़ा हुआ, लेकिन मेरी बाई बांह बेकार हो गई थी। जे.पी. मूर्च्छितावस्था में दिखाई पड़ रहे थे। मैंने सामने खड़े अफसर को डांटकर पूछा कि क्या तुम लोग जे.पी. को मार डालना चाहते हो? उठाओ जे.पी. को और तुरंत पानी लाओ। पुलिस अधिकारी कुछ असमंजस में पड़ गया और कहने लगा: "आप कौन हैं इस प्रकार डांटने वाले?" मैंने कहा, "मैं नाना देखमुख हूं।" तो उसे बड़ा आश्चर्य हुआ, क्योंकि मुझे तो बिहार से निष्कासित कर दिया गया था। मैने उसे कहा कि यह बहस का समय नहीं है, जे.पी. के लिए तुरंत पानी लाओ।

इस आंदोलन में जनता का अदम्य उत्साह दर्शनीय था। युवक-युवतियों के सिरों से लहू की धारें फूट रही थीं, परन्तु वे जुलूस को छोड़ने के लिए तैयार नहीं थे। आधुनिक फैशन के बेल-बाटम पहने युवक-युवतियां जे.पी. के एक आह्वान से स्वतंत्रता सेनानी बन गए थे।

सड़क के किनारे पान-बीड़ी की एक दुकान थी जहां एक चारपाई पड़ी थी। पुलिस अधिकारी के सहारे से जे.पी. को उसपर लिटा दिया गया। उनके मुंह पर ठंडे पानी के छींटे दिए गए तो उनकी मूर्च्छा टूटी। परन्तु आधे घंटे बाद हम फिर सचिवालय की ओर चल दिए। मैंने देखा कि जे.पी. बहुत थक गए हैं। उनसे कहा कि आप पेड़ की छांव में बैठकर तनिक आराम करें। वहां जानकी बहन उत्साह भरे गीत गा रही थीं। जे.पी. विश्राम करने के लिए रुके तो पुलिस की गाड़ियां गिरफ्तार हुए प्रदर्शनकारियों से भर गई। जे.पी. और मुझे अलग-अलग ट्रकों में बैठाया गया। जे.पी. को तो उनके घर ले जाकर छोड़ दिया गया, लेकिन हजारों लोगों को आम के बाग में बांसों के घेरे में बंद कर दिया गया।

इस आंदोलन में जनता का अदम्य उत्साह दर्शनीय था। युवकों और युवतियों के सिरों से लहू की धारें फूट रही थीं, परन्तु वे मरहम-पट्टी करवाने के लिए भी जुलूस को छोड़ने के लिए तैयार नहीं थे। आधुनिक फैशन के बेल-बाटम पहने युवक-युवतियां जे.पी. के एक आह्वान से स्वतंत्रता सेनानी बन गए थे। जिन लोगों को घेरे में बंद कर दिया गया था उन्हें डॉक्टरी सहायता बड़ी देर में पहुंची और कई लोगों को तो सात-सात आठ-आठ टांके लगे। रात्रि के एक बजे मुझे अस्पताल ले जाया गया और मेरे हाथ पर पलस्तर चढ़ा दिया गया। अगले दिन प्रातः मुझे जेल वापस पहुंचा दिया गया।

पुलिस की इस बर्बरता के बावजूद किसी भी प्रदर्शनकारी ने एक भी पत्थर

पुलिस पर नहीं फेंका। वे हंसते-हंसते सारे अत्याचार झेलते रहे। जे.पी. ने गांधीजी के अहिंसक समाज के सपने को साकार कर दिया था।

इन बातों को देखकर जे.पी. गद्‌गद्‌ हो जाते थे। उन्हें पता था कि इन्दिरा गांधी संघ और जनसंघ पर जो आरोप लगाती हैं वे कितने निराधार और निस्सार हैं। श्रीमती गांधी ने आरोप लगाया था कि ये संगठन फासिस्टवादी हैं और जे.पी. इनके हाथ में खेल रहे हैं। जे.पी. दिल्ली में जनसंघ के अधिवेशन में आए थे और उन्होंने उसे संबोधित करते हुए कहा था: "जनसंघ के विरुद्ध जो आरोप लगाए गए हैं उनका कोई आधार नहीं। यदि ये लोग फासिस्ट हैं तो जे.पी. भी फासिस्ट हैं।"

२६ नवंबर, १९७४ को जे.पी. ने दिल्ली में बुद्धिजीवियों का एक सम्मेलन बुलाया। उसमें जम्मू तथा कश्मीर से लोकसभा के सदस्य श्री शमीम अहमद शमीम ने कहा: "इस आंदोलन और समग्र कान्ति के विचार से हमारी सहानुभूति है और हम इसमें भाग लेना चाहते हैं। परन्तु यदि आप संघ और जनसंघ का साथ देंगे तो भारतीय मुसलमानों की सहानुभूति खो बैठेंगे।" श्री अटल बिहारी वाजपेयी ने इसके उत्तर में कहा था कि उनका संगठन यह चाहता है कि जे.पी. ने तानाशाही के विरुद्ध जिस संघर्ष का सूत्रपात किया है वह सफल हो। यदि मुसलमान भाई इसे सफल बनाने के लिए इसमें आना चाहते हैं तो मेरा संगठन इसका परित्याग कर देगा। जे.पी. को श्री वाजपेयी की यह बात पसंद नहीं आई और बोले: "जो लोग इस आंदोलन में हैं उनका इससे संबंध-विच्छेद होने का कोई प्रश्न हीं नहीं है। बिहार में हजारों मुसलमान संघ और जनसंघ के सदस्यों के कंधे से कंधा मिलाकर इस आंदोलन में काम कर रहे हैं। उसी सहयोग का परिणाम है कि तीन से पांच अक्तूबर तक बिहार बंद सफल हुआ और ४ नवंबर को पटना में होने वाला प्रदर्शन भी सफल रहा।" जे.पी. की इस बात से उस समय वाद-विवाद ठंडा पड़ गया और समग्र क्रान्ति का आंदोलन सारे देश में फैलने लगा।

जे.पी. को वाजपेयी की बात पसंद नहीं आई और बोले: जो लोग इस आंदोलन में हैं उनका इससे संबंध-विच्छेद होने का कोई प्रश्न हीं नहीं है। बिहार में हजारों मुसलमान संघ और जनसंघ के सदस्यों के कंधे से कंधा मिलाकर इस आंदोलन में काम कर रहे हैं। उसी सहयोग का परिणाम है कि 3 से 5 अक्तूबर तक बिहार बंद सफल हुआ।

समग्र क्रान्ति के आंदोलन ने गुजरात में नव-निर्माण समिति के आंदोलन को सहारा दिया। वहां पर हिंसा की कई घटनाएं हुईं। दिल्ली में श्री मोरारजी देसाई भी गुजरात विधानसभा के भंग किए जाने की मांग को लेकर आमरण अनशन

प्रारम्भ कर चुके थे। जे.पी. को डर था कि कहीं इन्दिरा सरकार अपनी बात पर अड़ न जाए, क्योंकि उससे मोरारजी भाई का जीवन खतरे में पड़ सकता था। इसलिए वह सीधे दिल्ली आए। उन्होंने देश में स्थान-स्थान पर सभाएं करके सरकार पर जन-मानस का प्रभाव डालने की चेष्टा की। अनशन के कारण मोरारजी भाई का स्वास्थ्य गिरता जा रहा था और इन्दिरा गांधी को ऐसा लगा कि राज्य की विधानसभा को भंग न करना उन्हें महंगा पड़ेगा। उन्होंने विधानसभा के विघटन की घोषणा कर दी और साथ ही चुनावों की भी जो जून, १९७५ में होने थे। यह चुनाव जे.पी. आंदोलन के अंग के रूप में लड़ा गया और जनता मोर्चा नाम के मंच पर सभी राष्ट्रीय लोकतंत्रीय तत्व इकट्ठे हो गए।

संयोग की बात है कि १२ जून, १९७५ को गुजरात विधानसभा के चुनाव में जनता मोर्चे की विजय हुई और उसी दिन इलाहाबाद उच्च न्यायालय ने श्रीमती गांधी के विरुद्ध चुनाव याचिका का फैसला सुनाया। न्यायालय ने चुनाव में भ्रष्ट उपायों का व्यवहार करने पर उन्हें ६ वर्षों के लिए अयोग्य घोषित कर दिया और उनकी लोकसभा की सदस्यता समाप्त हो गई, क्योंकि उसका चुनाव अवैध घोषित कर दिया गया था। इस पर सारे देश में खुशी की लहर दौड़ गई। उच्च न्यायालय के न्यायाधीश ने जिस निर्भीकता का परिचय तत्कालीन प्रधानमंत्री के विरुद्ध निर्णय देने में दिया था वह सारे विश्व में उनके साहस और न्यायप्रियता का अपूर्व उदाहरण था।

इलाहाबाद उच्च न्यायालय ने श्रीमती गांधी के विरुद्ध चुनाव याचिका का फैसला सुनाया। न्यायालय ने चुनाव में भ्रष्ट उपायों का व्यवहार करने पर उन्हें 6 वर्षों के लिए अयोग्य घोषित कर दिया और उनकी लोकसभा की सदस्यता समाप्त हो गई, क्योंकि उसका चुनाव अवैध घोषित कर दिया गया था।

यह आशा की जाती थी कि श्रीमती गांधी पदत्याग कर देंगी और अपने स्थान पर कांग्रेस संसदीय दल के किसी और नेता के चुने जाने की व्यवस्था करेंगी। यह आशा इस कारण बंधी थी कि इससे पहले जब उनके मंत्रिमंडल के एक मंत्री डाक्टर चेन्ना रेड्डी को एक उच्च न्यायालय ने वैसे ही आधार पर अयोग्य घोषित कर दिया था तो श्रीमती गांधी ने कहा था कि वह सर्वोच्च न्यायालय में अपनी अपील दायर करने से पहले पदत्याग करें। डाक्टर चेन्ना रेड्डी की इच्छा थी कि सर्वोच्च न्यायालय की अपील का निर्णय होने तक वह मंत्री बने रहें, लेकिन श्रीमती गांधी ने इस बात को स्वीकार नहीं किया था। जिन लोगों को लोकतंत्र में विश्वास था उन्हें यह देखकर बड़ी निराशा हुई कि इन्दिरा गांधी ने भाड़े के लोगों को बुलवाकर उनसे यह मांग करवाई कि वह अपनी गद्दी पर बनी रहें।

इससे बिल्कुल स्पष्ट हो गया था कि वह गैर कानूनी ढंग से प्रधानमंत्री बनी रहना चाहती थीं। उस समय राष्ट्रपति फखरुद्दीन अली अहमद कश्मीर में थे।

भारतीय लोकदल की ओर से श्री पीलू मोदी, संगठन कांग्रेस के श्री श्यामनन्दन मिश्र और श्री दिग्विजय नारायण सिंह, श्री रवि राय और जनसंघ की ओर से मैंने राष्ट्रपति को तार भेजा जिसमें उनसे प्रार्थना की गई थी कि वह तुरंत दिल्ली लौट आएं और प्रधानमंत्री से पद त्याग करने के लिए कहें। १३ जून, १९७५ को तीसरे पहर तीन बजे से हम लोगों ने

श्रीमती गांधी इलाहाबाद उच्च न्यायालय के निर्णय के बावजूद अपने पद पर बनी रहना चाहती हैं और अब इसके सिवा कोई चारा नहीं रह गया था कि हम उनके असंवैधानिक, गैर कानूनी और अधिनायकवादी रवैये के विरोध में आंदोलन प्रारम्भ करें। हमने एकमत से निर्णय किया कि एक लोक संघर्ष समिति का गठन किया जाए। मोरारजी को एकमत से इसका अध्यक्ष चुन लिया गया।

राष्ट्रपति भवन के सामने धरना दिया। हमारी मांग यह थी कि श्रीमती गांधी त्यागपत्र दें। १६ जून को राष्ट्रपति दिल्ली लौट आए और हमारा प्रतिनिधिमंडल उनसे मिलने गया। उन्होंने हमारी बातें सुनीं, हमारी किसी भी दलील से असहमति प्रकट नहीं की, लेकिन इधर-उधर की बातें करते रहे। हमें ऐसा लगा कि वह इन्दिरा गांधी को पदत्याग करने के लिए नहीं कहेंगे।

जनसंघ की राष्ट्रीय कार्यकारिणी की बैठक माउंट आबू में हो रही थी और समाजवादी दल की कार्यकारिणी का अधिवेशन पुणे में। हमने संगठन कांग्रेस के अध्यक्ष, भारतीय लोकदल, समाजवादी दल और जनसंघ के अध्यक्ष को संदेश भेजे कि वे २० जून, १९७५ को इस गंभीर स्थिति पर विचार करने के लिए दिल्ली में अपनी-अपनी कार्यकारिणियों की संयुक्त बैठक बुलाएं। श्री मोरारजी देसाई को उस बैठक की अध्यक्षता करने के लिए चुना गया। यह बैठक चार दिन तक चलती रही। यह बात स्पष्ट हो गई थी कि श्रीमती गांधी इलाहाबाद उच्च न्यायालय के निर्णय के बावजूद अपने पद पर बनी रहना चाहती हैं और अब इसके सिवा कोई चारा नहीं रह गया था कि हम उनके असंवैधानिक, गैर कानूनी और अधिनायकवादी रवैये के विरोध में आंदोलन प्रारम्भ करें। हमने एकमत से निर्णय किया कि एक लोक संघर्ष समिति का गठन किया जाए। श्री मोरारजी देसाई को एकमत से इसका अध्यक्ष चुन लिया गया। श्री अशोक मेहता उसके कोषाध्यक्ष थे और मुझे समिति का महासचिव चुना गया। एक कार्यकारिणी का चुनाव किया गया जिसमें २५ सदस्य थे।

यह प्रश्न पूछा जा सकता है कि मेरे जैसा व्यक्ति जिसके संबंध राष्ट्रीय स्वयंसेवक संघ और जनसंघ के साथ रहे

हैं, किस प्रकार लोक संघर्ष समिति का महासचिव बनाया गया। इसका एक ही कारण मेरी समझ में आता है और वह यह कि जे.पी. के आंदोलन के दिनों में संघ और जनसंघ इसके अभिन्न अंग बन गए थे और मेरे लोक संघर्ष समिति के महासचिव चुने जाने पर किसी को कोई आपत्ति नहीं थी।

पहली सार्वजनिक सभा समिति की ओर से २५ जून को दिल्ली में की गई, जहां देशभर में २९ जून से आंदोलन प्रारम्भ करने के कार्यक्रम की घोषणा की गई। सभा में विशाल जनसमूह उपस्थित था। वहां पर मोरारजी भाई, स्वर्गीय जयप्रकाश नारायण और मैंने भाषण दिए।

उसी दिन रात्रि को–अर्थात् २५ जून, १९७५ की काली रात को–श्रीमती गांधी ने अपने मंत्रिमंडल से परामर्श किए बिना राष्ट्रपति से आपातकाल की घोषणा पर हस्ताक्षर करवा लिए। संविधान और कानून के विरुद्ध उनका यह दूसरा कदम था जिससे उनकी तानाशाही प्रवृत्तियों का पता चलता है। विरोधी दलों के जिन नेताओं ने जे.पी. का साथ दिया था उन्हें उसी रात देशभर में गिरफ्तार कर लिया गया। आश्चर्य तो इस बात का है कि श्रीमती गांधी के मंत्रिमंडल के सदस्यों को पता तक नहीं था कि क्या हो रहा है। उन्हें तो २६ जून को जाकर पता चला। और तो और, गृहमंत्री को भी, जिनके हाथ में कानून और व्यवस्था का विषय था, इन गिरफ्तारियों का कुछ पता नहीं था। इस प्रकार २५ जून, १९७५ की आधी रात को इन्दिरा सरकार ने विश्व के सबसे बड़े लोकतंत्र को समाप्त कर दिया और

25 जून, 1975 की काली रात को - श्रीमती गांधी ने अपने मंत्रिमंडल से परामर्श किए बिना राष्ट्रपति से आपातकाल की घोषणा पर हस्ताक्षर करवा लिए। संविधान और कानून के विरुद्ध उनका यह दूसरा कदम था जिससे उनकी तानाशाही प्रवृत्तियों का पता चलता है।

तानाशाही शासन का सूत्रपात हो गया।

मैं २५ जून की रात को ही भूमिगत हो गया था क्योंकि मुझे आने वाली घटनाओं की पता चल गया था। लोक संघर्ष समिति के सचिव के नाते मेरा कर्तव्य था कि विरोध की ज्वाला को प्रज्वलित रखूं। और मैंने इस बात का प्रबंध किया कि देशभर के केंद्रों में सभी को इस बात की सूचना दूं कि क्या हो रहा है। मैंने कार्यकर्ताओं से भी कहा कि अधिकाधिक संख्या में भूमिगत हो जाएं। राष्ट्रीय स्वयंसेवक संघ के सरकार्यवाह (महासचिव) श्री माधवराव मुले (जिनका अब देहान्त हो चुका है) को भी उसी रात दस बजे पता चल गया था कि आपातकाल की घोषणा होने वाली है। और वह भी भूमिगत हो गए थे।

मैंने अपना घर छोड़ दिया था और किसी अन्य स्थान पर रहने की व्यवस्था कर ली थी। परन्तु पुलिस की नजरों से

छिपकर बैठे रहना ही काफी नहीं था। सबसे बड़ी आवश्यकता इस बात की थी कि जो नेता और कार्यकर्ता अभी तक स्वतंत्र थे उन्हें समिति के कार्यक्रम से अवगत कराया जाए। दिल्ली में इस काम के लिए संगठन का ढांचा तैयार करना भी आवश्यक था। नियमित रूप से आवश्यक साहित्य के प्रकाशन का प्रबंध भी करना था। हमें दृढ़ प्रतिज्ञ, लगन वाले और साहसी युवकों की आवश्यकता थी जो समिति का काम चला सकें। इस काम के लिए आगे आए राष्ट्रीय स्वयंसेवक संघ के स्वयंसेवक। उन्होंने बड़े उत्साह से यह कार्य प्रारम्भ किया। इस काम की देखभाल करने वाले थे सर्वश्री रवीन्द्र वर्मा, सुरेंद्र मोहन, राधाकृष्ण, मदन लाल खुराना, सुन्दर सिंह भंडारी, दत्तोपन्त ठेंगड़ी और सुब्रह्मण्यम स्वामी। आप देखेंगे कि इनमें से आधे से अधिक संघ और जनसंघ के कार्यकर्ता थे।

जो नेता और कार्यकर्ता अभी तक स्वतंत्र थे उन्हें समिति के कार्यक्रम से अवगत कराया जाए। दिल्ली में इस काम के लिए संगठन का ढांचा तैयार करना भी आवश्यक था। नियमित रूप से आवश्यक साहित्य के प्रकाशन का प्रबंध भी करना था। हमें दृढ़ प्रतिज्ञ, लगन वाले और साहसी युवकों की आवश्यकता थी।

मेरी समस्या यह थी कि कभी एक स्थान पर न टिकता और कभी कहीं तो कभी कहीं घूमता रहता। श्री सुब्रह्मण्यम स्वामी सिख ड्राइवर का भेष बदल कर बड़े साहस, योग्यता और तत्परता से मुझे एक स्थान से दूसरे स्थान तक ले जाते रहे। दूसरी थीं डॉक्टर रागिनी जैन, जिन्होंने १७ जून को एक सुन्दर बालिका को जन्म दिया था। अपनी सात दिन की बच्ची को अपनी माताजी के पास छोड़कर वह मुझे सवेरे पांच बजे से रात के बारह बजे तक कार में लिए घूमती थीं। वह डॉक्टर के भेष में होती थीं और मैं उनका शोफर बन कर एक स्थान से दूसरे स्थान पर जाता था और कार्यकर्ताओं को बताता था कि उन्हें क्या करना है। एक बार मैंने डॉक्टर रागिनी जैन से कहा कि मां बनने से लगभग तुरंत बाद ही इस प्रकार दिन भर गाड़ी में बैठे रहने से तुम्हारा स्वास्थ्य बिगड़ जाएगा, तो वह बोलीं: ''मैं स्वयं डॉक्टर हूं, नानाजी, और जानती हूं कि क्या चीज मेरे स्वास्थ्य के लिए अच्छी है।'' मैं इस बात के लिए ईश्वर को धन्यवाद देता हूं कि इतने कठोर परिश्रम के बावजूद स्वास्थ्य बना रहा। मेरी गिरफ्तारी के बाद भी रागिनी जी ने १९७७ के चुनाव तक अपना काम जारी रखा।

सरकार ने दमन के जितने भी काम किए उनके बावजूद विरोधी बना रहा। संघ के छोटे-छोटे स्वयंसेवक कई बार परचे बांटते हुए पकड़े जाते थे और उन्हें जेलों में अकथनीय यातनाएं दी जाती थीं। बरेली में पुलिस ने चार ऐसे युवकों को पकड़ा जो परचे बांट रहे थे। बर्बरतापूर्वक

> **जे.पी. का समग्र क्रान्ति आंदोलन विदेशों में भी फैल गया। विदेशी अखबारों में बड़े-बड़े विज्ञापन छपे, जिनमें बताया जाता था कि तानाशाही शासन भारत की जनता पर कैसे अत्याचार कर रहा है। रेडियो और दूरदर्शन जैसे साधनों का उपयोग भी इस उद्देश्य के लिए विदेशों में किया गया और आपातस्थिति का घोर विरोध होने लगा।**

उनके नाखून नोच लिए गए, लेकिन उनके मुंह से एक भी शब्द नहीं निकला जिससे पुलिस को पता चल सके कि परचे कहां से छपते हैं और कौन उन्हें छापता है। यदि इस प्रकार के निर्भीक और साहसी स्वयंसेवक इस संगठन की रीढ़ की हड्डी न होते तो संघर्ष को अधिक दिनों तक जारी रखना कभी सम्भव न हो पाता।

विदेशों में भी इस प्रकार के तानाशाही तंत्र के विरोध में संघर्ष करना आवश्यक था जिससे कि संसार को पता चले कि भारत की जनता के साथ सरकार का व्यवहार कैसा अमानवीय है। इस संघर्ष में बी.बी.सी. के श्री रत्नाकर भारती सबसे आगे थे। परन्तु इतना ही काफी नहीं था। मुझे मालूम है कि संघ के कार्यकर्ता संसार के ५० या ६० देशों में सक्रिय थे। मैंने संघ के सरकार्यवाह श्री माधवराव मूले से बात की और यह निर्णय किया गया कि श्री सुब्रह्मण्यम स्वामी की पत्नी श्रीमती रुखसाना स्वामी को आवश्यक सहायता देकर विदेश भेजा जाए। वह आपातकाल के प्रारम्भिक दिनों में ही देश से बाहर चली गई थीं और उन्होंने बड़े साहस और कल्पना-शक्ति से काम लेकर विदेशों में प्रचार कार्य किया।

जे.पी. का समग्र क्रान्ति आंदोलन विदेशों में भी फैल गया। आपातस्थिति का विरोध बढ़ने लगा। विदेशी अखबारों में बड़े-बड़े विज्ञापन छपे, जिनमें बताया जाता था कि तानाशाही शासन भारत की जनता पर कैसे अत्याचार कर रहा है। रेडियो और दूरदर्शन जैसे साधनों का उपयोग भी इस उद्देश्य के लिए विदेशों में किया गया और आपातस्थिति का घोर विरोध होने लगा। बाद में बहुत से व्यक्ति विदेशों में गए और उन्होंने श्रीमती गांधी की तानाशाही प्रवृत्तियों का प्रचार किया। जब उनके पापों और कुकर्मों का प्रचार हुआ तो वह और भी क्रुद्ध हो उठीं।

राष्ट्रीय स्वयंसेवक संघ और जनसंघ ने देश में और विदेशों में इस आंदोलन के प्रचार में जो योगदान किया वह बड़ा महत्वपूर्ण था।

भूमिगत आंदोलन में संघ और जनसंघ की भूमिका की चर्चा करते हुए लंदन की पत्रिका 'इकानामिस्ट' ने लिखा-

इन्दिरा गांधी के विरुद्ध भूमिगत आंदोलन एकमात्र आंदोलन है जो वामपंथी नहीं, परन्तु क्रांन्ति में विश्वास रखता है। लेकिन न खून-खराबा चाहता है और न वर्गसंघर्ष। इसे तो दक्षिणपंथी कहा जा सकता है क्योंकि इसमें प्राधान्य

हिन्दू साम्प्रदायवादी दल जनसंघ का है या "सांस्कृतिक" दल रा. स्व. संघ (जिसे अर्द्धसैनिक भी कहा जाता है) का। परन्तु इसका एक ही मंच है और वह यह कि भारत में फिर से लोकतंत्र की स्थापना हो।

इस आंदोलन के सेनानी तो हजारों

राष्ट्रीय स्वयंसेवक संघ के स्वयंसेवकों ने, जो जेलों में पड़े थे, जिस साहस और वीरता का परिचय दिया उसके कई ज्वलंत उदाहरण मौजूद है। उनमें से बहुत से रुग्ण हो गए और कुछ यह समझते थे कि शायद वह बचेंगे नहीं, लेकिन किसी ने भी अपनी प्राणरक्षा के लिए पैरोल पर बाहर आना स्वीकार नहीं किया और कहा कि हम तानाशाही समाप्त करना चाहते थे और तभी जेल से जाएंगे जब हमारा उद्देश्य पूरा हो जाएगा।

अनुशासनबद्ध कार्यकर्ता है जो गांवों तक चार-चार को टोलियों में संगठित हैं। उनमें से अधिकतर संघ के स्वयंसेवक हैं। जो अन्य विरोधी दल इस आंदोलन में आए थे, उन्होंने, विशेषतया रेलवे मजदूरों के समाजवादी नेता जार्ज फर्नांडिस की गिरफ्तारी के बाद, इस आंदोलन में सक्रिय भाग लेने का काम संघ और जनसंघ के कंधों पर डाल दिया है।

संघ के जो हजारों कार्यकर्ता देशभर में घूम रहे हैं-किसी भी समय इस प्रकार के लोगों की संख्या कई हजार से कम नहीं होती-उनका मुख्य काम श्रीमती गांधी के विरुद्ध प्रचार करना है। एक बार लोगों का मन तैयार हो गया और उनमें राजनीतिक जागृति आ गई तो क्रांति की अग्नि दावानल के समान भड़का उठेगी-नेताओं का तर्क तो यही है। - सत्यवाणी, २६ जनवरी, १९७७ से उद्धृत स्वराज्य, लंदन के एक अंक में इसी बात की पुष्टि की गई:

कहने को भूमिगत आंदोलन में चार राजनीतिक दल-जनसंघ, समाजवादी, भालोद औ कांग्रेस से आए समूह हैं। ...परन्तु वास्तव में संघर्ष करने वाले मुख्यतया जनसंघ और उसके सहयोगी सगंठन (जिस पर प्रतिबंध है) रा. स्व. से. संघ के सदस्य हैं। संघ के सदस्यों की संख्या एक करोड़ है और लगभग ८०,००० सदस्य, जिनमें ६००० प्रचारक हैं, जेलों में हैं।

राष्ट्रीय स्वयंसेवक संघ के स्वयंसेवकों ने, जो जेलों में पड़े थे, जिस साहस और वीरता का परिचय दिया उसके कई ज्वलंत उदाहरण मौजूद है। उनमें से बहुत से रुग्ण हो गए और कुछ यह समझते थे कि शायद वह बचेंगे नहीं, लेकिन किसी ने भी अपनी प्राणरक्षा के लिए पैरोल पर बाहर आना स्वीकार नहीं किया। उनका कहना यह था कि श्रीमती गांधी ने सारे देश को जेल बना रखा है, तो जब तक वह गद्दी पर बैठी हैं जेल में रहना या जेल से बाहर रहना एक ही बात है। उनका कहना था कि हम अपने इस 'अपराध' के कारण जेल आए हैं कि

हम तानाशाही समाप्त करना चाहते थे और तभी जेल से जाएंगे जब हमारा उद्देश्य पूरा हो जाएगा। संघ के कार्यकर्ताओं के इस आदर्शवाद ने जेलों में भी संघर्ष को सुदृढ़ किया। समाज के लिए आशा की किरण दिखाई और नेताओं को भी रास्ता दिखाया।

पंजाब में अकाली दल ने आपातकाल के प्रारम्भ से ही सत्याग्रह प्रारम्भ कर दिया था जो लगातार चलता रहा। परन्तु देश के अन्य भागों में तानाशाही के विरुद्ध संघर्ष के लिए केवल प्रचार के माध्यम से जनता का उत्साह बनाए रखना सम्भव नहीं था। इसलिए यह निर्णय किया गया कि सत्याग्रह का सूत्रपात किया जाए। राष्ट्रीय स्वयंसेवक संघ और कई राजनीतिक दलों के कार्यकर्ता इस काम के लिए आगे आए, परन्तु सत्याग्रह का मुख्य उत्तरदायित्व संघ के कन्धों पर आ पड़ा था और उसने बड़ी प्रसन्नता से इसका निर्वहन किया। आंदोलन जन-आंदोलन बन चुका था और इस सत्याग्रह में कई समूचे परिवारों ने भाग लिया। महिलाएं अपने पतियों, पुत्रों और भाइयों के साथ जेल गईं।

सत्याग्रह में किस पार्टी के कितने लोगों ने भाग लिया, इसका सही रिकार्ड उपलब्ध नहीं है। परन्तु मोटे तौर पर ये संख्याएं इस प्रकार है। भालोद की ओर से सात जत्थों में सत्याग्रहियों ने भाग लिया और पहले जत्थे में ४७ व्यक्ति तथा शेष में २५ या इससे कम लोग थे। समाजवादियों की ओर से १५० से २०० तक लोगों ने सत्याग्रह किया। हां, जार्ज फर्नांडिस अलग से बड़ौदा डायनामाइट षड्यंत्र के नाम से विख्यात षड्यंत्र की योजना कर रहे थे। सी.पी.आई.(एम) ने आरम्भ में २५००० सत्याग्रही भेजने का वादा किया था, परन्तु वे हजार भी नहीं भेज सके। जेल में जब कभी उनके नेताओं के साथ इस तरह की बात होती तो वे यही कहते कि हमारे सब लोग तो पहले ही पकड़े जा चुके हैं। कहा जाता है कि श्री ए.के. गोपालन ने ज्यादा लोग न भेज पाने की अपनी असमर्थता पर खेद भी व्यक्त किया था। पंजाब में अकाली दल अन्त तक सत्याग्रह करता रहा।

सत्याग्रहियों की कुल संख्या डेढ़ लाख के लगभग रही। इसमें लगभग एक लाख ३६ हजार संघ तथा जनसंघ के थे। सात हजार के लगभग महिलाएं थीं, जिनमें से अधिकांश महाराष्ट्र तथा कर्नाटक से सत्याग्रही बनीं थीं। दिल्ली से १५०-२०० महिलाएं गईं। अन्य दलों से महिलाएं नाम मात्र को ही थीं।

राष्ट्रीय स्वयंसेवक संघ और कई राजनीतिक दलों के कार्यकर्ता आगे आए, परन्तु सत्याग्रह का मुख्य उत्तरदायित्व संघ के कन्धों पर आ पड़ा था और उसने बड़ी प्रसन्नता से इसका निर्वहन किया। आंदोलन जन-आंदोलन बन चुका था और इस सत्याग्रह में कई समूचे परिवारों ने भाग लिया। महिलाएं अपने पतियों, पुत्रों और भाइयों के साथ जेल गईं।

इस काल की एक मनोरंजक घटना सर्वोदय कार्यकर्ताओं की सहायता से संघ के एक कार्यकर्ता द्वारा विनोबा जी के आपातस्थिति संबंधी विचारों को प्रभावित करने की है-जिनका उन दिनों बहुत ज्यादा महत्व हो गया था। बजरंगलाल गुप्त नामक एक कार्यकर्ता सर्वोदय नेता का वेश पहनकर पवनार गया और उसने चतुराई से विनोबा जी को आपातस्थिति के विरोध में बोलने को प्रेरित किया। आचार्य सम्मेलन

तानाशाही तंत्र में ऐसा लगता है कि प्रशासन सुचारु रूप से चल रहा है। धनी लोग चाटुकारिता से सरकार और उसके अधिकारियों के प्रिय रहते हैं। कई बार ऐसा लगता है कि गाड़ियां समय से चल रही हैं, सरकारी कर्मचारी समय पर अपने कार्यालयों में पहुंच रहे हैं, परन्तु जनसाधारण की दशा में कोई सुधार नहीं होता। जेलों में जो कार्यकर्ता थे उनमें से अधिकतर मध्यवर्ग के थे।

को भी संघ ने प्रभावित करने का प्रयत्न किया, जिसमें एक बड़े संघ नेता श्री बापूराव मोधे ने क्रियात्मक रूप से भाग लिया। यह सम्पूर्ण घटना हरियाणा के रा. स्व. संघ द्वारा अधिकृत रूप से एक पुस्तक में प्रकाशित की गई है।

(देखें : परिशिष्ट)

तानाशाही तंत्र में ऐसा लगता है कि प्रशासन सुचारु रूप से चल रहा है। धनी लोग चाटुकारिता से सरकार और उसके अधिकारियों के प्रिय बने रहते हैं। कई बार ऐसा लगता है कि गाड़ियां समय से चल रही हैं, सरकारी कर्मचारी समय पर अपने कार्यालयों में पहुंच रहे हैं, परन्तु जनसाधारण की दशा में कोई सुधार नहीं होता। जेलों में जो कार्यकर्ता थे उनमें से अधिकतर मध्यवर्ग के थे। उनके संबंधी उनसे मिलने जेलों में जाते थे तो पुलिस के सिपाहियों को प्रत्येक मुलाकात के लिए बीस या पच्चीस रुपए घूस के रूप में देने पर विवश हो जाते थे। पुलिस का साधारण सिपाही भी किसी के घर में जाता था और उससे कहता था कि तुम्हारा वारंट निकल चुका है और तुम्हें आधी रात को गिरफ्तार कर लिया जाएगा। इस पर वह व्यक्ति डर जाता था और घूस देकर अपना पिंड छुड़ाता था। पुलिस के कर्मचारियों के विरुद्ध कौन शिकायत करता? और करता भी तो सुनता कौन? पुलिस का प्रत्येक अधिकारी और सिपाही अपने इलाके का राजा था। घूस की दरें दुगुनी से भी अधिक हो गई थीं। नसबंदी के अभियान में विभिन्न सरकारी विभागों के कर्मचारियों ने खूब पैसा बनाया था। पुलिस के कुछ सिपाही और सरकार के मुट्ठी भर कर्मचारी ईमानदार रह गए थे और उन्होंने लोगों को परेशान नहीं किया या उनसे पैसा नहीं लूटा। न्यायालयों से न्याय पाने की संभावना भी समाप्त हो गई थी। जिनके पास धन था या शारीरिक शक्ति थी, उन्हीं का राज स्थापित हो गया था। जनसाधारण ने आशा छोड़ दी थी

और मूक रहकर दु:ख झेल रहे थे।

जिन लोगों को आंसुका या भारत सुरक्षा कानून के अंतर्गत केवल इस कारण जेल में डाल दिया गया था कि सरकार उन्हें पसंद नहीं करती थी, उनके रिहा होने की कोई आशा नहीं रही थी। ऐसे असंख्य लोग थे, जिन परिवारों के कमाने वाले जेलों में थे उनके सामने भुखमरी मुंह बाए खड़ी थी। ऐसे परिवारों से जाकर मिलना, उन्हें सान्त्वना देना और उनके लिए इकट्ठे किए गए धन में से कुछ सहायता देने का काम भी संघ और कार्यकर्ताओं के कंधों पर आ पड़ा था। संघ के जो कार्यकर्ता पुलिस की नजरों से बच गए थे वह बिना किसी के कहे स्वत: प्रेरणा से यह काम आपातकाल की सारी अवधि में करते रहे। विपत्ति में पड़े लोगों की सहायता करते समय संघ के कार्यकर्ताओं ने कभी इस आधार पर भेदभाव नहीं किया कि कौन व्यक्ति संघ से सहानुभूति रखते हैं और कौन नहीं? वे बिना किसी राजनीतिक या सामजिक भेदभाव के जनता की सेवा करते रहे।

संघ के जो कार्यकर्ता पुलिस की नजरों से बच गए थे वह बिना किसी के कहे स्वतः प्रेरणा से यह काम आपातकाल की सारी अवधि में करते रहे। विपत्ति में पड़े लोगों की सहायता करते समय संघ के कार्यकर्ताओं ने कभी इस आधार पर भेदभाव नहीं किया कि कौन व्यक्ति संघ से सहानुभूति रखते हैं और कौन नहीं?

जो वकील संघ के स्वयंसेवक थे वे गिरफ्तार लोगों की सहायता करते थे और उन लोगों की भी, जिनके विरुद्ध सरकार कार्रवाई करती थी। इस संदर्भ में सर्वोच्च न्यायालय के एक युवा एडवोकेट श्री घटाटे का नाम विशेष रूप से उल्लेखनीय है। वह बाल्यावस्था से ही संघ से संबद्ध रहे हैं। वह कानून में डॉक्टरेट की उपाधि प्राप्त करने के बाद सर्वोच्च न्यायालय में वकालत करते हैं। उन्होंने बिना किसी राजनीतिक भेदभाव के उन व्यक्तियों की सहायता की जो आंसुका के अन्तर्गत पकड़े गए थे। श्री घटाटे ने मार्क्सवादी कम्युनिस्ट पार्टी के कुछ बन्दियों का मुकदमा बिना फीस के लड़ा, जिसकी गवाही स्वयं श्री ज्योति बसु देंगे। वह अपने खर्च पर श्री मधु लिमये से मिलने गए जो उन दिनों मध्य प्रदेश की एक जेल में थे। श्री घटाटे संघ के उन हजारों वकीलों में से एक हैं जिन्होंने अपने-अपने जिलों और नगरों में उन लोगों की सहायता की जो आपातस्थिति के शिकार हुए थे। ऐसा करते समय उन्होंने न तो कभी राजनीतिक दल का ध्यान रखा और न धर्म का।

विभिन्न धर्मों के माननेवाले और विभिन्न राजनीतिक दलों के सदस्य काफी दिनों तक जेलों में इकट्ठे रहे। अपने साथी बंदियों से सहयोग करने में संघ के सदस्य किसी से पीछे नहीं रहे, बल्कि उन्होंने तो बन्दियों को एक बहुत बड़े परिवार का रूप दे दिया था। □

6 भारत की राजनीति में जनसंघ

जब भारत स्वतंत्र हुआ तो प्रमुख राजनीतिक दल भारतीय राष्ट्रीय कांग्रेस था जो देश के मुक्ति आंदोलन में सबसे आगे रहा था। आजादी के बाद कांग्रेस सत्तारुढ़ हुई और अगले तीस वर्षों तक उसका शासन चला। यह संस्था राजनीतिक क्षितिज पर इतनी अधिक छाई हुई थी कि किसी भी विरोधी दल की सदस्य संख्या लोकसभा में इतनी अधिक नहीं हुई–कुल सदस्य संख्या का दस प्रतिशत भी नहीं- कि वह नियमानुसार विरोधी दल घोषित किया जा सके। एक ही दल और एक ही परिवार तीस वर्षों तक भारत पर शासन करता रहा। भारत कहने को लोकतंत्र था, परन्तु वास्तव में लोकतंत्र का उपहासमात्र था।

यह कहना अतिशयोक्तिपूर्ण न होगा कि स्वतंत्रता प्राप्ति के बाद सत्तालिप्सा भारत की राजनीति की विशेषता बन गई। जो समाजवादी कांग्रेस में थे उन्होंने १९४८ में नासिक में हुए अपने सम्मेलन में एकमत से यह निर्णय किया कि "कांग्रेस समाजवादी नीतियां नहीं अपना सकती और समाजवादियों के सामने इसके सिवाय और कोई विकल्प नहीं रह गया है कि वे कांग्रेस से बाहर आ जाएं और एक अलग दल बना लें।" अपने इस संकल्प के अनुसार उन्होंने भारतीय समाजवादी दल की स्थापना की। परन्तु आश्चर्य की बात है–या भारत की परिस्थितियों को देखते हुए शायद वह आश्चर्य की बात यह नहीं है- कि इसमें केवल वही समाजवादी आए जिन्हें सत्ता में हिस्सा नहीं मिला था। समाजवादी १९३४ से कांग्रेस के साथ मिल–जुल कर काम कर रहे थे, परन्तु जो बड़े–बड़े नेता सरकार में आ गए थे वे वहीं पर बने रहे और नव–संगठित समाजवादी दल में सम्मिलित नहीं हुए। धीरे–धीरे भारतीय

राजनीति की प्रमुख दुर्बलता यह हो गई कि लोग सत्तारूढ़ पक्ष का साथ देने लगे। यही प्रवृत्ति थी जिसने राजनीति में अवसरवादिता को जन्म दिया।

भारतीय राजनीति की एक दुर्बलता, जिसके लिए वह कुख्यात है, यह रही है कि यह व्यक्तिनिष्ठ राजनीति बन गई। राजनीति में शालीनता के लिए कोई स्थान न रहा। नेहरू के समय में जो लोग उनसे सहमत नहीं होते थे उनके लिए कांग्रेस में रहते हुए अपने आत्म-सम्मान को बनाए रखना असम्भव हो गया था। इसकी कारण श्री पुरुषोत्तमदास टंडन को कांग्रेस की अध्यक्षता से त्यागपत्र देना पड़ा। आचार्य कृपलानी के लिए भी आत्मसम्मान सहित कांग्रेस में रहना दूभर हो गया। १९५१ में उन्होंने एक नया राजनीतिक दल बनाया जिसका नाम 'किसान मजदूर प्रजा पार्टी' रखा गया और जिसकी विचाराधारा गांधीवादी थी। परन्तु इसमें वे कोई कांग्रेसजन सम्मिलित नहीं हुए जो गांधीवादी थे। जो व्यक्ति सत्तारूढ़ थे वे अपने पदों पर बने रहे। १९५२ के सामान्य निर्वाचन से पहले समाजवादियों के दो समूह स्वतंत्र दलों के रूप में राजनीतिक क्षितिज पर उभरे। उनमें से एक वह समाजवादी दल था जिसमें आचार्य नरेंद्रदेव, डा. राममनोहर लोहिया और बाबू जयप्रकाश नारायण थे और दूसरा आचार्य कृपलानी का दल 'किसान मजदूर प्रजा पार्टी' था।

रूस के इशारों पर चलने वाली और उससे समर्थन प्राप्त करने वाली कम्युनिस्ट पार्टी का अस्तित्व तो था ही, लेकिन उसके साथ हिन्दू महासभा भी थी जो केवल नाममात्र को थी। इसी प्रकार मुस्लिम लीग भी थी जिसका अस्तित्व सिवाय केरल के नगण्य ही था। भारत के विभाजन में हिन्दू महासभा और मुस्लिम लीग का महत्वपूर्ण योगदान रहा था, परन्तु पाकिस्तान बनने के बाद दोनों दल मृतप्राय हो गए थे। जो मुसलमान नेता पाकिस्तान नहीं गए वे धीरे-धीरे कांग्रेस में जा मिले।

रूस के इशारों पर चलने वाली और उससे समर्थन प्राप्त करने वाली कम्युनिस्ट पार्टी का अस्तित्व तो था ही, लेकिन उसके साथ हिन्दू महासभा भी थी जो केवल नाममात्र को थी। इसी प्रकार मुस्लिम लीग भी थी जिसका अस्तित्व सिवाय केरल के नगण्य ही था। भारत के विभाजन में हिन्दू महासभा और मुस्लिम लीग का महत्वपूर्ण योगदान रहा था।

हिन्दू महासभा के प्रतिभाशाली नेता डा. श्यामाप्रसाद मुखर्जी को महात्मा गांधी, पंडित नेहरू और सरकार पटेल ने इस बात के लिए तैयार कर लिया था कि वे केंद्रीय मंत्रिमंडल में आ जाएं, यद्यपि वे कांग्रेस में सम्मिलित नहीं हुए थे। स्वतंत्रता के प्रथम दो वर्षों में भारत का जो संविधान बनाया गया उसमें यह व्यवस्था की गई थी कि जाति, धर्म, लिंग,

भाषा और क्षेत्र का विभेद किए बिना सभी भारतीय नागरिकों को समान अधिकार दिए जाएंगे। वयस्क मताधिकार की व्यवस्था करके संविधान ने भारत को संसार के लोकतंत्रात्मक देशों की श्रेणी में ला खड़ा किया था।

हिन्दू महासभा में रहते हुए डॉ. श्यामाप्रसाद मुखर्जी केंद्रीय मंत्रिमंडल के सदस्य बने। उन पर कभी किसी ने सम्प्रदायवादी होने का आरोप नहीं लगाया। परन्तु जब उन्होंने हिंदू महासभा के सामने यह प्रस्ताव रखा कि संविधान में सभी नागरिकों को समान अधिकारों की व्यवस्था की गई है, इसलिए किसी भी राजनीतिक दल में धर्म के आधार पर कोई भेदभाव नहीं बरता जा सकता और हिन्दू महासभा को सभी धर्मों के मानने वाले नागरिकों को अपना सदस्य बनाना चाहिए, तो उनका प्रस्ताव ठुकरा दिया गया। इस पर उन्हें हिन्दू महासभा से अपना संबंध विच्छेद करने पर विवश होना पड़ा। यह १९५० की बात है।

उसी वर्ष उन्होंने पंडित नेहरू के साथ मतभेद होने के कारण केंद्रीय मंत्रिमंडल से पदत्याग कर दिया। उन्होंने देखा कि वह उस समय के किसी भी राजनीतिक दल को पसंद नहीं कर सकते, क्योंकि उनमें से किसी की भी नीतियां, देश का परम्पराओं, उसके मानस और आवश्यकताओं के अनुसार नहीं हैं और न समय की मांग पूरी कर सकती है। इसलिए उन्होंने एक नए दल का संगठन किया। उन्होंने सारे देश का भ्रमण किया, परिस्थितियों का अध्ययन किया और सभी विचारों के लोगों से विचार-विमर्श किया। इसी संबंध में उन्होंने राष्ट्रीय स्वयंसेवक संघ के सरसंघचालक श्री गोलवलकर से भी बातचीत की। श्री गोलवलकर से बातचीत में उन्होंने देखा कि गोलवलकर जी भी उनके इस विचार से सहमत हैं कि राजनीतिक दलों को सभी धर्मों के मानने वालों के लिए अपने द्वारा खोल देने चाहिए। श्री गोलवलकर इस बात से भी सहमत थे कि हिन्दू महासभा के विचार न तो समयानुकूल हैं और न ही देश के संविधान से मेल खाते हैं, जो उसी वर्ष लागू किया गया था।

डा. मुखर्जी ने श्री गोलवलकर से कहा कि राष्ट्रीय स्वयंसेवक संघ राजनीति में आ जाए। परन्तु श्री गोलवलकर अपने संगठन को राजनीतिक दल के रूप में परिवर्तित करने के लिए तैयार नहीं हुए, क्योंकि राजनीति संघ का कार्यक्षेत्र नहीं है। उनका कहना था कि संघ को सत्ता की राजनीति से परे रहना चाहिए क्योंकि उन अनेक क्षेत्रों में निष्ठापूर्वक काम करने

डा. मुखर्जी ने श्री गोलवलकर से कहा कि राष्ट्रीय स्वयंसेवक संघ राजनीति में आ जाए। परन्तु श्री गोलवलकर अपने संगठन को राजनीतिक दल के रूप में परिवर्तित करने के लिए तैयार नहीं हुए, क्योंकि राजनीति संघ का कार्यक्षेत्र नहीं है। उनका कहना था कि संघ को सत्ता की राजनीति से परे रहना चाहिए।

की आवश्यकता है जिनका प्रत्यक्ष रूप से राजनीति से कोई संबंध नहीं। इस प्रकार का कार्य सामाजिक दृष्टि से अनिवार्य है। डा. मुखर्जी का विचार था कि राजनीति में आदर्शवादी और निष्ठा वाले कार्यकर्ताओं की आवश्यकता है और ऐसे कार्यकर्ताओं के बिना नया दल बनाने का कोई अर्थ नहीं है। उनका कहना था कि ऐसे व्यक्तियों के अभाव में नया संगठन कैसे बन सकता है? इसी कारण उन्होंने श्री गोलवलकर और उनके संगठन

श्री गोलवलकर ने डा. मुखर्जी से कहा कि संघ के कार्यकर्ता अपनी व्यक्तिगत हैसियत से राजनीति में हो, उनकी सेवाओं से डा. मुखर्जी चाहें तो लाभ उठा सकते हैं। श्री गोलवलकर ने डा. मुखर्जी को राय दी कि वह संघ के जिन कार्यकर्ताओं की सहायता नए दल के संगठन के लिए उचित समझें, ले सकते हैं।

राष्ट्रीय स्वयंसेवक संघ से सहयोग देने के लिए कहा। श्री गोलवलकर ने डा. मुखर्जी से कहा कि संघ के कार्यकर्ता अपनी व्यक्तिगत हैसियत से राजनीति में हो, उनकी सेवाओं से डा. मुखर्जी चाहें तो लाभ उठा सकते हैं। श्री गोलवलकर ने डा. मुखर्जी को राय दी कि वह संघ के जिन कार्यकर्ताओं की सहायता नए दल के संगठन के लिए उचित समझें, ले सकते हैं। डा. मुखर्जी ने संघ के बहुत-से कार्यकर्ताओं को, जो देश के विभिन्न भागों में कार्य कर रहे थे, नए दल के संगठन के लिए चुना। मैं उनमें से एक था।

१९५१ में डा. मुखर्जी ने पूर्व बंगाल, दिल्ली, पंजाब, उत्तर प्रदेश और कई अन्य राज्यों में कार्य आरम्भ किया। नए दल का पहला अखिल भारतीय अधिवेशन २१ अक्तूबर, १९५१ को दिल्ली में हुआ, जहां पर उसका नाम जन संघ रखा गया और डा. मुखर्जी सर्वसम्मति से उसके पहले अध्यक्ष चुने गए। नए संविधान के अन्तर्गत तो पहली बार चुनाव हुए तो कांग्रेस, साम्यवादी दल, समाजवादी दल और किसान मजदूर प्रजा पार्टी के साथ-साथ भारतीय जनसंघ ने भी चुनाव लड़ा।

जिन समाजवादियों और अन्य व्यक्तियों ने किसान मजदूर प्रजा पार्टी का संगठन किया था वे यह समझते थे कि वे लोगों में अत्यंत लोकप्रिय है क्योंकि वे ख्यातिप्राप्त नेता थे। उनका विचार था कि वे कांग्रेस को अपदस्थ कर पाएंगे। परन्तु चुनाव के परिणाम आए तो उनकी आशाओं पर तुषारपात हो गया। लोकसभा और विधानसभाओं के चुनाव में उनकी सफलता अत्यन्त निराशाजनक थी और उन्होंने यह देखा कि वे अपनी नई पहचान बनाए रखने में सफल नहीं होंगे। अब उन्होंने मिलकर एक नया दल प्रजा सोशलिस्ट पार्टी के नाम से बना लिया। जिसमें समाजवादी और गांधीवादी दोनों विचारों के राजनीतिक कार्यकर्ता थे।

परन्तु इन दोनों दलों के विलय के बाद भी राजनीतिक मनोवृत्ति की दृष्टि से दो अलग-अलग धाराएं बनी रहीं।

केरल में प्रजा समाजवादी कुछ स्थान जीतने में सफल हुए थे और श्री नेहरू ने उनके नेता श्री ताणु पिल्ले को इस बात के लिए तैयार कर लिया कि वह एक सरकार बनाएं जिसे कांग्रेस बाहर से समर्थन प्रदान करेगी। कांग्रेस स्वयं उस राज्य में अल्पमत में थी, लेकिन उसने श्री ताणु पिल्ले की अल्पमत सरकार को समर्थन देकर जीवित रखा। बाद में पिल्ले कांग्रेस में आ गए और पंजाब के राज्यपाल नियुक्त किए गए। विरोधी दलों के लोगों को सत्ता का लालच दिखाकर दल बदलने के लिए उत्साहित करने की नीति का सूत्रपात कांग्रेस ने श्री नेहरू के समय में ही कर दिया था।

केरल में श्री ताणु पिल्ले की सरकार के शासन काल में डा. लोहिया अपने अनुयायियों को प्रजा समाजवादी दल से अलग करने में सफल हुए। उनका विरोध इस बात पर था कि पिल्ले सरकार की नीति श्रमिक-विरोधी और दमन की है। अब समाजवादी दल फिर राजनीतिक क्षितिज पर उभरा। यह १९५५ की बात है। अब डा. लोहिया इसके नेता बने। उस समय डा. लोहिया ने एक वक्तव्य में यह दावा किया था कि वह भारत की साठ प्रतिशत गरीब जनता के सहयोग से सात वर्ष में सत्तारूढ़ होने में सफल होंगे। उत्तर भारत में शोषित मंच जो मुख्य रूप से यादव और कुर्मी जातियों का प्रतिनिधि था, पिछड़ी हुई जातियों के नाम पर राजनीति में सक्रिय था। जब डा. लोहिया ने भारत की साठ प्रतिशत जनता के समर्थन का नारा लगाया तो यह संगठन समाजवादी दल में सम्मिलित होने के लिए तैयार हो गया और डा. लोहिया ने श्री रामसेवक यादव को उत्तर प्रदेश समाजवादी दल का नेता बना दिया। तब से उत्तर भारत में समाजवादी दल का चित्र यह बना कि यह यादव और कुर्मी जातियों का राजनीतिक दल है।

परन्तु डा. लोहिया अपने उस लक्ष्य को प्राप्त करने में असफल रहे जिसकी घोषणा उन्होंने की थी। १९६२ के चुनाव में उनके दल की स्थिति-केंद्र और राज्यों में-सुधरने की बजाय और बिगड़ गई। परन्तु इस प्रक्रिया से सत्ता की राजनीति को पुनर्निर्माण का राजनीति का स्थान लेने में सहायता मिली। जनसाधारण का कल्याण और देश का पुनर्निर्माण नारा मात्र बनाकर रह गया।

स्वतंत्रता के बाद, १९४७ से १९६२ तक का प्रारम्भिक युग ऐसा था जिनमें

केरल में प्रजा समाजवादी कुछ स्थान जीतने में सफल हुए थे और श्री नेहरू ने उनके नेता श्री ताणु पिल्ले को इस बात के लिए तैयार कर लिया कि वह एक सरकार बनाएं जिसे कांग्रेस बाहर से समर्थन प्रदान करेगी।

पुनर्निर्माण की नींव ठोस आधार पर रखी जानी चाहिए थी। सारे समाज को और विशेषकर युवकों को इस बात के लिए प्रोत्साहित किया जाना चाहिए था कि देश पुननिर्माण में सहयोग करें। परन्तु राजनीति में जो लोग सक्रिय थे उन्हें तो सत्ता राजनीति की होड़ से ही अवकाश नहीं मिलता था, इसलिए उन्होंने उस काम की पूर्णतया उपेक्षा की जिसे सबसे अधिक प्राथमिकता दी जानी चाहिए थी।

१९४७ में भारत के स्वतंत्र होने से पहले मुख्य लक्ष्य तो विदेशी शासन से मुक्ति प्राप्त करना था। देश की दिशा बिल्कुल स्पष्ट थी और जनसाधारण ने सारी योग्यता, सामर्थ्य और साहस से काम लेकर इसी लक्ष्य की प्राप्ति का प्रयत्न किया था। परन्तु ज्यों ही भारत स्वतंत्र हुआ, राष्ट्र के पुनर्निर्माण का लक्ष्य

आत्मनिर्भरता की भावना को प्रोत्साहित करना भी आवश्यक था। निर्धन और धनी के अन्तर को मिटाने के लिए देश के विकास की प्रक्रिया में जनता का सहयोग प्राप्त करने या जनसाधारण को इस कार्य में प्रवृत्त करने के लिए कोई कार्रवाई नहीं की गई। राजनीति चुनाव लड़ने, ऊंचे पदों पर पहुंचने और अपने जेबें भरने तक सीमित होकर रह गई।

और वह दिशा स्पष्ट नहीं की गई, जिसमें देश को प्रगति करनी थी। इस बात को कोई प्रयत्न नहीं किया गया कि सामाजिक कुरीतियों को दूर किया जाए और न समाज में एकता लाने की चेष्टा ही की गई। आत्मनिर्भरता की भावना को प्रोत्साहित करना भी आवश्यक था, परन्तु उस दिशा में कोई भी कार्रवाई नहीं की गई। निर्धन और धनी के अन्तर को मिटाने के लिए देश के विकास की प्रक्रिया में जनता का सहयोग प्राप्त करने या जनसाधारण को इस कार्य में प्रवृत्त करने के लिए कोई कार्रवाई नहीं की गई। राजनीति चुनाव लड़ने, ऊंचे पदों पर पहुंचने और अपने जेबें भरने तक सीमित होकर रह गई। समाज के जो अंग शताब्दियों तक शोषण और दमन का शिकार रहे थे, जो पिछड़े हुए और अशिक्षित थे उनकी दशा सुधारने की प्रेरणा धीरे-धीरे राजनीति से लुप्त हो गई।

लोकतंत्र को सही मार्ग पर चलाते रखने के लिए यह अत्यन्त आवश्यक है कि सत्तारूढ़ दल का कोई जीवन्त और सशक्त विकल्प हो। स्वतंत्रता से पहले कांग्रेस राजनीतिक दल से अधिक एक राष्ट्रीय मोर्चा था जिसके माध्यम से स्वतंत्रता संग्राम लड़ा जा रहा था। इसीलिए स्वतंत्रता-प्राप्ति के बाद गांधी जी ने कांग्रेस को समाप्त करने की बात कही थी। ऐसा नहीं किया गया और कांग्रेस सही अर्थ में राजनीतिक दल बन गयी। डॉ. श्यामाप्रसाद मुखर्जी ने जनसंघ की स्थापना इस उद्देश्य से की थी कि वह सत्तारूढ़ दल का जीवन्त विकल्प बन सकेगा जो कि एक ऐतिहासिक

आवश्यकता थी। जनसंघ का लक्ष्य यह था कि राष्ट्र में एकता लाई जाए और आर्थिक पुनर्निर्माण के माध्यम से सामाजिक और आर्थिक समता लाकर देश को समृद्ध और महान बनाया जाए।

१९५१ की बात है, जब जनसंघ ने इस विचार को स्वीकार कर लिया कि देश में न्यूनतम और अधिकतम आय में बीस और एक से अधिक का अन्तर नहीं होना चाहिए। ('आर्थिक संकल्प'-१९५२ के दल के दस्तावेज)। उसका यह भी कहना था कि धीरे-धीरे आयों का यह अन्तर एक और दस के अनुपात तक ले जाना चाहिए। उसी वर्ष जनसंघ ने यह भी घोषणा की कि उसका विश्वास बढ़े हुए उत्पादन, आवश्यक वस्तुओं के वितरण में समानता और खपत सूत्र ये थे: जमींदारी प्रथा का उन्मूलन, खेतिहरों को भूमि देना, प्रबंध में श्रमिकों की साझेदारी, धन के संकेन्द्रण को रोकना, और विकेन्द्रीकरण के द्वारा आय की विषमताओं को कम करना।

यद्यपि १९५२ के चुनाव में जनसंघ लोकसभा के तीन से अधिक स्थान नहीं जीत सका। राष्ट्रीय लोकतांत्रिक मोर्चे के अन्तर्गत संगठित विरोध की व्यवस्था की गई। इस मोर्चे के नेता डा. श्यामाप्रसाद मुखर्जी थे। डा. मुखर्जी मोर्चे के नेता के रूप में योग्य, मेधावी और वाक्पटु नेता प्रमाणित हुए। पंडित नेहरू के बाद उन्हीं का व्यक्तित्व सबसे अधिक प्रभावी था और लोग यह कहने लगे थे कि नेहरू के अतिरिक्त वही प्रधानमंत्री पद के योग्य हैं। इस कारण कांग्रेस ने यह घोषणा कर दी कि जनसंघ उसका पहले नंबर का शत्रु है। इसके अतिरिक्त और भी कई कारणों से कांग्रेस नेताओं ने, जिनमें पंडित नेहरू भी थे, संघ-विरोध की योजनाएं बनाई और यह सोचा कि येन-केन-प्रकारेण संघ के प्रभाव को सीमित किया जाए।

जहां तक जनसंघ का संबंध है, राष्ट्रीय एकता उसके लिए केवल नारा ही नहीं थी बल्कि उसके विश्वासों का मूलाधार थी। यह उसके राजनीतिक मूल्यों का निचोड़ थी जिनके लिए जनसंघ के सदस्य कोई भी बलिदान कर सकते थे।

परन्तु ईश्वर को कुछ और ही मंजूर था। उन दिनों कश्मीर के मुख्यमंत्री शेख अब्दुल्ला की नीति अलगाव की थी और ऐसा लगता था कि वह राज्य पंडित नेहरू के हाथ से खिसक रहा है। जहां तक जनसंघ का संबंध है, राष्ट्रीय एकता उसके लिए केवल नारा ही नहीं थी बल्कि उसके विश्वासों का मूलाधार थी। यह उसके राजनीतिक मूल्यों का निचोड़ थी जिनके लिए जनसंघ के सदस्य कोई भी बलिदान कर सकते थे। उसने 'एक विधान, एक प्रधान और एक निशान' का नारा लगाया और कश्मीर के भारत में विलय के लिए आंदोलन छेड़ दिया। डा. मुखर्जी ने इस सत्याग्रह में भाग लिया और वह जेल में ही थे कि उनकी मृत्यु

हो गई। जनसंघ अभी शैशवावस्था में ही था और उसके लिए डा. मुखर्जी का देहावसान एक बहुत बड़ा धक्का और ऐसी हानि थी जिसकी पूर्ति सम्भव नहीं थी। लेकिन जनसंघ व्यक्तियों नहीं बल्कि सिद्धांतों पर आधारित था और इसलिए वह अपने शैशव काल में ही इस धक्के को सहन करने में समर्थ हुआ। डा. मुखर्जी के निधन के बाद स्वर्गीय पंडित दीनदयाल उपाध्याय ने, जिन्हें उन दिनों कोई नहीं जानता था, जनसंघ का नेतृत्व किया।

> **डा. मुखर्जी का देहावसान एक बहुत बड़ा धक्का और ऐसी हानि थी जिसकी पूर्ति सम्भव नहीं थी। लेकिन जनसंघ व्यक्तियों नहीं बल्कि सिद्धांतों पर आधारित था और इसलिए वह अपने शैशव काल में ही इस धक्के को सहन करने में समर्थ हुआ। डा. मुखर्जी के निधन के बाद पं. दीनदयाल उपाध्याय ने जनसंघ का नेतृत्व किया।**

देश के सबसे शक्तिशाली दल कांग्रेस ने जनसंघ के विकास को रोकने के लिए बड़ा भयानक दबाव डाला। पहले आम चुनाव के समय से ही, जो नए संविधान के अंतर्गत १९५२ में हुआ था, जनसंघ पंडित नेहरू का कोपभाजन बना। लोगों को आशा थी कि देश का पहला प्रधानमंत्री सारे नागरिकों को समान मानेगा और सभी धर्मों तथा सम्प्रदायों के लोगों को इकट्ठा करेगा। परन्तु नेहरू ने किया यह कि मुसलमानों के मन में यह डर बैठा दिया कि जनसंघ उनका शत्रु है। हिन्दुओं और मुसलमानों के बीच ऐसी दीवार खड़ी कर दी गई जिसे लांघना असम्भव हो गया। पंडित नेहरू ने सत्ता में बने रहने और अपने दल का शासन बनाए रखने की राजनीतिक विवशता के कारण ऐसा किया। यह बात भी स्वाभाविक थी कि प्रधानमंत्री के विचारों को आवश्यकता से अधिक महत्व और प्रचार मिलता। नेहरू का दावा था कि वही इस देश के अल्पसंख्यकों के रक्षक हैं। उन्होंने अपनी ही प्रकार की धर्मनिरपेक्षता के नाम पर भारत में राजनीतिक छुआछूत का सूत्रपात किया। प्रचार की वैज्ञानिक कार्यविधियों का उपयोग कर झूठ को सच का चोला पहनाकर खड़ा कर दिया गया और जनसंघ को इस विशाल झूठ के घेरे में बंद कर दिया गया। जो अन्य दल अल्पसंख्यकों के वोट चाहते थे उन्होंने भी इस दुष्कर्म में सहयोग किया। धर्मनिरपेक्षता का प्रमाण ही यह बन गया कि संघ तथा जनसंघ दोनों एक ही है। जनसंघ के प्रतिद्वंदी राष्ट्रीय स्वयंसेवक संघ के भी शत्रु हो गए। उधर जिन लोगों को संघ की नीयत पर संदेह था वे जनसंघ को भी संदेह की ही दृष्टि से देखते थे।

परन्तु १९५२ से १९६७ तक की डेढ़ दशाब्दी में अपने शत्रुओं के सभी प्रयत्नों के बावजूद जनसंघ एकमात्र राजनीति दल था जो सशक्त होता चला गया। अपने

आदर्शवाद, नेताओं की योग्यता और निष्ठावान कार्यकर्ताओं के परिश्रम के बल पर जनसंघ ने देश की राजनीति में अपने लिए स्थान बना लिया। लोकसभा में सत्तारूढ़ कांग्रेस के बाद जनसंघ ही सबसे बड़ा दल था। १९६७ के बाद इसकी प्रगति और भी तीव्र हो गई। परन्तु उसके साथ ही साथ इसके विरोध की भावना भी उतनी ही अधिक बढ़ गई। जनसंघ के विरुद्ध घृणा का प्रचार करने वालों में कई दल आ मिले। साम्यवादी लोग जो सैद्धान्तिक दृष्टि से राष्ट्रवाद के विरोधी होते है, जनसंघ के बदनाम करने के इस आंदोलन में सबसे आगे थे। इसके विरुद्ध निराधार आरोपों का एक ताना-बाना बुना जा रहा था जो भारत की राजनीति का अभिन्न अंग बनता चला जा रहा था।

एक उल्लेखनीय बात यह है कि तथाकथित समाजवादियों में जो मुस्लिम नेता थे उनमें से अनेकों ने इन आरोपों को राजनीतिक चालों से अधिक महत्व नहीं दिया। उत्तर प्रदेश विधान परिषद के सदस्य और समाजवादी दल के संसदीय बोर्ड के सदस्य श्री शरीफ अहमद तातारी ने देखा कि जनसंघ का दृष्टिकोण असम्प्रदायवादी है और सच्चे अर्थों में यदि समाजवाद है तो जनसंघ में ही। उन्होंने इसी बात से प्रेरित होकर समाजवादी दल से त्यागपत्र दे दिया और जनसंघ में आ गए। ऐसा ही दूसरा उदाहरण श्री आरिफ बेग का है, जो मध्य प्रदेश में संविद सरकार के सदस्य थे और उन्हीं दिनों जनसंघ के सम्पर्क में आए। श्री बेग राज्य के मंत्रिमंडल में समाजवादी दल का प्रतिनिधित्व करते थे। सातवें और आठवें दशक में जनसंघ में सम्मिलित होने वाले अहिन्दुओं की संख्या और भी बढ़ी। इस बात के बावजूद कि बहुत से अहिन्दुओं ने स्वयं अपनी आंखों से देखा और कानों से सुना कि जनसंघ का दृष्टिकोण असंप्रदायवादी है, सत्तापिपासु राजनेता जो धर्मनिरपेक्षता की आड़ में शिकार खेलते थे, जनसंघ के विरुद्ध साम्प्रदायिकता का आरोप लगाते चले गए। इसके बावजूद जनसंघ का संगठन विकसित होता गया और उसकी स्थिति सुदृढ़ होती गई।

बहुत से अहिन्दुओं ने देखा और सुना कि जनसंघ का दृष्टिकोण असंप्रदायवादी है, सत्तापिपासु राजनेता जो धर्मनिरपेक्षता की आड़ में शिकार खेलते थे, जनसंघ के विरुद्ध साम्प्रदायिकता का आरोप लगाते चले गए। इसके बावजूद जनसंघ का संगठन विकसित होता गया और उसकी स्थिति सुदृढ़ होती गई।

परन्तु दूसरे दल केवल चुनाव-संबंधी चालों के आधार पर राजनीति में आए। उन्होंने अपना संगठन बनाने की ओर कोई ध्यान नहीं दिया, न अपने कार्यक्रम और नीतियां जनता को समझाई और न कोई रचनात्मक कार्य किया। राजनीति

कुछ प्रभावशाली व्यक्तियों के आसपास घूमने लगी। व्यक्तिनिष्ठ दलों का उदय हुआ और ऐसे दलों के कारण ही उस सामूहिक नेतृत्व के विकास नहीं हो पाया जो लोकतंत्र के सिद्धांतों में विश्वास रखते हों। आज भी भारत में व्यक्तिनिष्ठ राजनीति का बोलबाला है। नेहरू जी के समय में सबसे महत्वपूर्ण प्रश्न यहीं माना जाता था कि उनके बाद उनका स्थान कौन लेगा।

पूर्ण प्रश्न यह माना जाता था कि उनके बाद उनका स्थान कौन लेगा। किसान मजदूर प्रजा पार्टी आचार्य कृपलानी का दल कहा जाता है और समाजवादी दल डा. लोहिया का। भालोद चौधरी चरण सिंह के हाथ का खिलौना है और कांग्रेस (आई) श्रीमती गांधी के बिना कुछ नहीं। इस प्रकार की बातें लोकतंत्र के लिए विनाश की सूचक हैं, क्योंकि इस व्यवस्था में नैतिक मूल्य नहीं रहते, सत्तालिप्सा ही खुल खेलती है और सत्ता पाना और अवसरवादिता से काम लेना ही श्रेयस्कर माना जाता है। कार्यसाधकता में ही लोगों की आस्था रहती है। मेरा विश्वास है कि यदि कोई संगठन या देश, वह छोटा हो या बड़ा, किसी एक व्यक्ति पर ही केद्रित हो जाए तो उस दल या देश का कोई महत्व नहीं रहता। लोगों की दृष्टि में यह व्यक्ति रहता है, उसका दल तथा दल की नीतियां और कार्यक्रम नहीं। उस व्यक्ति की महानता, शक्तिसम्पन्नता से यह भावना उत्पन्न होती है कि उसका व्यक्तित्व ही चामत्कारिक है और इसी से व्यक्ति पूजा की कुरीति का सूत्रपात होता है। जब राजनीति किसी व्यक्ति पर ही केन्द्रित हो जाती है तो देश की समस्याओं के प्रति सिद्धान्तनिष्ठ दृष्टिकोण अपनाना दूभर हो जाता है। ऐसे वातावरण में सार्थक परिवर्तन की राजनीति चल ही नहीं सकती। परन्तु कोई व्यक्ति कितना ही बड़ा क्यों न हो, ऐसा नहीं है उसके बिना गाड़ी रुक जाएगी। लेकिन जब परस्थितियों में अनुशासनहीनता समा जाती है तब लोगों की ओर से व्यक्ति निष्ठ नेतृत्व की मांग होती है, यद्यपि शक्तिनिष्ठ राजनीति किसी उद्देश्य की पूर्ति करने में भी असफल रहती है। कई देशों को इस प्रकार की राजनीति का भारी मूल्य चुकाना पड़ा है और उनकी राजनीति में कई प्रकार की विकृतियां उत्पन्न हो गई हैं। ऐसे परिस्थिति का एकमात्र प्रतिकार यह है कि स्पष्ट सिद्धांतों पर आधारित सामूहिक नेतृत्व का विकास किया जाए।

किसान मजदूर प्रजा पार्टी आचार्य कृपलानी का दल कहा जाता है और समाजवादी दल डा. लोहिया का। भालोद चौधरी चरण सिंह के हाथ का खिलौना है और कांग्रेस (आई) श्रीमती गांधी के बिना कुछ नहीं। इस प्रकार की बातें लोकतंत्र के लिए विनाश की सूचक हैं, इस व्यवस्था में नैतिक मूल्य नहीं रहते, सत्ता पाना और अवसरवादिता से काम लेना ही श्रेयस्कर माना जाता है।

कई राजनीतिक दल वर्गहीन और जातिहीन समाज की रचना करने का दावा करके और उसका प्रचार करके लोकप्रियता प्राप्त करने की चेष्टा करते हैं। परन्तु वे युवा पीढ़ी में आदर्शवाद को प्रोत्साहन देने की बजाय उसमें यह भावना पैदा कर देते हैं कि जातियों के आधार पर चुनाव लड़ना ही एकमात्र प्रशंसनीय कार्य है। ऐसे दल साम्प्रदायिक दलों के साथ सांठ-गांठ करने से नहीं कतराते। इस प्रकार के आचरण का एक उदाहरण केरल में मुस्लिम लीग के साथ मिलकर बनाई गई सरकारें हैं।

इस संदर्भ में एक घटना की चर्चा करना चाहता हूं। नवंबर १९६१ में एक बार श्री प्रभुदत्त ब्रह्मचारी के झूसी आश्रम में समाजवादी कार्यकर्ताओं की बैठक हो रही थी जिसमें डॉ. लोहिया और श्री राजनारायण भी उपस्थित थे। डा. लोहिया के कहने पर मैं भी वहां गया हुआ था और वह श्री ब्रह्मचारी को इस बात के लिए तैयार करने की चेष्टा कर रहे थे कि वह नेहरू जी के विरुद्ध चुनाव लड़ें। मैंने कहा कि नेहरू जी के विरुद्ध तो किसी राजनीतिक व्यक्ति को ही चुनाव में खड़े होना चाहिए। इस पर डा. लोहिया ने उन्हें बताया कि उनके साथियों ने उन्हें सलेमपुर लोकसभा चुनाव क्षेत्र से खड़े करने का निर्णय किया है। डा. लोहिया के एक युवा समर्थक ने कहा : हमें डा. लोहिया के लिए कोई सुरक्षित स्थान चाहिए। इस पर मैंने उस व्यक्ति से कहा कि मैं उस क्षेत्र को और उसमें समाजवादी दल की स्थिति को जानता हूं, इसलिए यह कह सकता हूँ कि वहां से डा. लोहिया का चुनाव जीतना आसान नहीं होगा। इस पर डा. लोहिया मुझसे कहने लगे कि क्या मैं यह सोचता हूं कि उनके अनुयायी उन्हें किसी ऐसे चुनाव क्षेत्र में खड़ा करेंगे जो सुरक्षित हो? उन्होंने मुझे बताया कि बनारस के पास चन्दौली चुनाव क्षेत्र में एक उपचुनाव हुआ था और वहां से भी श्री प्रभुनारायण सिंह को इस आधार पर खड़ा किया गया था कि कोई ठाकुर ही वह चुनाव जीत सकता है। वे स्वयं ठाकुर न होकर बनिया थे, इसलिए उन्हें वहां चुनाव नहीं लड़ने दिया गया।

डा. लोहिया मुझसे कहने लगे कि क्या मैं यह सोचता हूं कि उनके अनुयायी उन्हें किसी ऐसे चुनाव क्षेत्र में खड़ा करेंगे जो सुरक्षित हो? उन्होंने मुझे बताया कि बनारस के पास चन्दौली चुनाव क्षेत्र में एक उपचुनाव हुआ था और वहां से भी श्री प्रभुनारायण सिंह को इस आधार पर खड़ा किया गया था कि कोई ठाकुर ही वह चुनाव जीत सकता है।

मैंने इस घटना का उल्लेख केवल यह दिखाने के लिए किया है कि जो लोग वर्गहीन और जातिहीन समाज के निर्माण का दावा करते हैं वे स्वयं जातिप्रथा को आगे बढ़ाने का काम करते हैं। इस बात

को देखते हुए उनमें इतनी हिमत कैंसे आ जाती है कि वे दूसरों पर संकीर्ण और सम्प्रदायवादी दृष्टिकोण रखने का आरोप लगाए? उनका यही दृष्टिकोण आज की राजनीति पर छाया हुआ है। व्यक्तिनिष्ठ और जातिवाद पर आधारित राजनीति ने राजनीतिक सिद्धांतों और स्वयं लोकतंत्र को ही उसकी पटरी से उतार दिया है। जब तक इस स्थिति में आमूलचूल परिवर्तन नहीं हो जाता, लोकतंत्र पनप नहीं सकता, न समतावादी समाज का निर्माण किया जा सकता है और न भारत एक समृद्ध राष्ट्र बन सकता है जिसका समाज संगठित और समेकित हो। आज तक जनसंघ का प्रयत्न यह रहा है और आज भी है कि हम जात बिरादरी धर्म, प्रान्तीयता और व्यक्तिनिष्ठ राजनीति की संकुचित धारणाओं से ऊपर उठ जाएं। इसके भारतव्यापी संगठन का विकास इसी उद्देश्य की पूर्ति के लिए किया गया है।

आपातकाल के पहले दो महीनों में मैं भूमिगत था और मुझे कई प्रभावशाली नेताओं और विचारकों से मिलने का अवसर मिला। उनके साथ मैंने विचार-विमर्श किया। उसमें सभी लोगों का यह विचार था कि सभी का एक ही मुख्य लक्ष्य होना चाहिए और वह यह कि तानाशाही शासन को अपदस्थ किया जाए।

१९६९ में उत्तर प्रदेश की विधानसभा के मध्यावधि चुनाव के बाद जनसंघ में भी यह विवाद उठा। कुछ व्यक्तियों का यह विचार था कि जनसंघ स्वयं अपने प्रयत्नों से सत्तारूढ़ नहीं हो सकता और इसलिए उसे कुछ अन्य दलों के साथ मिलकर चुनाव लड़ना चाहिए। अन्य लोगों का कहना था कि भले ही जनसंघ सत्तारूढ़ न हो पाए, उसे देश में सिद्धान्तनिष्ठ राजनीति की जड़ें मजबूत करनी चाहिए। इन लोगों का तर्क यह था कि यदि ऐसा नहीं किया जाता तो सत्ता-प्राप्ति से भी हमारे उद्देश्यों की पूर्ति नहीं होगी, क्योंकि उससे जनता का भला नहीं हो सकेगा। यह विवाद १९६९ में १९७५ तक चलता रहा। जब उस वर्ष जून में आपातकाल की घोषणा की गई और भारत की जनता पर तानाशाही शासन लाद दिया गया, तो सभी विरोधी दलों के नेता, बल्कि इंदिरा कांग्रेस में सिर उठाने वाले नेता भी, जेलों में डाल दिए गए।

आपातकाल के पहले दो महीनों में मैं भूमिगत था और मुझे कई प्रभावशाली नेताओं और विचारकों से मिलने का अवसर मिला। उनके साथ मैंने विचार-विमर्श किया। उसमें सभी लोगों का यह विचार था कि सभी का एक ही मुख्य लक्ष्य होना चाहिए और वह यह कि तानाशाही शासन को अपदस्थ किया जाए। इस समय विभिन्न तत्वों में जो एकता हुई वह स्वतः उत्पन्न नहीं थी, बल्कि समय की परिस्थतियों का परिणाम थी। जो लोग दमन का शिकार हुए थे, इस बात पर सहमत थे कि सभी दलों को

अपनी पहचान भूल जानी चाहिए और एक नया दल बनाना चाहिए। उस समय सभी विरोधी दलों के प्रमुख नेता जेलों में थे और उनके साथ प्रत्यक्ष रूप से आमने-सामने बात करना संभव नहीं था। परन्तु जब उनसे पत्र-व्यवहार किया गया तो उनका भी विचार वहीं था जो जेल से बाहर के नेताओं का।

जब मैं दिल्ली की तिहाड़ जेल में पहुंचा तो चौधरी चरण सिंह, श्री सुरेन्द्र मोहन, श्री प्रकाश सिंह बादल, श्री सुरेन्द्र सिंह भंडारी आदि को वहां पाया। उन लोगों से परामर्श के बाद मैंने लोकसंघर्ष समिति के सचिव के नाते उन लोगों से, जो अभी पुलिस की पकड़ में नहीं आए थे, अनुरोध किया कि वे इकट्ठे हो जाएं और एक दल बना लें। जयप्रकाश भी यहीं चाहते थे। उन दिनों श्री रविन्द्र वर्मा भूमिगत थे और वह काम कर रहे थे जो मुझे गिरफ्तार होने के बाद छोड़ने पर विवश होना पड़ा था। यही निर्णय बहुत पहले कर लिया गया था कि यदि मैं गिरफ्तार हो जाऊं तो मेरा काम श्री वर्मा करेंगे। उस समय संघर्ष की तीव्रता बढ़ गई थी और लगता था कि जनता पार्टी का उदय होने ही वाला है। जब हम जेल में थे तो चौधरी चरण सिंह बराबर यह कहा करते थे कि इंदिरा गांधी हमें जीवित नहीं छोड़ेंगी और हमें जेल की दीवार के साथ खड़ा करके सामान्य अपराधियों की भांति गोली मरवा देंगी। दूसरे नेता चौधरी साहब के इस भयपूर्ण मूल्यांकन से सहमत नहीं थे। उन्हीं दिनों की बात है कि चौधरी साहब को रिहा कर दिया गया। लखनऊ पहुंचने पर उन्होंने उत्तर

जब मैं दिल्ली की तिहाड़ जेल में पहुंचा तो चौधरी चरण सिंह, श्री सुरेन्द्र मोहन, श्री प्रकाश सिंह बादल, श्री सुरेन्द्र सिंह भंडारी आदि को वहां पाया। उन लोगों से परामर्श के बाद मैंने लोकसंघर्ष समिति के सचिव के नाते उन लोगों से, जो अभी पुलिस की पकड़ में नहीं आए थे, अनुरोध किया कि वे इकट्ठे हो जाएं और एक दल बना लें। जयप्रकाश भी यहीं चाहते थे।

प्रदेश विधानसभा में बड़े साहस से एक सरकार-विरोधी भाषण दिया, परन्तु उनकी सही मन:स्थिति निम्नलिखित चिट्ठी से प्रकट होती है जो उन्होंने ८ जनवरी १९७७ को श्रीमती इंदिरा गांधी को लिखी। चौधरी साहब ने इसमें दूसरों की दुर्बलताएं बताकर अपने डर को छिपाने की चेष्टा की। यह पत्र उनकी मन: स्थिति का प्रतिबिम्ब है:

आपको याद होगा कि आपको ३ जनवरी १९६८ को वाराणसी में भारतीय विज्ञान कांग्रेस के वार्षिक अधिवेशन में भाषण देना था। संयुक्त सोशलिस्ट पार्टी की स्थानीय शाखा ने, जो बड़ी शक्तिशाली थी, आपको गिरफ्तार करके जनता की अदालत में लाने और आप पर मुकदमा चलाने का फैसला कर रखा था। उन्होंने अपनी इस मंशा की घोषणा एक

सार्वजनिक सभा में और समाचार पत्रों में वक्तव्यों के माध्यम से कर दी थी। यद्यपि संयुक्त समाजवादी दल मेरी सरकार का अंग था और विधानसभा में इसके सदस्यों की संख्या ४५ थी और मैं एक गैर-कांग्रेसी सरकार का मुख्यमंत्री था, मैंने आपके दौरे के लिए स्वयं प्रबंध कराए और आपके साथ वाराणसी गया। मेरे आदेश से संसद सदस्य श्री राजनारायण और संयुक्त समाजवादी दल के प्रमुख कार्यकर्त्ता और विधायक गिरफ्तार कर लिए गए और पुलिस ने उस विशाल प्रदर्शनकारियों के समूह को तितर-बितर कर दिया, जो आपको विज्ञान कांग्रेस के पंडाल तक पहुंचने से रोकने के लिए वहां पर मौजूद था। इस पर संयुक्त समाजवादी दल अत्यंत क्रुद्ध हुआ। मुझे प्रारंभ से ही पता था कि मेरे आचरण का क्या परिणाम होगा और मैंने विधानसभा का अधिवेशन प्रारंभ होने से एक दिन पहले, अर्थात् १७ जनवरी को, पदत्याग कर दिया। मैंने जब कांग्रेस छोड़ी थी तो इस कारण छोड़ी थी कि आपने मेरे साथ न्याय नहीं किया था और न इस बात की व्यवस्था की थी कि मेरे साथ न्याय हो। और मुझे मुख्यमंत्री का पद इस कारण छोड़ना पड़ा कि मैंने आपके साथ अन्याय नहीं होने दिया। (न्यू दिल्ली, २० अगस्त १९७९) स्पष्ट है कि चौधरी साहब श्रीमती गांधी को यह बताने की चेष्टा कर रहे थे कि वह उनके शुभापेक्षी थे और आज भी हैं और साथ में यह भी कि उन्होंने उत्तर प्रदेश के मुख्यमंत्री का पद श्रीमती गांधी के हित में ही छोड़ा था। वह जानते हैं कि कैसे और कहां श्रीमती गांधी उनके साथ न्याय करने में अफसल रही। परन्तु उनके मन की बात समझ लेना कठिन नहीं है। उनका रोष इस बात पर था कि जब सत्ता बांटी जा रही थी तो उनके साथ अन्याय किया गया।

चौधरी साहब श्रीमती गांधी को यह बताने की चेष्टा कर रहे थे कि वह उनके शुभापेक्षी थे और आज भी हैं और साथ में यह भी कि उन्होंने उत्तर प्रदेश के मुख्यमंत्री का पद श्रीमती गांधी के हित में ही छोड़ा था, कैसे और कहां श्रीमती गांधी उनके साथ न्याय करने में अफसल रही। परन्तु उनके मन की बात समझ लेना कठिन नहीं है।

एक ओर तो सरकार का आतंक उनके मन पर छाया हुआ था और दूसरी ओर चौधरी साहब नए प्रस्तावित दल के पहले अध्यक्ष बनना चाहते थे। मुझे समझ में नहीं आता कि उनके आतंक और उनकी इस आकांक्षा में क्या मेल था। उनकी इच्छा यह थी कि यदि कोई नया दल बने और चुनाव में जीत जाए तो वही उसके नेता और बाद में भारत के प्रधानमंत्री बनें। उनकी यह आकांक्षा तो १९६७ में ही उनके आचरण से स्पष्ट हो गई थी जब वह उत्तर प्रदेश में मुख्यमंत्री बने। उनके साथी कहा करते थे, संभव है कि आपके दल का कोई बहुसूत्री कार्यक्रम हो, परन्तु

हमारे नेता चौधरी चरण सिंह का तो केवल एकसूत्री कार्यक्रम है और वह यह कि वे मुख्यमंत्री बन जाएं चाहे उन्हें उस पद पर बिठाने में सहायता करने वालों के उद्देश्य या प्रयोजन कुछ भी क्यों न हो। यदि वे लोग उन्हें मुख्यमंत्री बनने में सहायक होंगे तो वह उनकी किसी बात पर भी आपत्ति नहीं करेंगे। १९६७-७७ में जब हम लोग जनता पार्टी बनाने का प्रयत्न कर रहे थे तो हमें भी उनकी इस दुराकांक्षा का परिचय मिला। जनता पार्टी के अध्यक्ष बनने के लिए उन्होंने जो चालें चलीं उनका एक लम्बा इतिहास है।

भारत में बहुत से वर्ग और जातियां है और उनमें एक नए सम्प्रदाय-राजनीतिज्ञों के सम्प्रदाय का उदय हुआ। उनकी अपनी विशेष संस्कृति का विकास किस प्रकार हुआ उसका संकेत इसी अध्याय में पहले किया जा चुका है। इस सम्प्रदाय के लोगों की संख्या पांच हजार से अधिक नहीं है। इसके सदस्य दिन-रात गरीबों, दलित और वंचित व्यक्तियों, आदिम जातियों और अल्पसंख्यकों के लिए अपनी सहानुभूति का ढिंढोरा पीटते रहते हैं लेकिन इसके बावजूद जिन लोगों की दशा राजनीतिज्ञ सुधारना चाहते थे वह अधिक बुरी स्थिति में पहुंचते जा रहे हैं। सच तो यह है कि ज्यों-ज्यों राजनीतिज्ञों की संख्या में वृद्धि हुई त्यों-त्यों लोगों की दुर्दशा भी बढ़ती चली गई। ऐसा लगता है कि जनता की निर्धनता और उसकी अशिक्षा और पिछड़ेपन में राजनीतिज्ञों का निहित स्वार्थ है। यदि ऐसा न हो तो उन्हें झूठी सहानुभूति प्रकट करने, उनके हितों के संरक्षक होने का दावा करने और सत्ता सहानुभूति प्रकट करने और सत्ता-राजनीति के माध्यम से ऊंचे पदों पर पहुंचने का अवसर कैसे मिले?

युवा पीढ़ी को यह बताया गया कि इस अभागे भारत के सामने जो समस्याएं हैं उन्हें हल करने का एकमात्र तरीका यह है कि सत्ता प्राप्त की जाए, चाहे ये समस्याएं गरीबी और बेरोजगारी की हो, स्वास्थ्य सेवाओं के अभाव में शिक्षा की, यहीं एक नुस्खा राजनीतिज्ञों ने बताया है। इसी कारण राजनीतिज्ञों का एक ही धर्म हो गया और यह है येन-केन-प्रकारेण सत्ता हथियाना।

पिछली डेढ़ दशाब्दी में युवा पीढ़ी को यह बताया गया कि इस अभागे भारत के सामने जो समस्याएं हैं उन्हें हल करने का एकमात्र तरीका यह है कि सत्ता प्राप्त की जाए, चाहे ये समस्याएं गरीबी और बेरोजगारी की हो, स्वास्थ्य सेवाओं के अभाव में शिक्षा की, यहीं एक नुस्खा राजनीतिज्ञों ने बताया है। इसी कारण राजनीतिज्ञों का एक ही धर्म हो गया और यह है येन-केन-प्रकारेण सत्ता हथियाना। इसी की सार्थकता में उनका विश्वास है। मैं तो केवल चौधरी चरण सिंह की बात करना चाहता हूं। जब मैं जे.पी. के समग्र क्रांति आंदोलन में प्रविष्ट हुआ तो यह प्रश्न उत्पन्न हुआ कि इसे किस प्रकार

देशव्यापी आंदोलन बनाया जा सकता है। चौधरी साहब बार-बार एक ही बात दोहराते थे और वह यह कि राज्य-सत्ता के माध्यम से ही परिवर्तन लाया जा सकता है। जे.पी. का विचार था कि राज्य-सत्ता की भूमिका तो पूरक मात्र है, परिवर्तन लाने के लिए समाज की शक्ति को जागृत करना होगा और मूल्यपरक संघर्ष करना होगा। इसलिए चौधरी चरण सिंह जे.पी. के आंदोलन से अलग-अलग ही रहे। इससे यह बात भी स्पष्ट होती है कि व्यक्तिनिष्ठ राजनीति का एकमात्र लक्ष्य सत्ताप्राप्ति ही है। परन्तु सच यह भी है कि चौधरी चरण सिंह ने अपनी सत्तालोलुपता पर कभी पर्दा नहीं डाला। २६ सितंबर १९७६ को लोकदल की बैठक में उन्होंने अपना दृष्टिकोण स्पष्ट रूप से दोहराया। प्रधानमंत्री बनते ही उन्होंने सर्वप्रथम इस बात पर प्रसन्नता व्यक्त की कि उनके जीवन की आकांक्षा पूरी हुई। व्यक्तिनिष्ठ राजनीति की दृष्टि गद्दी तक ही होती है, उसके परे नहीं। यही कारण है कि अधिकतर राजनीतिज्ञ सत्ता की छीना-झपटी में लगे रहते हैं। इसी कारण जनसाधारण हर काम के लिए सरकार की ओर ही देखते हैं। उधर सामाजिक शक्ति के स्रोत सूख रहे हैं।

लोग सामाजिक पुनर्निर्माण की आवश्यकता के प्रति उपेक्षाशील हैं और उन्हें इस बात का ध्यान नहीं है कि इसके लिए कठोर परिश्रम करना आवश्यक है। इस कारण सत्ता-राजनीति में जनसाधारण के लिए कोई स्थान नहीं रहा। ऐसा लगता है कि राजनीतिक प्रक्रिया में जनसाधारण का योगदान केवल इतना है कि वे पांच वर्ष में एक बार मतदान कर दें।

देश के सार्वजनिक जीवन में सत्ता राजनीति का ही बोलबाला है। लोग सामाजिक पुनर्निर्माण की आवश्यकता के प्रति उपेक्षाशील हैं और उन्हें इस बात का ध्यान नहीं है कि इसके लिए कठोर परिश्रम करना आवश्यक है। इस कारण सत्ता-राजनीति में जनसाधारण के लिए कोई स्थान नहीं रहा। ऐसा लगता है कि राजनीतिक प्रक्रिया में जनसाधारण का योगदान केवल इतना है कि वे पांच वर्ष में एक बार मतदान कर दें।

केन्द्र और राज्यों के कुछ विधायकों की संख्या जोड़ी जाए तो वह चार हजार पांच सौ से अधिक नहीं होगी और उनमें से भी कुल दस प्रतिशत या साढ़े चार सौ के लगभग विधायक मंत्री बनते हें। गद्दियों की छीना-झपटी में ज्यादा से ज्यादा इससे दुगुने लोगों को स्थान मिल सकता है। हमारे देश की राजनीति इन्हीं व्यक्तियों तक सीमित होकर रह गई है और लगातार राजनीतिक कार्यालय केवल पांच सौ व्यक्तियों तक सीमित रहता है। जो बाकी बच जाते हैं वे या तो विध्वंस में लगे रहते हैं या नकारात्मक राजनीति करते हैं।

भारत के दस करोड़ से अधिक युवक

और युवतियां देश के लिए कुछ करने की लालसा से तड़प रहे थे। उनके उत्साह, अदम्य साहस और कठोर परिश्रम की असीम योग्यता का प्रयोग देश के पुनर्निर्माण के लिए किया जा सकता है। परन्तु राजनीतिज्ञों में रचनात्मक दृष्टिकोण के अभाव के कारण शक्ति के इतने बड़े स्रोत का उपयोग किस प्रकार संभव है। हम आज से ३२ वर्ष पहले स्वतंत्र हुए थे। परन्तु राजनीति में रचनात्मक दृष्टिकोण अभी तक नहीं आ पाया। ऐसा लगता है कि राजनीति और रचनात्मक दृष्टिकोण एक-दूसरे के शत्रु हैं। सत्ता-राजनीति ने शक्ति के इस असीम स्रोत की, जो देश के युवकों में निहित हैं, सर्वथा उपेक्षा की है।

परन्तु राजनीतिज्ञों में रचनात्मक दृष्टिकोण के अभाव के कारण शक्ति के इतने बड़े स्रोत का उपयोग किस प्रकार संभव है। हम आज से 32 वर्ष पहले स्वतंत्र हुए थे। परन्तु राजनीति में रचनात्मक दृष्टिकोण अभी तक नहीं आ पाया। ऐसा लगता है कि राजनीति और रचनात्मक दृष्टिकोण एक-दूसरे के शत्रु हैं।

१९६२ के चुनाव में विरोधी दलों की पराजय से उत्पन्न निराशा के गर्त में से एक नया नारा निकला और वह था कांग्रेस-विरोध का नारा। डा. राम मनोहर लोहिया ने क्रुद्ध स्वर से इस बात की घोषणा की कि देश का कल्याण कांग्रेस विरोध से ही संभव है। १९५५ में उनका समाजवादी दल फिर से राजनीतिक क्षितिज पर उभरा, लेकिन उसकी सहायता से वह सात वर्ष में सत्ता प्राप्त करने के अपने संकल्प की पूर्ति नहीं कर पाए। उसी टूटे हुए सपने में से यह नकारात्मक नारा निकाला। डा. लोहिया ने अपनी सारी शक्ति देश में कांग्रेस-विरोधी वातावरण का निर्माण करने में लगाई। इसमें उनका आशय यह था कि स्वतंत्र पार्टी से लेकर साम्यवादियों तक सभी अपने सिद्धांतों की उपेक्षा करके एक मंच पर इकट्ठे हो जाएं। देखा जाए तो यह अवसरवादिता का उदाहरण था।

डा. लोहिया के प्रयत्नों के परिणामस्वरूप १९६३ में लोकसभा के उपचुनावों में सभी दलों ने अनौपचारिक रूप से संयुक्त मोर्चा बनाया। इस मोर्चे के उम्मीदवार राजकोट में स्वतंत्र पार्टी के श्री मीनू मसानी, फर्रूखाबाद में समाजवादी दल के डा. लोहिया, अमरोहा में निर्दलीय आचार्य कृपलानी और जौनपुर में जनसंघ के दीनदयाल उपाध्याय थे। कांग्रेस-विरोधी भावनाएं बड़ी तीव्र थीं और कम्युनिस्टों के अतिरिक्त सभी विरोधी दलों ने इन सभी चुनाव क्षेत्रों में कांग्रेस उम्मीदवारों को पराजित करने का भरसक प्रयत्न किया। जनसंघ के कार्यकर्ताओं ने इस उप-चुनाव को अपने सम्मान का प्रश्न बना लिया था। उन्होंने अपनी जेब से पैसे खर्च करके भी इस मोर्चे के उम्मीदवारों के लिए काम किया क्योंकि

देश की जनता कांग्रेस से निराश हो चुकी थी और निराशा के गर्त में घिरी हुई थी। सत्तारूढ़ दल का विकल्प उपस्थित करने का विचार अधिकाधिक लोकप्रिय हो रहा था। कांग्रेस को अपदस्थ करने का नारा उत्तर भारत में युवा पीढ़ी और छात्रों को आकृष्ट कर रहा था।

उनका विचार था कि ये साझे उम्मीदवार हैं और इन्हें जीतना ही चाहिए।

परन्तु जौनपुर के चुनाव क्षेत्र में एक अजीब दृश्य दिखाई पड़ रहा था। वहां जनसंघ के अतिरिक्त और किसी भी दल के कार्यकर्ता नहीं थे। विरोधी दलों के अधिकतर कार्यकर्ताओं ने श्री दीनदयाल उपाध्याय के विरोधी कांग्रेसी उम्मीदवार का खुलकर समर्थन किया। इस पर डा. लोहिया ने जौनपुर में एक सार्वजनिक सभा में इस प्रकार की राजनीतिक बेईमानी की घोर निंदा की। डा. लोहिया के बारे में यह प्रसिद्ध है कि वह कोई निर्णय करते थे तो उस पर डटे रहते थे। कांग्रेस-विरोध का नारा उन्हीं के मस्तिष्क की उपज था और उन्हें इस बात पर अत्यन्त खेद हुआ कि विभिन्न राजनीतिक दलों के कार्यकर्ताओं को जो आदेश दिए गए हैं वे खुलेआम उनका उल्लंघन कर रहे हैं। उन्हें उस क्षेत्र के समाजवादी कार्यकर्ताओं के रवैये से बहुत धक्का लगा।

इन चार में से तीन चुनाव क्षेत्रों में कांग्रेस-विरोधी उम्मीदवारों की विजय हुई, लेकिन जौनपुर अपवाद रहा। कांग्रेस-विरोध का नारा नकारात्मक नारा था और इसका लाभ भी हो सकता था, परन्तु इस बात की ओर समुचित ध्यान नहीं दिया गया कि जनकल्याण के लिए सक्षम सरकार की आवश्यकताओं को किस प्रकार पूरा किया जाएगा। अधिकतर राजनीतिज्ञों और बुद्धिजीवियों का विचार था कि कांग्रेस को अपदस्थ करने को ही सबसे अधिक प्राथमिकता दी जाए और नई सरकार अपना रास्ता स्वयं निकाल लेगी। परन्तु अनुभव ने सिद्ध कर दिया कि यह आशा पूरी नहीं हो सकती, क्योंकि इसके पीछे नकारात्मक राजनीति के अलावा कुछ नहीं था।

देश की जनता कांग्रेस से निराश हो चुकी थी और निराशा के गर्त में घिरी हुई थी। सत्तारूढ़ दल का विकल्प उपस्थित करने का विचार अधिकाधिक लोकप्रिय हो रहा था। लोग तो इस पर विचार नहीं कर सकते थे कि कौन कांग्रेस का सबसे अच्छा विकल्प उपस्थित कर सकता है, यह काम तो नेताओं का था और उन्हें इसकी चिन्ता नहीं थी। इतने में १९६७ का चुनाव आ गया। कांग्रेस को अपदस्थ करने का नारा उत्तर भारत में युवा पीढ़ी और छात्रों को आकृष्ट कर रहा था। यद्यपि विरोधी दलों का संयुक्त मोर्चा नहीं बन पाया और उन्होंने अपने-अपने झंडे तले चुनाव लड़ा, फिर भी बंगाल से

पंजाब तक कांग्रेस अपना बहुमत खो बैठी। जब राज्यों में सरकारें बनने की बारी आई तो विभिन्न दलों में परस्पर जोड़तोड़ की प्रक्रिया चली। संयुक्त विधायक दल के नाम से विभिन्न राज्यों में मिली-जुली सरकारें सत्तारूढ़ हुई। इनमें कांग्रेस विरोधी दल और निर्दलीय विधायक थे। सरकारों के निर्माण में अधिक कठिनाई नहीं आई, परन्तु इस काल में दल-बदल भारत की राजनीतिक संस्कृति का अभिन्न अंग बन गया। तब तक केवल कांग्रेसजनों ने ही सत्ता का आनन्द लिया था, लेकिन १९६७ के बाद सभी दलों के राजनीतिज्ञ मंत्री बनने के सपने देखने लगे। बड़े पैमाने पर दल-बदल होने लगा। आयारामों और गयारामों की भीड़ लग गई। सबसे पहले दलबदलू - जिन्हें दल-बदल की राजनीति का जनक कहा जा सकता है - चौधरी चरण सिंह थे। वह दल-बदल की कला के प्रयोग से उत्तर प्रदेश के मुख्यमंत्री बने थे और इसी प्रकार वे अब प्रधानमंत्री के पद पर पहुंच गए। प्रधानमंत्री बनने की इच्छा बरसों से उनके मन में पनप रही थी।

इस प्रक्रिया का सूत्रपात १९५८ में हुआ, जब श्री सम्पूर्णानन्द उत्तर प्रदेश के मुख्यमंत्री थे। उसी मंत्रिमंडल के एक सदस्य श्री चन्द्रभानु गुप्त सम्पूर्णानन्द को हटाना चाहते थे और उन्होंने अपने आठ समर्थकों के साथ मंत्रिमंडल से त्यागपत्र दे दिया। चौधरी चरण सिंह ने भी अपना त्यागपत्र मुख्यमंत्री को भेज दिया। मौके की बात की उन्हीं दिनों एक दिन मैं श्री सम्पूर्णानन्द से मिलने चला गया, जिनके साथ मेरे बड़े अच्छे संबंध थे। सम्पूर्णानन्द जी को पता था कि चौधरी चरण सिंह के साथ भी मेरे बड़े अच्छे संबंध हैं। वह मुझसे कहने लगे कि यह चौधरी साहब कब से चन्द्रभानु गुप्त के मित्र हो गए? यह सुनकर मुझे बहुत आश्चर्य हुआ, क्योंकि मुझे तो यह पता था कि चौधरी साहब श्री चन्द्रभानु गुप्त को पसंद नहीं करते। मेरे आश्चर्य और अविश्वास को देखकर सम्पूर्णानंद जी बोले कि मैं भी यहीं सोचता था, परन्तु चौधरी साहब का त्यागपत्र मेरे पास पहुंच गया है। मैंने वह पत्र पढ़ा और उसके बाद वहां से सीधे रात के कोई साढ़े आठ बजे चौधरी साहब के घर पहुंचा। हम दोनों में परस्पर कोई तकल्लुफ न था, इसलिए उस समय भी मुझे उनके यहां जाते संकोच न हुआ। इधर-उधर की बात करने के बाद मैंने उनके त्यागपत्र की बात छेड़ी और पूछा कि वह क्यों श्री गुप्त के धोखे में आ गए

जिन्हें दल-बदल की राजनीति का जनक कहा जा सकता है - चौधरी चरण सिंह थे। वह दल-बदल की कला के प्रयोग से उत्तर प्रदेश के मुख्यमंत्री बने थे और इसी प्रकार वे अब प्रधानमंत्री के पद पर पहुंच गए। प्रधानमंत्री बनने की इच्छा बरसों से उनके मन में पनप रही थी।

आपसी झगड़ों और केन्द्र द्वारा अनुचित हस्तक्षेप के कारण एक के बाद एक इन सरकारों का पतन होने लगा। जन साधारण में इस प्रक्रिया के लिए घृणा का भाव उत्पन्न हुआ और श्रीमती इंदिरा गांधी ने दल-बदल की राजनीति के विरुद्ध जनता की भावना का पूरा-पूरा लाभ उठाया। भारत की राजनीति में विकृतियों के कारण जो संकट उत्पन्न हुआ था वह कांग्रेस के विभाजित होने के बाद और भी विकट हो गया।

हैं? वह बोले कि मैं गुप्त को बिल्कुल पसंद नहीं करता हूं और उनके दल में सम्मिलित नहीं हो सकता। फिर वे कहने लगे परन्तु मुख्यमंत्री ने मेरे साथ न्याय नहीं किया है। मैंने उनसे कहा कि आप अपना त्यागपत्र वापिस ले लीजिए क्योंकि वह समय पदत्याग करने का नहीं है। सम्पूर्णानन्द जी पर दबाव न डालिए, क्योंकि उन्हें आपके सहयोग की आवश्यकता है। इस पर उन्होंने जो उत्तर दिया, वह मुझे आज तक याद है। ठीक है, मैं अपना त्यागपत्र वापिस ले लेता हूँ लेकिन आप मुझे उत्तर प्रदेश का मुख्यमंत्री कब बनवाएंगे? इससे पता चलता है कि १९५८ में भी उनके मन में पदलिप्सा हिलोरें मार रही थी, यद्यपि उनका यह स्वप्न १९६७ में जाकर पूरा हुआ। मुख्यमंत्री बनने से पहले उन्होंने दल बदलने में कोई हिचक नहीं दिखाई। वह कांग्रेस छोड़कर राज्य के मुख्यमंत्री बन गए। इसके लिए मैं स्वयं भी अपराधी महसूस करता हूं। क्योंकि मैं भी इसमें एक कारण था।

गद्दियों के लिए छीना-झपटी का सूत्रपात वहीं से हुआ। प्रत्येक विधायक की इच्छा यहीं होती थी कि वह मंत्री, राज्यमंत्री, उपमंत्री या संसदीय सचिव कुछ भी बन जाए गद्दी पर तो पहुंचे। दल बदल एक सामान्य बात हो गई। समाचार पत्रों में प्रतिदिन आयाराम और गयाराम के समाचार छपने लगे। कांग्रेस विरोध के नकारात्मक नारे का आविष्कार करते समय डा. लोहिया ने यह नहीं सोचा था कि भारतीय राजनीति पर उसका कितना कुप्रभाव पड़ेगा।

१९६७ के आम चुनाव के बाद कई राज्यों में गैर कांग्रेस सरकारें बनीं। लेकिन इन सबकी विशेषता यह थी कि इनके मुख्यमंत्री वहीं लोग थे जो कांग्रेस को छोड़कर आए थे। नकारात्मक नारों पर आधारित इस प्रकार की मिलीजुली सरकारें कैसे जीवित रह सकती थी? आपसी झगड़ों और केन्द्र द्वारा अनुचित हस्तक्षेप के कारण एक के बाद एक इन सरकारों का पतन होने लगा। जन साधारण में इस प्रक्रिया के लिए घृणा का भाव उत्पन्न हुआ और श्रीमती इंदिरा गांधी ने दल-बदल की राजनीति के विरुद्ध जनता की भावना का पूरा-पूरा लाभ उठाया।

भारत की राजनीति में विकृतियों के कारण जो संकट उत्पन्न हुआ था वह

कांग्रेस के विभाजित होने के बाद और भी विकट हो गया। इसके भारतीय राजनीति पर दूरगामी कुप्रभाव पड़े। श्रीमती गांधी की व्यक्तिनिष्ठ राजनीति ने ८५ वर्ष पुरानी कांग्रेस में ऐसी भयंकर फूट डाली की कि वह फिर कभी एक न हो सकी। इंदिरा गांधी ने सामूहिक नेतृत्व की बाधा को अपने रास्ते से हटा दिया और व्यक्ति पूजा की परिपाटी को प्रोत्साहन दिया। उन्होंने कांग्रेसजनों की परिभाषा में ही आमूलचूल परिवर्तन कर दिया। अब कांग्रेस की विचारधारा में विश्वास नहीं, बल्कि श्रीमती गांधी के प्रति निष्ठा कांग्रेसजनों का धर्म माना जाने लगा। जिन लोगों ने इस प्रकार की निष्ठा दिखाने से इनकार किया उन्हें कांग्रेस छोड़नी पड़ी, परन्तु बाकी लोग सत्ता में थोड़ा-बहुत हिस्सा पाने के लालच में वहीं बने रहे। उसके बाद से भारत की परिपाटी को बहुत अधिक प्रोत्साहन दिया गया और उन्नत प्रचार की कार्यविधियों का प्रयोग यह कहने के लिए किया जाने लगा कि नेता कभी भूल नहीं कर सकता। इस सारी प्रक्रिया का अंत इस उक्ति में हुआ कि ''इंदिरा ही भारत है।''

कांग्रेस की फूट के कुछ ही समय बाद बंगलादेश के प्रश्न को लेकर भारत और पाकिस्तान एक-दूसरे से टकराए। भारत की जनता एक स्वतंत्र बंगलादेश के उदय की इच्छुक थी। जयप्रकाश जी ने देश में और देश के बाहर भी जनमत तैयार करने में बहुत अधिक योगदान दिया कि बंगलादेश को एक स्वतंत्र राष्ट्र के रूप में अन्तर्राष्ट्रीय मंच पर आना चाहिए। देश के सभी राष्ट्रवादी और लोकतांत्रिक दल जे.पी. के इस विचार से सहमत थे, परन्तु ऐसा लगता था कि तत्कालीन प्रधानमंत्री इन्दिरा गांधी को भी इस बात का विश्वास दिला दिया। हमारे वीर जवान रक्षा मंत्री श्री जगजीवन राम के नेतृत्व में बड़ी बहादुरी से लड़े। सभी विरोधी दलों ने सरकार के साथ सहयोग किया और युद्ध में पूरा-पूरा समर्थन प्रदान किया। युद्ध का संचालन इतनी कुशलता से किया गया कि ९३ हजार पाकिस्तानी सिपाहियों को अपने सेनापति समेत भारतीय सेनाओं के आगे आत्मसमर्पण करने पर विवश होना पड़ा। श्रीमती गांधी ने इस जीत का सारा श्रेय, जो वास्तव में रक्षा मंत्री बाबू जगजीवन राम को जाना चाहिए था, स्वयं ले लिया। राजनीतिक नैतिकता की पूर्णरूपेण उपेक्षा करके उन्होंने लोकसभा के मध्यावधि चुनाव की घोषणा कर दी, जिससे कि वह भारत की सैनिक सफलता और स्वतंत्र

कांग्रेस की फूट के कुछ ही समय बाद बंगलादेश के प्रश्न को लेकर भारत और पाकिस्तान एक-दूसरे से टकराए। भारत की जनता एक स्वतंत्र बंगलादेश के उदय की इच्छुक थी। जे.पी. ने देश में और देश के बाहर भी जनमत तैयार करने में बहुत अधिक योगदान दिया कि बंगलादेश को एक स्वतंत्र राष्ट्र के रूप में अन्तर्राष्ट्रीय मंच पर आना चाहिए।

बंगलादेश के उदय के कारण भारतीय जनता की नवोदित खुशी और भावविह्वलता का लाभ उठा सकें। अपने प्रचार तंत्र के माध्यम से इंदिरा गांधी ने इन सारे कारनामों का श्रेय स्वयं ले ही लिया था लोकसभा के चुनाव में इंदिरा गांधी की आशातीत विजय का कारण पाकिस्तान के साथ युद्ध में भारत की सफलता, भारत की पूर्वी सीमा पर बंगलादेश जैसे मित्र और स्वतंत्र राष्ट्र का उदय और राज्यों में संविद सरकारों की असफलता थी।

चुनाव के दिनों में अलीगढ़ में एक दंगा हुआ और वहां से भारतीय क्रांति दल के उम्मीदवार, आर्यसमाजी नेता श्री शिवकुमार शास्त्री क्रांति दल के एकमात्र प्रतिनिधि के रूप में चुनाव जीतकर लोकसभा में आने से सफल हुए। उनकी विजय का कारण यह था कि सभी दलों ने उनका समर्थन किया था, नहीं तो शायद वे भी हार जाते। चुनाव के परिणामों से चौधरी चरण सिंह को घोर निराशा हुई।

संगठन कांग्रेस, संयुक्त समाजवादी दल, स्वतंत्र पार्टी और जनसंघ ने संयुक्त मोर्चा बनाकर चुनाव लड़ने का निर्णय किया। हमारी इच्छा थी कि चौधरी चरण सिंह अपने भारतीय क्रांति दल के साथ हममें आ मिलें, लेकिन उनकी एक ही शर्त थी कि उन्हें चुनाव से पहले ही संयुक्त मोर्चे का सर्वोच्च नेता स्वीकार कर लिया जाए। दूसरे दल इस बात से सहमत नहीं हुए। चौधरी साहब को विश्वास था कि अपनी जाति में उनका बहुत प्रभाव है और वह अपने ही बलबूते पर लोकसभा में इतने अधिक स्थान प्राप्त कर सकेंगे कि यदि किसी भी दल का स्पष्ट बहुमत नहीं आया तो वह प्रधानमंत्री बनने की अपनी आकांक्षा पूरी करने में सफल हो जाएंगे। इसलिए उन्होंने भारतीय क्रांति दल की सहायता से अकेले ही चुनाव लड़ा, परन्तु उनके सभी उम्मीदवार, जिनमें वह स्वयं भी थे, हार गए। चुनाव के दिनों में अलीगढ़ में एक दंगा हुआ और वहां से भारतीय क्रांति दल के उम्मीदवार, आर्यसमाजी नेता श्री शिवकुमार शास्त्री क्रांति दल के एकमात्र प्रतिनिधि के रूप में चुनाव जीतकर लोकसभा में आने से सफल हुए। उनकी विजय का कारण यह था कि सभी दलों ने उनका समर्थन किया था, नहीं तो शायद वे भी हार जाते। चुनाव के परिणामों से चौधरी चरण सिंह को घोर निराशा हुई। उन्हें पता चल गया कि वह कितने पानी में हैं और १९७३ तक वह अपने भाग्य में संतुष्ट होकर उत्तर प्रदेश विधानसभा में बैठे रहे।

श्रीमती इंदिरा गांधी ने कांग्रेस की सरकारों और उसके संगठनतंत्र पर पूरा वर्चस्व प्राप्त कर लिया था। उन्होंने न तो दल में चुनाव होने दिए और न राज्यों में कांग्रेस के विधायक दलों को अपना नेता स्वयं चुनने दिया। वह विभिन्न समितियों के अध्यक्षों को अपनी इच्छानुसार

पदच्युत कर देती थीं और उनके स्थान पर अपने व्यक्तियों को नियुक्त कर देती थीं। केवल वहीं लोग राज्यों के मुख्यमंत्री बन सकते थे जो इंदिरा गांधी के प्रति निष्ठा का प्रमाण दें। ज्यों ही उन्हें किसी मुख्यमंत्री की निष्ठा में संदेह हो जाता, वह उसे निकाल बाहर करती थीं। गुजरात के श्री चिमनभाई पटेल एकमात्र मुख्यमंत्री थे जिन्होंने उनके आगे झुकना स्वीकार नहीं किया और विद्रोह का झंडा उठाया। वह अकेले मुख्यमंत्री थे जिन्होंने चुनाव करवाया और इंदिरा गांधी के विरोध के बावजूद राज्य के मुख्यमंत्री बने। १९७३ में जब गुजरात के छात्रों ने चिमनभाई पटेल सरकार के विरुद्ध आंदोलन छेड़ा तो इंदिरा गांधी ने इस आंदोलन में सहायता देने के लिए अपने आदमी भेजे। वह कभी अपने आदेशों की अवज्ञा को सहन नहीं कर पाई। भारत के पूर्व प्रधानमंत्री में इस प्रकार की निरंकुश और तानाशाही प्रवृत्तियां १९७३ में ही झलकने लगी थीं।

श्रीमती इंदिरा गांधी की तानाशाही प्रवृत्तियों को इस कारण बल मिला कि १९६२ के बाद से विरोधी दलों ने नकारात्मक राजनीति का सहारा लिया था। वयोवृद्ध राजनीतिज्ञ और त्यागमूर्ति श्री जयप्रकाश नारायण को अपने जीवन की संध्या में समग्र क्रांति का आंदोलन प्रारंभ करना पड़ा जिससे कि तानाशाही शासन समाप्त हो और लोकतंत्र का पौधा, जो सूख चला था, फिर से फले-फूले। इस आंदोलन के कारण लोकतंत्र के लिए सहायक निर्भीकता का वातावरण तैयार हुआ। जनता को इंदिरा गांधी के तानाशाही वर्चस्व के विरुद्ध संगठित

श्रीमती इंदिरा गांधी की तानाशाही प्रवृत्तियों को इस कारण बल मिला कि 1962 के बाद से विरोधी दलों ने नकारात्मक राजनीति का सहारा लिया था। जे.पी. को अपने जीवन की संध्या में समग्र क्रांति का आंदोलन प्रारंभ करना पड़ा जिससे कि तानाशाही शासन समाप्त हो।

किया गया। लाखों लोग जे.पी. के आंदोलन में आ गए तो भारत की राजनीति एक नए मोड़ पर आ पहुंची।

इस नए राजनीतिक वातावरण के कारण चौधरी चरण सिंह की राजनीतिक आकांक्षाएं फिर से करवट लेने लगीं। वह किसी भी राजनीतिक व्यक्तित्व को अपने से श्रेष्ठ नहीं मानते। मुझसे बात करते हुए एक बार उन्होंने कहा था कि उनके विचार में उनसे बड़ा राजनीतिक व्यक्तित्व एक ही था, महात्मा गांधी का। इस बात को देखते हुए वह स्वेच्छा से उस आंदोलन में कैसे सहयोग दे सकते थे जिसके सूत्रधार जयप्रकाश नारायण हों? उस समय सभी विरोधी लोकतांत्रिक दल जे.पी. के आंदोलन के प्रति जनसाधारण के अपार उत्साह से प्रभावित थे, परन्तु चौधरी साहब ने इस आंदोलन का लोक नायक के साथ सहयोग करने की बात

एक बार भी नहीं सोची। लेकिन वे सरकार के विरुद्ध उत्पन्न हुए इस वातावरण का उपयोग अपने प्रयोजनों के लिए करने के अवश्य इच्छुक थे।

चौधरी चरण सिंह ने जे.पी. आंदोलन द्वारा तैयार किए गए वातावरण का लाभ उठाने की योजना बनाई। १९७१ के चुनाव में चौधरी साहब को पता चल गया था कि वह अपनी जाति पर आधारित राजनीति की सहायता से, अकेले ही, भारत के प्रधानमंत्री बनने की आकांक्षा पूरी करने में सफल नहीं होंगे, इसलिए उन्होंने यह सोचा कि जे.पी. के आंदोलन का लाभ उठाकर एक संयुक्त दल बनाया जाए। उनके मन में यह आशा थी कि वही इस नए दल के नेता बनेंगे। इसी काल में श्री राजनारायण भी चौधरी साहब से आ मिले, जबकि १९७३ तक वह चौधरी साहब के शत्रु रहे थे। श्री राजनारायण को भी उनके अपने नैराश्य और कुण्ठा ने उनके साथ पहुंचने के लिए विवश कर दिया था। चौधरी साहब, जो जनसंघ के विरुद्ध विषवमन करने के लिए अब प्रसिद्ध है, राष्ट्रीय स्वयंसेवक संघ के सरसंघचालक श्री बालासाहब देवरस से मिलने के उद्देश्य से कानपुर पहुंचे। वहां पर उन्होंने देवरस जी को इस बात के लिए तैयर करने की चेष्टा की कि वह जनसंघ को यह परामर्श दें कि वह भालोद के साथ मिलकर एक नया दल बना ले। चौधरी साहब का विचार था यदि ऐसा हो जाए तो संयुक्त समाजवादी दल और संगठन कांग्रेस को उस नए दल में आने के लिए विवश होना पड़ेगा। उनका यह सोचना था कि यदि ये दोनों दल नए दल में नहीं भी आते तो भी

जब 1977 में चुनाव की घोषणा की गई तो चारों दलों ने मिलकर जनता पार्टी बना ली। जनसंघ अपने जीवन के 25 वर्ष पूर्ण करने के लिए एक संगठन के रूप में समाप्त हो गया। जनसंघ के सदस्यों में गद्दियों की चाह नहीं थी।

अधिक अंतर नहीं पड़ेगा, क्योंकि उनका अपना अनुमान यह था कि जनसंघ और भालोद मिलकर चुनाव में इंदिरा कांग्रेस को हरा सकता हैं। परन्तु चौधरी साहब यह भूल गए कि जनसंघ स्वतंत्र संगठन है और स्वतंत्रतापूर्वक सभी निर्णय करता है, किसी के कहने से नहीं। इस प्रकार नए दल बनाने की बातचीत कभी-कभार चलती रही, लेकिन आपातकाल के लागू होने तक इस बातचीत का कोई विशेष परिणाम नहीं निकला। नए दल का सूत्रपात उस समय हुआ जब विरोधी दलों के नेता आपातकाल के दिनों में जेलों में थे और जे.पी. उनका नेतृत्व कर रहे थे।

जब १९७७ में चुनाव की घोषणा की गई तो चारों दलों ने मिलकर जनता पार्टी बना ली। जनसंघ अपने जीवन के २५ वर्ष पूर्ण करने के लिए एक संगठन के रूप में समाप्त हो गया। जनसंघ के सदस्यों में गद्दियों की चाह नहीं थी। उनका एकमात्र उद्देश्य यह था कि भारत की राजनीतिक प्रक्रिया में विकृतियों की जो बाढ़ आ गई है उसे रोका जाए। □

7 जनसंघ की सफलताएं

यह बात तो सभी स्वीकार करेंगे कि जिन राज्यों में जनता पार्टी के मुख्यमंत्री वे लोग हैं जो जनसंघ से आए, वहां पर प्रशासन का तंत्र सुचारू रूप से चलता रहा है, वहां अनुशासन रहा है, जनता पार्टी द्वारा अपने चुनाव घोषणापत्र में जो वादे किए गए थे उन्हें पूरा किया गया है, कानून और व्यवस्था बनी रही है और साम्प्रदायिक दंगे नहीं हुए। संघ और जनसंघ के विरुद्ध जो आरोप लगाए जाते हैं उनके परिपेक्ष्य में सबसे उल्लेखनीय बात यही है कि उन राज्यों में साम्प्रदायिक दंगे नहीं हुए। केन्द्र में भी, जहां मंत्री भूतपूर्व जनसंघ के थे, उनका कार्य सर्वोत्कृष्ट रहा है। इस संबंध में विदेश कार्य मंत्रालय और सूचना और प्रसारण मंत्रालय का विशेष रूप से उल्लेख किया जा सकता है।

मुझे यह बात सदा गलत लगी है कि जनता पार्टी के घटक अपनी पुरानी पहचान बनाए रखें। मेरा यह विचार रहा है कि जो दल जनता पार्टी के घटक बने उनके पुराने व्यक्तिगत की पूर्णरूपेण उपेक्षा न भी की जाए तो उन्हें भुला अवश्य देना चाहिए। जब भी किसी ने राजस्थान और दिल्ली में श्री भैरोंसिंह शेखावत और श्री केदारनाथ साहनी के नेतृत्व में चलने वाली सरकारों की सफलता का श्रेय जनसंघ के लिए लेने का प्रयत्न किया है तो मैंने उसे ऐसा करने से रोका है। कोई भी श्रेय की बात हो या बदनामी की, वह जनता पार्टी को मिलनी चाहिए न कि इसके पुराने घटकों को।

जनता पार्टी के एक घटक के रूप में भूतपूर्व जनसंघ की राजनैतिक संस्कृति एक बिलकुल ही भिन्न प्रकार की रही है। जनसंघ का जन्म उन लोगों के सहयोग से हुआ जो राष्ट्रीय स्वयंसेवक संघ की परम्पराओं में पले थे। उनमें संगठन-

कुशलता, सिद्धांतनिष्ठता, अनुशासन की लगन तथा राष्ट्रवादी सिद्धांतों के प्रति निष्ठा के गुण थे। इनकी राजनीति कभी व्यक्तिनिष्ठ नहीं रही और इन्होंने राज्य की शक्ति को साध्य नहीं बल्कि साधनामात्र माना है। इनके लिए राजनीति जीवन का एक अंगमात्र है उसका सारतत्व नहीं।

जनता पार्टी का जन्म कुछ विशेष परिस्थितियों में हुआ था जो ऐतिहासिक दबावों का परिणाम थीं। कई दल इसमें आकर मिले परन्तु, जैसा कि पहले कहा जा चुका है, मुख्य रूप से दो प्रकार के व्यक्ति इसमें आए। एक तो वे जो सत्ता की राजनीति को ही सर्वस्व तथा साध्य मानते थे, और दूसरे वे जो राजनीति को परिवर्तन का साधन मानते थे। एक ओर तो इनमें जनसंघ के लोग थे जो संगठन, सिद्धांतों और मूलभूत परिवर्तन लाने के लिए बलिदान की भावना पर आधारित राजनीति में विश्वास रखते थे, श्री चंद्रशेखर जैसे लोग थे जो सत्ता के दुरुपयोग के विरुद्ध विद्रोह का झंडा लेकर उठे थे, प्रजा समाजवादियों जैसे वे लोग थे जो लोकतंत्र की प्रक्रियाओं में अटूट विश्वास रखते थे, जो स्वतंत्रता संग्राम में रहे थे लेकिन जो उस समय अपना दल छोड़कर चले आए थे जब सत्ता की राजनीति के कारण सिद्धांतों के आधार पर कार्य करना असंभव हो गया था। जिन लोगों का विश्वास लोकतंत्र पर आधारित राजनीति में था उनके लिए एक गुट में एकत्र हो जाना स्वाभाविक ही था, क्योंकि वहां पर वे लोग शांतिपूर्ण ढंग से देश की भलाई के लिए परिवर्तन ला सकते थे। राजनीतिक ध्रुवीकरण के लिए यह उचित ही था कि व्यक्तिनिष्ठ और जातियों पर आधारित राजनीति में विश्वास रखने वाले श्री चरण सिंह, अराजकता, विध्वंस और मूर्तिभंजन के विशेषज्ञ सर्वश्री राजनारायण और मधु लिमये, जिनका समाजवाद निर्धन और धनों के अन्तर पर नहीं बल्कि जातिभेद पर आधारित था, श्री बीजू पटनायक, जिनकी सत्ता की राजनीति सदा से धनी वर्ग की मुखापेक्षी है और श्री हेमवतीनन्दन बहुगुणा, जिनके साम्प्रदायिक और साम्यवादी दृष्टिकोण से सभी परिचित हैं– उस समूह में नहीं हो सकते थे जो सिद्धांतों को महत्व देते हैं। इस प्रकार के तत्वों का इकट्ठा रहना जनता पार्टी के लिए कठिनाई उत्पन्न कर

राजनीतिक ध्रुवीकरण के लिए उचित ही था कि व्यक्तिनिष्ठ और जातियों पर आधारित राजनीति में विश्वास रखने वाले श्री चरण सिंह, अराजकता, विध्वंस और मूर्तिभंजन के विशेषज्ञ सर्वश्री राजनारायण और मधु लिमये, जिनका समाजवाद निर्धन और धनों के अन्तर पर नहीं बल्कि जातिभेद पर आधारित था, श्री बीजू पटनायक, जिनकी सत्ता की राजनीति सदा से धनी वर्ग की मुखापेक्षी है।

सकता था, क्योंकि सैद्धांतिक समरसत्ता के अभाव में शांतिपूर्ण परिवर्तन लाना संभव न हो पाता। दल-बदल और विश्वासघात के कारण आज जनता पार्टी का जो रूप रह गया है वह ध्रुवीकरण की इसी प्रक्रिया का परिणाम है जिसने इसे एक संश्लिष्ट और समेकित शक्ति बना दिया है। यह कहा जा सकता है कि जो तत्व जनता पार्टी की मूल भावनाओं और उसकी राजनीतिक संस्कृति के विरोधी थे उसे छोड़कर चले गए हैं और आज जनता पार्टी पहले की अपेक्षा अधिक अच्छी स्थिति में है।

हम यह देखेंगे कि जनता पार्टी के घटकों में उपर्युक्त दो अलग-अलग वर्गों की भूमिका और उपलब्धियां एक स्वाभाविक प्रक्रिया के अनुसार हुई हैं। यदि यह कहा जाए कि अच्छा प्रशासन, कानून और व्यवस्था की अधिक अच्छी स्थिति, विकास की प्रशंसनीय दर, राजनीतिक अनुशासन और जनता पार्टी के घोषणा पत्र को कार्यरूप में परिणत करने की इच्छाशक्ति केवल उन राज्यों में है जहां के मुख्यमंत्री भूतपूर्व जनसंघ के सदस्य थे तो यह एक विश्लेषण हलका होते हुए भी सही होगा।

जिन राज्यों में विभिन्न जातियों के जोड़-तोड़ और गठबंधन पर आधारित व्यक्तिनिष्ठ राजनीति की परम्परा रही है वहां पर आपको एक भिन्न चित्र देखने को मिलेगा। हरियाणा, उत्तर प्रदेश और बिहार में भूतपूर्व संगठन कांग्रेस और सी.एफ.डी. की जो उपेक्षा की गई उससे सत्तारूढ़ घटकों की मनोवृत्ति का पता चलता है। यह तो स्पष्ट है कि उन्होंने जो कुछ किया उसके बाद इस बात की आशा नहीं की जा सकती थी कि राजनीतिक संतुलन या शांति बनी रहेगी। मुझे याद है कि मैंने चौधरी चरण सिंह से कई बार यह कहा था कि इन राज्यों में संगठन कांग्रेस, सी.एफ.डी. और श्री चंद्रशेखर के अनुयायियों की उपेक्षा न की जाए। मैंने उन्हें चेतावनी दी थी कि यदि राजनीतिक संतुलन बिगड़ गया तो उसके परिणाम अच्छे न होंगे। एक के बाद एक इन राज्यों में अविश्वास प्रस्ताव लाए गए या यह मांग की गई कि मुख्यमंत्री फिर से विधानसभा का विश्वास प्राप्त करें।

सैद्धांतिक समरसत्ता के अभाव में शांतिपूर्ण परिवर्तन लाना संभव न हो पाता। दल-बदल और विश्वासघात के कारण आज जनता पार्टी का जो रूप रह गया है वह ध्रुवीकरण की इसी प्रक्रिया का परिणाम है जिसने इसे एक संश्लिष्ट और समेकित शक्ति बना दिया है।

अस्थिरता उत्पन्न की गई, लेकिन क्यों? कारण केवल यह था कि चौधरी चरण सिंह की दृष्टि प्रधानमंत्री की कुर्सी पर लगी हुई थी और उन्होंने इन राज्यों में उन तत्वों को हानि पहुंचाने का बीड़ा उठा रखा था जिससे कि उनकी अपनी स्थिति सुदढ़ हो जाए।

एक बार स्थायित्व बिगड़ जाए तो उसके बढ़ते रहने की संभावना होती है और सरकार शांतिपूर्ण परिवर्तन के लिए उचित ढंग से कार्रवाई करने में असफल हो जाती है। राजनीति की वैधता समाप्त हो जाती है। पिछड़े और उन्नत वर्गों के बीच झगड़े होने लगते हैं। जातियों के आधार पर चुनाव लड़ने की प्रवृत्ति बढ़ती है और सामाजिक तथा राजनीतिक तनाव उत्पन्न हो जाते हैं। उन राज्यों में जिस प्रकार राजनीति का निर्वहन किया जा रहा था उसके ये स्वाभाविक परिणाम थे। यह भी स्वाभाविक ही था कि समाज में जनता सरकार और उसके कार्यकलाप के बारे में असंतोष की भावना उत्पन्न हो गई। सामाजिक तनाव, प्रशासन की अस्थिरता और उसमें स्थायित्व का अभाव, प्रशासनिक सेवाओं की काम करने में आनाकानी और जिम्मेदारी को टालने की प्रवृत्ति ऐसी परिस्थितियां थीं जिनमें कोई भी सरकार प्रभावी रूप से कार्य नहीं कर सकती।

समाज में जनता सरकार और उसके कार्यकलाप के बारे में असंतोष की भावना उत्पन्न हो गई। सामाजिक तनाव, प्रशासन की अस्थिरता और उसमें स्थायित्व का अभाव, प्रशासनिक सेवाओं की काम करने में आनाकानी और जिम्मेदारी को टालने की प्रवृत्ति ऐसी परिस्थितियां थीं जिनमें कोई भी सरकार प्रभावी रूप से कार्य नहीं कर सकती।

यही कारण था कि हरियाणा, उत्तर प्रदेश और बिहार की सरकारें जनता की आशा के अनुसार कार्य नहीं कर सकीं और उनकी उपलब्धियां नगण्य ही हैं। उनमें आरम्भ से ही जो उपद्रव होते रहे वे भयंकर थे और उनके कारण सबको बड़ी निराशा हुई। इस बात को भी नहीं भूलना चाहिए कि इस सबको बड़ी निराशा हुई। इस बात को भी नहीं भूलना चाहिए कि इस परिस्थिति का दोष केवल वहां के मुख्यमंत्रियों पर नहीं थोपा जा सकता। इसकी जिम्मेदारी राजनीतिक दृष्टि से विकृत उस संस्कृति पर है जो चौधरी चरण सिंह और उनके व्यक्तिनिष्ठ तथा जातिवाद पर आधारित राजनीति के रूप में जनता पार्टी में प्रवेश कर गई थी। इसकी जिम्मेदारी सर्वश्री राजनारायण, मधु लिमये तथा उनके समानधर्मा लोगों पर है।

राजस्थान, दिल्ली, हिमाचल प्रदेश, मध्य प्रदेश तथा गुजरात के मुख्यमंत्री एक भिन्न प्रकार की राजनीतिक संस्कृति के अंग थे। इनमें से चार राज्यों में जनसंघ की परम्पराओं का प्रभाव था तो पांचवें राज्य में स्वतंत्रता पूर्व की कांग्रेसी परम्पराएं विद्यमान थीं। आप देखेंगे कि गुजरात में फिर से विश्वास प्राप्त करने की मांग नहीं रखी गई। इसमें न तो कभी अनुशासनहीनता हुई और न शासक दल के सदस्यों में कोई असंतोष जागा। उन्होंने राजनीतिक चालें भी नहीं चलीं। यह सब कुछ अकारण ही नहीं हुआ। यह एक

विशेष राजनीतिक संस्कृति का परिणाम था और वह संस्कृति १९६९ में कांग्रेस में पड़ी फूट से पहले की संस्कृति थी।

श्री भैरोंसिंह शेखावत के मुख्यमंत्री रहते हुए जनता पार्टी की जो उपलब्धियां हुईं, वे गर्व का विषय हैं। देश में राजनीतिक वातावरण और चौधरी चरण सिंह के अनुयायियों द्वारा अपदस्थ करने के प्रयत्नों के बावजूद राजस्थान सरकार स्थायी रही। उससे भी अधिक उल्लेखनीय बात यह है कि इस सरकार की उपलब्धियां अभूतपूर्व हैं। राजस्थान सरकार ने न केवल जनता पार्टी के घोषणा पत्र में दिए गए कार्यक्रमों और नीतियों को कार्यरूप में परिणत किया है बल्कि इस विषय में अन्य राज्यों का मार्गदर्शन भी किया है। राजस्थान सरकार द्वारा चलाए गए अन्त्योदय कार्यक्रम और उसकी सफलता को ही लीजिए। राज्य के प्रत्येक गांव में सबसे अधिक निर्धन पांच परिवारों को छोटे-छोटे उद्योग-धंधे लगाने, पशु-पालन, भूमि, कृषि के औ ाार आदि खरीदने के लिए सहायता दी गई और ये अब स्वयं अपने पैरों पर खड़े हो गए हैं।

इस योजना का सबसे उल्लेखनीय पहलू इसका विस्तार है। यह कुछ क्षेत्रों, जिलों का कुछ गांवों तक ही सीमित नहीं है और न यह कोई सांकेतिक प्रयत्न था। अन्त्योदय योजना राजस्थान राज्य के प्रत्येक गांव में लागू की जा चुकी है। लगभग दो लाख परिवार, जिनके सदस्यों की संख्या दस लाख से कम न होगी, इसके अन्तर्गत सहायता प्राप्त कर चुके हैं और उन्नति के पथ पर अग्रसर हैं। इसका मतलब है कि राज्य की दो करोड़ जनता का पांच प्रतिशत भाग इसके अन्तर्गत लाभान्वित हो चुका है।

मैं यहां पर राजस्थान सरकार की प्रशासनिक कुशलता और सजगता का एक और उदाहरण बताने का लोभ संवरण नहीं कर सकता। पाठक जानते हैं कि देश के अधिकतर भागों में ग्रामीण क्षेत्रों में लोगों में किस प्रकार परस्पर मुकदमें चला करते हैं, जिससे उन्हें न केवल परेशानी होती है बल्कि धन का अपव्यय भी होता है। राजस्थान के न्यायालयों में लाखों ऐसे मामले पड़े थे जिनके निर्णय नहीं हो पाए थे। जब राजस्थान की सरकार ने सत्ता सम्भाली तो मुख्यमंत्री ने छोटे-छोटे न्यायिक दलों की नियुक्ति कर दी जिससे कि वे सारे राज्य का दौरा करें और मौके पर जाकर सुनवाई करके भूमि के झगड़ों का

श्री भैरोंसिंह शेखावत के मुख्यमंत्री रहते हुए जनता पार्टी की जो उपलब्धियां हुईं, वे गर्व का विषय हैं। देश में राजनीतिक वातावरण और चौधरी चरण सिंह के अनुयायियों द्वारा अपदस्थ करने के प्रयत्नों के बावजूद राजस्थान सरकार स्थायी रही। उससे भी अधिक उल्लेखनीय बात यह है कि इस सरकार की उपलब्धियां अभूतपूर्व हैं।

निबटारा कर दें। इनमें से कई झगड़े बरसों से चले आ रहे थे। एक वर्ष के समय में ही ९० प्रतिशत ऐसे मामलों का निर्णय कर दिया गया, जिससे लाखों व्यक्ति लाभान्वित हुए।

मैं इन राज्य सरकारों की उपलब्धियों का प्रचार नहीं कर रहा हूं, बल्कि यह बताने की चेष्टा कर रहा हूं कि एक प्रकार की राजनीति की प्रशासनिक कुशलता और दूसरे प्रकार की राजनीति में उसी कुशलता के अभाव के आधारभूत कारण क्या हैं। ऊपर जिन उपलब्धियों का उल्लेख किया गया है उनके कारणों का विश्लेषण करें तो पता चल जाएगा कि यदि राज्य में राजनीतिक स्थायित्व का अभाव होता तो सरकार उस प्रकार अपना कार्य न कर पाती जैसे कि उसने कर दिखाया। यदि शेखावत के दल में भी उस राजनीतिक सांस्कृतिक धारा के लोग होते जैसे कि हरियाणा, बिहार और उत्तर प्रदेश के विधायक थे तो क्या वह कुछ कर पाते? यदि उनके साथियों में सत्ता-राजनीति के हानि-लाभ की भावना होती, यदि वे जनता के हित और उसकी सेवा की चिंता न करते, यदि उनमें राजनीतिक नैतिकता के सिद्धांतों के प्रति आदर की भावना न होती तो क्या शेखावत सरकार कुछ कर पाती? मैं यह इसलिए कह रहा हूं कि श्रेय दल के सदस्यों की राजनीतिक संस्कृति को देना चाहिए, न कि दल के किसी घटक विशेष को।

यदि उनके साथियों में सत्ता-राजनीति के हानि-लाभ की भावना होती, यदि वे जनता के हित और उसकी सेवा की चिंता न करते, यदि उनमें राजनीतिक नैतिकता के सिद्धांतों के प्रति आदर की भावना न होती तो क्या शेखावत सरकार कुछ कर पाती?

राजस्थान के बारे में जो बात लागू होती है वह उपर्युक्त अन्य राज्यों पर भी लागू होती है। एक बात इन पांचों राज्यों में पाई जाएगी और वह यह कि वहां के सत्तारूढ़ व्यक्तियों की राजनीतिक संस्कृति एक जैसी थी जो उनके व्यक्तित्व पर अपनी गहरी छाप छोड़ गई थी। दिल्ली में जनसंघ पहली बार सत्तारूढ़ नहीं हुआ था। दिल्ली की जनता जानती है कि जनसंघ की कार्य प्रणाली क्या है। उसे यह भी पता है कि किसी दल की राजनीतिक संस्कृति उसके अन्तर्गत आने वाले सारे क्षेत्र पर अपनी छाप छोड़ देती है। दिल्ली के मुख्य कार्यकारी पार्षद श्री केदारनाथ साहनी के बारे में सभी जानते हैं कि वह राजनीतिक आधार पर प्रशासनिक मामलों में कभी हस्तक्षेप नहीं करते। जो कुछ भी होता है, नियमों के अनुसार किया जाता है। यहां तक कि ''नियमानुसार'' उनके लिए मजाक के रूप में भी प्रयोग किया जाने लगा है। समाज का प्रभावशाली वर्ग, जिसे प्रशासनिक मामलों में राजनीतिक लाभ उठाने की आदत पड़ी हुई है, नियमानुसार

कार्य करने की प्रणाली से क्रुद्ध है और इसका उपहास करता है। परन्तु मैं पूछता हूं इसमें गलत क्या है ? इसके विपरीत इस व्यवस्था और राजनीतिज्ञों द्वारा प्रशासनिक मामलों में हस्तक्षेप न करने के कारण प्रशासन की विश्वसनीयता जनता की दृष्टि में बढ़ गई है। सभी के साथ न्याय, पक्षपात का अभाव और राजनीतिक आधार पर हस्तक्षेप का न होना ही वह महत्वपूर्ण कसौटी है, जिस पर सभी प्रशासनों को कसना चाहिए। दुर्भाग्यवश जो लोग सत्तारूढ़ हो जाते हैं उनमें केवल अपनों को ही लाभ पहुंचाने की प्रवृत्ति उत्पन्न हो जाती है। दूसरे शब्दों में हमारे यहां अन्यत्र संयुक्त होते ही अपने-अपने व्यक्तियों को मुख्य पदों पर नियुक्त करने लगती है।

हिमाचल प्रदेश और मध्य प्रदेश की सरकारों की उपलब्धियां भी गौरव का विषय हैं। कई मामलों में उन्होंने सारे देश का मार्गदर्शन किया है। राजस्थान और दिल्ली के समान इन राज्यों में भी प्रशासन के सुचारु रूप से चलने का मुख्य श्रेय उस राजनीतिक संस्कृति को जाता है जिसकी छाप सत्तारूढ़ व्यक्तियों पर पड़ी है।

केंद्र में कुछ मंत्रालयों पर भी यही बात लागू होती है। भूतपूर्व विदेशमंत्री श्री अटल बिहारी वाजपेयी और भूतपूर्व सूचना तथा प्रसारण मंत्री श्री लालकृष्ण आडवाणी अपने कुशल प्रशासन, अहस्तक्षेप की नीति और पक्षपात-रहित आचरण के लिए विख्यात हो चुके हैं। उन्होंने बड़ी निष्ठा और ईमानदारी से जनता पार्टी के कार्यक्रमों और नीतियों को

हिमाचल प्रदेश और मध्य प्रदेश की सरकारों की उपलब्धियां भी गौरव का विषय हैं। कई मामलों में उन्होंने सारे देश का मार्गदर्शन किया है। राजस्थान और दिल्ली के समान इन राज्यों में भी प्रशासन के सुचारु रूप से चलने का मुख्य श्रेय उस राजनीतिक संस्कृति को जाता है जिसकी छाप सत्तारुढ़ व्यक्तियों पर पड़ी है।

कार्यरूप में परिणत करके जनता पार्टी को श्रेय दिया है। अपने कार्यकलाप और कार्यविधि के कारण जनता पार्टी में और बाहर भी लोगों को उनसे ईर्ष्या होने लगी थी। उनका आचरण इतना शुद्ध रहा और उनका नाम इतना निष्कलंक था कि लोग यह कहते सुने गए कि केंद्रीय मंत्रिमंडल में दो ही व्यक्ति निष्कलंक रहे हैं और दोनों भूतपूर्व जनसंघ के सदस्य थे।

मैं यहां यह भी कह देना चाहता हूं कि ऐसे अच्छे कार्य का श्रेय उन व्यक्तियों और जनसंघ को आता है, परन्तु वास्तव में श्रेय उस सांस्कृतिक धारा को देना चाहिए जिसके प्रतिनिधि वे हैं और उन राजनीतिक परम्पराओं को देना चाहिए जो उन्हें अपने संगठनों से थाती के रूप में प्राप्त हुई हैं। इस सन्दर्भ में भूतपूर्व रेल मंत्री श्री मधु दण्डवते का नाम भी प्रशंसनीय है। उनकी उपलब्धि भी

साधारण नहीं थी। अपने प्रशासन के कार्यकाल में वे कभी किसी विवाद का विषय नहीं बने। उन पर यदि आरोप लगाए गए तो वे टिक नहीं पाए, क्योंकि वे झूठे थे। राजनीतिक अनुशासन की दृष्टि से भी उनका आचरण निष्कलंक रहा है। मेरा निश्चित मत है कि यह सब इस कारण हुआ है कि उनकी अपनी संस्कृति है जिसने उन्हें यह सिखाया है कि राजनीतिक जीवन में नैतिकता के सर्वोच्च मापदंड अक्षुण्ण रखने चाहिए।

जनसंघ डॉक्टर श्यामा प्रसाद मुखर्जी के नेतृत्व में 1952 में चुनाव के क्षेत्र में कूदा था। यह उन दलों में से है जिनका जन्म स्वतंत्रता के बाद हुआ। पहले चुनाव में कोई विशेष सफलता नहीं मिली। इसने 93 उम्मीदवार खड़े किए जिनमें से केवल 3 जीत पाए, विधान सभाओं के लिए जनसंघ के प्रत्याशियों की संख्या 425 थी परन्तु उनमें से केवल 35 सफल हुए।

और अधिक उदाहरण देने की आवश्यकता नहीं है, परन्तु इस सन्दर्भ में श्री रवीन्द्र वर्मा का उल्लेख अनिवार्य हो जाता है। वे उसी वर्ग में आते हैं जिसमें सर्वश्री वाजपेयी, आडवाणी और दण्डवते आते हैं।

जनसंघ डॉक्टर श्यामा प्रसाद मुखर्जी के नेतृत्व में १९५२ में चुनाव के क्षेत्र में कूदा था। यह उन दलों में से है जिनका जन्म स्वतंत्रता के बाद हुआ। पहले चुनाव में कोई विशेष सफलता नहीं मिली। इसने ९३ उम्मीदवार खड़े किए जिनमें से केवल ३ जीत पाए, विधान सभाओं के लिए जनसंघ के प्रत्याशियों की संख्या ४२५ थी परन्तु उनमें से केवल ३५ सफल हुए। यह उपलब्धि बड़ी निराशाजनक थी। परन्तु इस बात को देखते हुए कि यह पहला चुनाव था जो जनसंघ ने लड़ा, उसे मिले मतों का प्रतिशत काफी था। जनसंघ को डाले गए कुछ मतों का ३.४ प्रतिशत मिला और चुनाव आयोग ने इसे एक राष्ट्रीय दल के रूप में स्वीकार कर लिया। इससे पता चलता था कि आगे चलकर क्या होने वाला है। चुनाव के लगभग डेढ़ वर्ष बाद डॉक्टर मुखर्जी ने भारतीय नागरिकों के कश्मीर में प्रवेश के लिए अनुज्ञा पत्र के प्रश्न को लेकर सत्याग्रह प्रारम्भ किया। उनका देहावसान जेल में ही हुआ और यह दुर्घटना जनसंघ के लिए अपनी शैशवावस्था में बहुत बड़ा धक्का थी। बहुत से व्यक्ति जो डॉ. मुखर्जी के व्यक्तित्व से प्रभावित होकर जनसंघ में आए थे, उसे छोड़कर चले गए। जब इसने १९५७ में चुनाव लड़ा तो ऐसा माना जाता था कि यह नेताविहीन दल है जिसका न कोई कार्यक्रम है और न ही कोई नीति, और न आर्थिक समस्याओं के बारे में अपनी कोई विचारधारा। परन्तु इस चुनाव के परिणाम बड़े उत्साहवर्द्धक थे। जनसंघ लोकसभा के चार और विधानसभाओं के ४६ स्थान जीतने में सफल हुआ था और इसे डाले

गए मतों का प्रतिशत बढ़कर ६ हो गया था। इसके प्रतिनिधि श्री अटल बिहारी वाजपेयी इसकी आवाज उठाने के लिए लोकसभा पहुंचे। १९५७ से १९६२ तक पंडित दीनदयाल उपाध्याय के नेतृत्व में जनसंघ ने अपने संगठन को अधिक सशक्त बनाने पर बल दिया। कुछ नगरों में नगरपालिकों के उप-चुनावों और चुनावों में इसे उल्लेखनीय सफलता प्राप्त हुई। १९६१ में दिल्ली के एक उपचुनाव में इसके उम्मीदवार श्री बलराज मधोक लोकसभा में पहुंचे।

यह जनसंघ के जीवन का पहला दशक था और इसके बारे में लोगों में निम्नलिखित धारणाएं प्रचलित थीं:

- जनसंघ कार्यकर्ताओं पर आधारित संगठन है और यह भारतीय राजनीति में बना रहेगा:
- डॉ. मुखर्जी के देहान्त और तत्कालीन प्रधानमंत्री श्री नेहरू के विरोधी रवैये और अखिल भारतीय स्तर के नेता के अभाव के बावजूद जनसंघ एक के बाद एक चुनाव लड़ रहा है और अपनी स्थिति को सुदृढ़ करता जा रहा है।
- जनसंघ के युवा नेता दृढ़संकल्प, निष्ठावान और राष्ट्रवादी हैं जिन्हें भारत की संस्कृति की परम्पराओं में गहरा विश्वास है: और
- इस बात की संभावना है कि जनसंघ देश की राजनीति में महत्वपूर्ण भूमिका निभाएगा और यह भी कि लगभग सभी राजनीतिक दल इसे अपना शत्रु मानते हैं।

जनसंघ के जीवन के पहले दशक में कई बार यह प्रयत्न किया गया कि रामराज्य परिषद, हिन्दू महासभा और जनसंघ को मिलाकर एक दल बनाया जाए। परन्तु जनसंघ की परम्परा रामराज्य परिषद के स्वामी करपात्री जी के हिन्दू विश्वासों से मेल नहीं खाती थी। करपात्री जी को वर्ण-व्यवस्था में गहरा विश्वास था और वे हिन्दुओं में ऊंच-नीच मानते थे। इसलिए भी श्री दीनदयाल उपाध्याय ने स्पष्ट रूप से इस प्रस्ताव से अपनी असहमति प्रकट की। जनसंघ के पहले अखिल भारतीय अधिवेशन में इसकी सदस्यता के द्वार भारत के सभी नागरिकों के लिए खोल दिए गए। जनसंघ और हिंदू महासभा के बीच इसी विषय पर असहमति थी, क्योंकि जनसंघ का मूल रूप से यह विश्वास था और आज भी है कि देश के संविधान के अन्तर्गत प्रत्येक भारतीय नागरिक के साथ समान व्यवहार

जनसंघ के जीवन के पहले दशक में कई बार यह प्रयत्न किया गया कि रामराज्य परिषद, हिन्दू महासभा और जनसंघ को मिलाकर एक दल बनाया जाए। परन्तु जनसंघ की परम्परा रामराज्य परिषद के स्वामी करपात्री जी के हिन्दू विश्वासों से मेल नहीं खाती थी। करपात्री जी को वर्ण-व्यवस्था में गहरा विश्वास था और वे हिन्दुओं में ऊंच-नीच मानते थे।

होना चाहिए और जाति, धर्म, विश्वास या भाषा के आधार पर कोई भेदभाव नहीं होना चाहिए।

१९६२ के चुनाव के बाद लोकसभा में जनसंघ के सदस्यों की संख्या ४ से बढ़कर १४ और राज्य विधानसभाओं में ४६ से बढ़कर ११४ हो गई। जनसंघ को दिए गए मतों का प्रतिशत भी बढ़ गया- विधानसभाओं के लिए जनसंघ के उम्मीदवारों को पहले की अपेक्षा दो प्रतिशत अधिक मत मिले। इन चुनावों के परिणामों से यह पता चलता था कि जनसंघ एक विकासशील दल है। चीन के आक्रमण के बाद जनसंघ का राष्ट्रवादी चित्र और उज्जवल हो गया। पाकिस्तान के सन्दर्भ में जनसंघ का दृष्टिकोण राष्ट्रवादी था, परन्तु लोगों ने इसे समझने में भूल की थी। आणविक अस्त्रों के निर्माण की मांग, आर्थिक प्रश्नों पर इसकी विचारधारा और आर्थिक समस्याओं के बारे में चलाए गए आंदोलनों के कारण जनसंघ को उन आर्थिक, सामाजिक और राजनीतिक समस्याओं को हल करने की ओर प्रवृत्त किया जो उस समय देश के सामने थीं। १९६३ में इसका प्रमुख राजनीतिक दस्तावे । सिद्धांत और नीति प्रकाशित किया गया। श्री उपाध्याय ने अपने ग्रन्थ एकात्म मानववाद के माध्यम से जनसंघ को भारत के राजनीतिक दर्शन के स्थिर धरातल पर ला खड़ा किया। जनसंघ के नेताओं और कार्यकर्ताओं ने टू प्लान्स, परफारमेंस एंड प्रोस्पेक्ट्स, तथा भारतीय अर्थनीति की एक दिशा नामक पुस्तकें और ज्वलंत समस्याओं पर सैकड़ों लेख लिखे। बहुत-सी अध्ययन गोष्ठियों का आयोजन भी किया गया। इन सब प्रयत्नों का यह परिणाम हुआ कि जनसंघ के राजनीतिक और आर्थिक चिंतन को एक सुदृढ़ आधार मिला। उत्तर प्रदेश, मध्य प्रदेश, बिहार, महाराष्ट्र और अन्य राज्यों में जनसंघ के नेताओं को मान्यता प्राप्त हुई और लगभग आधा दर्जन नेता राष्ट्रीय क्षितिज पर चमक उठे। १९६७ में जनसंघ ने चुनाव लड़ा तो उसमें आत्म-विश्वास की भावना कूट-कूट कर भरी हुई थी। इसके बारे में लोगों में यह धारणा थी कि इसके नेता और कार्यकर्ता युवा, गतिशील, दृढ़प्रतिज्ञ और लगन वाले लोग है।

चुनावों के परिणामों से यह पता चलता था कि जनसंघ एक विकासशील दल है। चीन के आक्रमण के बाद जनसंघ का राष्ट्रवादी चित्र और उज्जवल हो गया। पाकिस्तान के सन्दर्भ में जनसंघ का दृष्टिकोण राष्ट्रवादी था, परन्तु लोगों ने इसे समझने में भूल की थी।

दूसरे दलों में टूट-फूट की प्रक्रिया चल रही थी, परन्तु जनसंघ लगातार प्रगति के पथ पर अग्रसर था। इसे कभी पीछे हटने पर विवश नहीं होना पड़ा। १९६७ के चुनाव के बाद के साल में यह कांग्रेस के बाद सबसे बड़ा राष्ट्रीय दल था। इसका

भविष्य उज्जवल था और इसके विकसित होने की अपार संभावनाएं थीं। यह सब परिणाम था १९६७ के चुनावों का।

१९६७ के चुनाव के बाद जनसंघ ने अपने कदम प्रभावी ढंग से दक्षिण भारत में बढ़ाने प्रारम्भ किए। केरल के कालीकट में जनसंघ का बढ़ा सफल अखिल भारतीय अधिवेशन हुआ। पं. दीनदयाल उपाध्याय अध्यक्ष बने। यह भारतीय राजनीति में शुद्धता, परिपक्व सामाजिक, आर्थिक व राजनीतिक चिंतन के प्रतिनिधि के रूप में उभरे। देशभर के समाचार पत्रों में अध्यक्षीय भाषण में जनसंघ को दिए गए अधिष्ठान की भूरि-भूरि प्रशंसा की गई। लगा कि भारतीय राजनीति का तिमिर चीरकर एक जाज्वल्यमान नक्षत्र उग रहा है। लेकिन देव को कदाचित यह मंजूर नहीं था। उनकी हत्या १९६८ की ११ जनवरी को मुगलसराय में किसी अज्ञात व्यक्ति ने कर दी।

केरल के कालीकट में जनसंघ का बढ़ा सफल अखिल भारतीय अधिवेशन हुआ। पं. दीनदयाल उपाध्याय अध्यक्ष बने। यह भारतीय राजनीति में शुद्धता, परिपक्व सामाजिक, आर्थिक व राजनीतिक चिंतन के प्रतिनिधि के रूप में उभरे। देशभर के समाचार पत्रों में अध्यक्षीय भाषण में जनसंघ को दिए गए अधिष्ठान की भूरि-भूरि प्रशंसा की गई।

जनसंघ के जीवन में डॉ. श्यामाप्रसाद मुखर्जी, डॉ. रघुबीर और पं. दीनदयाल उपाध्याय सरीखे अग्रणी नेता असमय में काल-कवलित हो गए। यह जनसंघ की राजनैतिक संस्कृति ही थी, जिसके कारण इन महान व्यक्तियों की क्षति को संगठन ने बर्दाश्त कर लिया।

जनसंघ व्यक्तित्वप्रधान संगठन नहीं है, बल्कि यह संगठन कार्यकर्ता प्रधान और सामूहिक नेतृत्व में चलने वाला दल रहा है। इसमें व्यक्ति महत्वपूर्ण रहे हैं, परन्तु स्वयं उन्होंने अपनी महत्ता ऐसी नहीं बनाई कि संगठन इनके सामने गौण अथवा बौना पड़ जाए। सिद्धांतों पर अडिग आस्था, कार्यकर्ता-प्रधान होना, कार्यकर्ता की महत्ता, परिवर्तन की राजनीति और इसके लिए एक बेहतर राजनैतिक अनुशासन इस राजनैतिक संस्कृति की विशेषता थी।

१९६७ में जनसंघ के लोग विभिन्न राजनैतिक दलों के साथ संयुक्त विधायक दलों और उनकी सरकारों में भागीदार बने। आन्तरिक तनावों और केंद्र की हस्तक्षेप की राजनीति के दबाव में यह सरकारें टूटीं। लेकिन एक बहुत महत्वपूर्ण परिणाम देखने को मिला। जनसंघ के जो लोग मंत्री बने थे, वह न केवल पाक-साफ बनकर निकले बल्कि उन्होंने यह भी प्रमाणित कर दिया कि वह नये भले ही हैं, पर प्रशासन कुशलता से चला सकते हैं।

इस संबंध में बिहार के संविद मंत्रियों की जांच के लिए बने मुघोलकर आयोग की चर्चा मैं उचित समझता हूं। अन्य

मंत्रियों के अलावा जनसंघ के मंत्रियों के भी खिलाफ आरोप लगाए गए थे। राजनैतिक विकृतीकरण का यह तेवर रहा है कि भ्रष्टाचार के आरोप का कुछ लोग बड़ी उदारतापूर्वक सब पक्षों के नेताओं में बंटवारा करते हैं ताकि अच्छे-बुरे के भेद खत्म हो जाए और ''सब चोर हैं, सब भ्रष्ट हैं'' का वातावरण बन जाए। कोई आंख वाला तो क्या, काना भी न बचे। लेकिन मुधोलकर आयोग ने जनसंघ से संबंधित सभी मंत्रियों को बिल्कुल आरोपमुक्त कर दिया, जबकि बाकी सभी पक्षों के मंत्री इतने पाक-साफ नहीं

भ्रष्टाचार के आरोप का कुछ लोग बड़ी उदारतापूर्वक सब पक्षों के नेताओं में बटवारा करते हैं ताकि अच्छे-बुरे के भेद खत्म हो जाए और ''सब चोर हैं, सब भ्रष्ट हैं'' का वातावरण बन जाए। कोई आंख वाला तो क्या, काना भी न बचे।

निकल सके। यह उस राजनैतिक संस्कृति का परिणाम था, जिसके वह अंग थे। ऐसी ही आरोपबाजी आज भी हो रही है। आरोप लगाकर अखबारों में प्रचार करने तक ही यह टिक सकते हैं। न्यायिक जांच के सामने साफ हो जाते हैं।

१९६७ के बाद गैर-कांग्रेसवाद की प्रतिक्रिया हुई। संविद सरकारें एक-एक कर दल-बदल के कारण गिरीं। श्रीमती गांधी को जब चुनौती मिली तो उन्होंने कांग्रेस को ही विभाजित कर दिया। उन्होंने व्यक्तिवाद का सिलसिला चालू किया। एक तरफ पूंजीपतियों से सांठगांठ और दूसरी तरफ समाजवाद का नारा, एक तरफ स्थायी व मजबूत केंद्रीय सरकार की अपील और दूसरी तरफ क्षेत्रीय दलों और कम्युनिस्ट पार्टी से गठबंधन, एक तरफ आत्मा की आवा। का नारा और दूसरी तरफ शुद्ध सत्ता की राजनीति के लिए निहित स्वार्थ के सभी वर्गों के साथ सांठगांठ-राजनैतिक संस्कृति के विकृतीकरण का यह तेवर उन्होंने भारतीय राजनीति को दिया।

लेकिन जनसंघ की राजनैतिक संस्कृति का चरित्र बिलकुल जुदा था। इसी कारण इसकी लोकप्रियता विपरीत से विपरीत समय में भी १९७१ और ७२ तक नहीं घटी। जनसंघ अपनी मीन पर मजबूती से खड़ा ही नहीं रहा, बल्कि उसके प्रभाव में वृद्धि होती गयी।

राजनैतिक संस्कृतियों की तुलना करते समय यह कहना प्रासंगिक होगा कि भारत के लगभग सभी राजनैतिक पक्षों का विघटन और विभाजन हुआ, परन्तु जनसंघ में कोई विभाजन नहीं हुआ।

कम्युनिस्ट पार्टी कई बार विभाजित हुई। उग्र मार्क्सवादी पक्ष, जिन्हें हम नक्सलवादियों के नाम से जानते हैं, का भी विभाजन पांच भागों में हो गया है। समाजवादी पक्ष का विभाजन सबको पता है। इसके बाद कांग्रेस का भी विभाजन हो गया। विभाजन की प्रक्रिया कालान्तर में द्रमुक को भी विभाजित करके ही

रही। रिपब्लिकन पार्टी, मुस्लिम लीग तथा अकाली दल आदि सभी छोटे-छोटे पक्ष भी विभाजित हो गए। जनसंघ ही एकमात्र ऐसा पक्ष रहा जहां कोई विभाजन नहीं हुआ। श्री बलराज मधोक को जब संस्था विरोधी कार्यों के लिए दल से निकाला गया तो उनके साथ पांच-सात लोग भी बाहर नहीं आए। जनसंघ की राजनैतिक संस्कृति की यह विशेषता रही है।

जनता पार्टी में विलीन हुए दलों में जनसंघ ही एक ऐसा दल था जो असंख्य अनुशासित कार्यकर्ताओं पर आधारित रहा। लेकिन मेरे विचार से यह ऊपरी विश्लेषण है।

यह माना जाता है कि जनता पार्टी में विलीन हुए दलों में जनसंघ ही एक ऐसा दल था जो असंख्य अनुशासित कार्यकर्ताओं पर आधारित रहा। लेकिन मेरे विचार से यह ऊपरी विश्लेषण है। इसकी वास्तविकता समझने के लिए हमें निम्न पहलुओं पर विचार करना होगा।

जनसंघ के पास इतनी अधिक कार्यकर्ता-शक्ति कैसे पैदा हुई? सत्ता और पदों के निकट सम्पर्क में रहते हुए भी वे सत्ता या पद पाने के लिए दल-बदलू क्यों नहीं बने? इतनी अधिक संख्या में होते हुए भी वे आपसी कलह के शिकार क्यों नहीं हुए? आपसी मतभेद के बावजूद वे क्यों नहीं बिखर पाये? एकाध नेता की व्यक्तिगत आकांक्षा-सीमा पार करने पर भी वह नेता अपने साथ कार्यकर्ताओं को क्यों नहीं ले जा सका? ये बातें राजनीति को स्वस्थ दिशा देने में सहायक हो सकती हैं, इस कारण मैं यहां उनकी चर्चा करना उपयुक्त मानता हूं।

स्वतंत्रता-प्राप्ति के बाद अपने देश में आये दिन नये-नये राजनीतिक दलों का उदय होता आ रहा है। उनका एक दूसरे से विलय होना और फिर बिखरने का क्रम १९५२ के चुनाव के बाद से प्रारम्भ हुआ। वह सिलसिला अभी भी जारी है। यह प्रक्रिया सिद्धांतवादी न होकर अवसरवादी है, यह सभी जानते हैं। अवसरवाद पर आधारित राजनीतिक गठबंधन न तानाशाही को रोक सकते हैं न देश को स्थाई, स्वच्छ और सूक्ष्म शासन प्रदान कर सकते हैं। किन्तु आजादी के ३२ साल इसी चक्कर में बीत गये हैं। लोकतंत्र के लिए इस अवसरवाद से भी अधिक घातक बात रही है दलों की व्यक्तिनिष्ठा और अपने व्यक्तिगत अहंकार की तुष्टि के लिए या व्यक्तिगत आकांक्षापूर्ति के लिए नेताओं द्वारा दलों का गठन। विडंबना यह है कि यह सबकुछ लोकतंत्र के नाम पर किया जाता है।

इस अवसरवादी तथा व्यक्तिनिष्ठ राजनीति का ही परिणाम है कि देश का हर राजनीतिक दल अनेक दलों में विभक्त होता रहा है। इसमें केवल जनसंघ ही अपवाद रहा। इस परिस्थिति में राजनीतिक पार्टियां सुदृढ़, संगठित

और कार्यकर्ता-आधारित कैसे बन पातीं?

जनसंघ ने प्रारम्भ से ही अपने को इन सब गतिविधियों से अलिप्त रखा था। उसे प्रारम्भ में ही विभिन्न प्रदेशों में राष्ट्रीय स्वयंसेवक संघ के आदर्शवादी कार्यकर्ताओं की टोलियां न्युक्लियस के रूप में प्राप्त हुई थीं। उन्हें संघ की कार्यपद्धति के कारण आदर्शवाद के संस्कार प्राप्त हुए थे। ध्येयनिष्ठा, न कि व्यक्तिनिष्ठा, उनके रोम-रोम में समायी हुई थी।

जनसंघ ने अपने जन्मकाल में ही

हमने तीन श्रेणियां बनाई थीं- 1. कार्यकर्ता श्रेणी, 2. सदस्य श्रेणी तथा 3. सहानुभूति रखने वालों की श्रेणी। हमारी कार्यपद्धति कुछ इस प्रकार की रही कि आम जनता में से हर वर्ग के जवान लोगों को सदस्य बनाना, जो सदस्य हैं उनको कार्यकर्ताओं के रूप में विकसित करना तथा जो कार्यकर्ता हैं उन्हें समाज की विशिष्ट समस्याओं के निराकरण में एवं उनकी आवश्यकताओं की पूर्ति में जुटाना।

अपना ध्येय, सिद्धांत और नीतियां निश्चित की थीं तथा तदनुसार कार्यक्रमों की रचना की थी। उन सब सिद्धांत और नीतियों का यह उल्लेख करना पुस्तक को अनावश्यक रूप से बोझिल बनाना होगा। जनसंघ ने अपने कार्यकर्ताओं में उन आदर्शों के प्रति निष्ठा बढ़ाने पर विशेष बल दिया। इतना ही नहीं, जनसंघ ने अपनी राजनैतिक कार्यपद्धति का स्वयं विकास किया, किसी अन्य दल की नकल नहीं की।

हमने तीन श्रेणियां बनाई थीं-१. कार्यकर्ता श्रेणी, २. सदस्य श्रेणी तथा ३. सहानुभूति रखने वालों की श्रेणी। हमारी कार्यपद्धति कुछ इस प्रकार की रही कि आम जनता में से हर वर्ग के जवान लोगों को सदस्य बनाना, जो सदस्य हैं उनको कार्यकर्ताओं के रूप में विकसित करना तथा जो कार्यकर्ता हैं उन्हें समाज की विशिष्ट समस्याओं के निराकरण में एवं उनकी आवश्यकताओं की पूर्ति में जुटाना। प्रशासनिक या राजनीतिक माध्यमों से समस्याओं को सुलझाने या आवश्यकताओं की पूर्ति की व्यवस्था करने में उस वर्ग के आम लोगों को सहभागी बनाना। इससे कार्यकर्ता वर्ग का सतत विकास होता रहा है। नये-नये सदस्यों की भर्ती होती रही है तथा कार्यकर्ता वर्ग नेतानिष्ठ बनने के बजाय ध्येयनिष्ठ बनता गया।

राजनीति में सबसे बड़ा प्रश्न उपस्थित होता है विभिन्न निकायों के लिए उम्मीदवारों को खड़ा करने का। इसी को लेकर संगठन में बिखराव की संभावना रहती है। विभिन्न दल इसी कारण मात्र उम्मीदवारों के दलों के रूप में बनकर रह गए हैं। उनका व्यापक संगठन कभी बना ही नहीं, क्योंकि चुनाव लड़ना और सत्ता पाना, इतना ही

उनका लक्ष्य रहा है। जनसंघ ने इस समस्या को प्रारंभ से ही ध्यान में रखकर अपने कार्य की रचना की।

इस दृष्टि से स्थानीय निकायों से लेकर लोकसभा क्षेत्रों के स्तर तक ऐसे कार्यकर्ताओं का विकास किया गया जो योग्यता में अन्य किसी से कम न होते हुए भी स्वयं चुनाव लड़ने के मोह में न फंसें। जो संगठन को अधिक व्यापक, कार्यकर्ताओं को अधिक सक्रिय करते रहें और जनता से सतत संपर्क बनाए रखें। इसी का कारण है कि जनसंघ में चुनाव में सक्रिय रहते हुए भी उम्मीदवार बनने की होड़ अन्य दलों की तुलना में बहुत कम रही। अपने उम्मीदवारों को जिताने में ही अपनी स्वयं की जीत मानने का साधारण से साधारण कार्यकर्ताओं और सदस्यों का मानस बनता गया। यही कारण है कि उम्मीदवारों के अतिरिक्त चुनाव न लड़ने वाले कार्यकर्ताओं की संख्या कई गुना रही है तथा निरंतर बढ़ती गई है। जनसंघ का कार्यकर्ताओं के संगठन के रूप में विकसित होने का यह रहस्य है।

अपने उम्मीदवारों को जिताने में ही अपनी स्वयं की जीत मानने का साधारण से साधारण कार्यकर्ताओं और सदस्यों का मानस बनता गया। यही कारण है कि उम्मीदवारों के अतिरिक्त चुनाव न लड़ने वाले कार्यकर्ताओं की संख्या कई गुना रही है तथा निरंतर बढ़ती गई है। जनसंघ का कार्यकर्ताओं के संगठन के रूप में विकसित होने का यह रहस्य है।

साधारणत: यह माना जाता है कि जनसंघ राष्ट्रीय स्वयंसेवक संघ के कार्यकर्ताओं पर आधारित रहा है। यह धारणा तथ्य आधारित नहीं है। संघ के कार्यकर्ताओं की कार्यपद्धति राजनीति कार्यपद्धति नहीं है, अत: जनसंघ उनके आधार पर अपना राजनीतिक कार्य न खड़ा कर सकता था, न व्यापक बना सकता था। राष्ट्रीय स्वयंसेवक संघ का ध्येय, कार्यपद्धति तथा कार्यक्रम राजनीतिक कार्यपद्धति से पूर्णत: भिन्न है, अत: संघ के कार्यकर्ताओं का मानस तथा कार्यपद्धति जनसंघ के कार्य के लिए उपयोगी सिद्ध नहीं हो सकती थी।

जनसंघ सर्वसाधारण समाज से सदस्य भर्ती करता रहा, उन सदस्यों को कार्यक्रम के माध्यम से सक्रिय बना रहा तथा उन सक्रिय सदस्यों को प्रशिक्षण देकर कार्यकर्ताओं के रूप में विकसित करता रहा है। इस कारण जनसंघ का संगठन ध्येयनिष्ठ, सिद्धांतवादी तथा अनुशासित बना रहा सका। प्रारंभ में हर प्रदेश में संघ से चुने हुए आदर्शवादी कार्यकर्ता जनसंघ को मिले और संगठन को खड़ा करने में उनका बहुत बड़ा लाभ मिला, यह सत्य है, परंतु शीघ्र ही स्थिति बदल गई और जनसंघ का अपना कार्यकर्ता दल खड़ा हो गया।

अनेक लोग समझते हैं कि जनसंघ राष्ट्रीय स्वयंसेवक संघ द्वारा संचालित

होता रहा है। यह भी नितांत गलत धारणा है। संघ का नेतृत्व कभी भी राजनीतिक गतिविधियों में शामिल नहीं रहा, इसलिए जनसंघ की राजनीतिक गतिविधियों को कैसे संचालित कर पाता? मैं जनसंघ के जन्मकाल से ही जनसंघ के केंद्रीय कार्यसमिति में सक्रिय रहा हूं। जनसंघ के सब निर्णय राजनीतिक होते हैं। उनके बारे में संघ के लोगों से न विचार-

राष्ट्रीय स्वयंसेवक संघ और जनसंघ में केवल एक बात का ही साम्य रहा है, कि दोनों संगठनों के पास अनुशासन-प्रिय कार्यकर्ताओं का बहुत बड़ा वर्ग है। संभवतः इसी कारण दोनों के कार्यकर्ता सामान्य हैं, यह धारणा दूर से देखने वालों की बन जाती है। जहां संघ क्लास आर्गेनाइजेशन है, जनसंघ मास आर्गेनाइजेशन है। वास्तविकता यह है कि दोनों के कार्यकर्ता अलग-अलग हैं।

विनिमय करने की कभी आवश्यकता अनुभव हुई न संघ के अधिकारियों ने ही कभी उस संबंध में अपनी रुचि दर्शायी।

यह बात अवश्य रही है कि जनसंघ में हम जो संघ के स्वयंसेवक रहे, वे संघ के कार्यक्रमों में समय-समय पर शामिल होते रहे। कभी-कभी अनौपचारिक चर्चा में, हम राजनीतिक क्षेत्र में क्या कर रहे हैं, इस पर बातें होती रही हैं। राष्ट्रीय स्वयंसेवक संघ और जनसंघ में केवल एक बात का ही साम्य रहा है, कि दोनों संगठनों के पास अनुशासन-प्रिय कार्यकर्ताओं का बहुत बड़ा वर्ग है। संभवत: इसी कारण दोनों के कार्यकर्ता सामान्य हैं, यह धारणा दूर से देखने वालों की बन जाती है। जहां संघ क्लास आर्गेनाइजेशन है, जनसंघ मास आर्गेनाइजेशन है। अत: दोनों का कार्यकर्ता वर्ग एक होना कैसे संभव है? वास्तविकता यह है कि दोनों के कार्यकर्ता अलग-अलग हैं तथा जनसंघ उन्हें आम समाज में से लेने का प्रयास करता रहा है। दोनों संगठनों में कम-अधिक रूप में अनुशासन रहा है। इसका कारण है दोनों संगठनों में ध्येयनिष्ठा की प्रधानता है। जहां-कहीं ध्येयनिष्ठा प्रभावी होगी वहां अनुशासन अवश्य रहेगा और कार्यकर्ता भी बड़ी संख्या में रहेंगे। किंतु जिस संगठन में नेता ही नेता रहेंगे वहां कार्यकर्ताओं का क्या काम? नेतागण समयानुसार जनभावनाओं को उभारकर अपनी नेतागिरी कायम रखते हैं। यही उनकी कार्यपद्धति है। उनकी धारणा रहती है कि सब काम तो शासन के माध्यम से ही करना है, अत: चुनाव के अतिरिक्त समय में कार्यकर्ताओं का क्या उपयोग? इसी कारण अन्य दलों में नेता तो होते हैं परंतु अनुशासन और परस्पर सद्भावना नहीं होती।

१९७१-७२ के चुनावों के बाद देश की राजनैतिक, आर्थिक तथा सामाजिक स्थिति बिगड़ती गयी। इसके गर्भ से जे.पी. आंदोलन निकला। जनसंघ पूरी ताकत से इसमें कूदा, क्योंकि वह

परिवर्तन की राजनीति का निष्ठावान समर्थक था। जो परिवर्तन की राजनीति का सिर्फ मौखिक समर्थन करते थे वे पीछे रहे। यही परीक्षा आपातस्थिति में हुई। वहां भी जनसंघ सफल हुआ। फिर जनता शासन के आते ही पदों के पाने की होड़ लगी। लेकिन जनसंघ के माध्यम से आये जनता सदस्यों ने मंत्रिपदों की, टिकटों की और अन्य लड़ाइयां नहीं लड़ीं। यह सब जनसंघ की राजनैतिक संस्कृति का परिणाम था। लेकिन विकृत राजनैतिक वातावरण में इसे भी 'लो प्रोफाइल' और 'लाइंग लो' की राजनीति कहा गया और दूरगामी योजना का अंग बताया गया। जल्दी से जल्दी ज्यादा से ज्यादा सत्ता प्राप्त करने के माहौल में अगर कोई व्यक्ति या कुछ व्यक्ति सत्ता का त्याग करते हैं, तो उस चरित्र की महत्ता स्वीकार करने की शालीनता भी आज की राजनीति से नहीं बची है। जनता पार्टी की एकता के लिए जनसंघ के माध्यम से आये जनता सदस्य कोई भी कीमत बड़ी नहीं समझते थे। यही कारण था कि इस वर्ग ने एकता के लिए जो भी कीमत देना आवश्यक हो, उसकी तत्परता प्रदर्शित की।

सच्चाई तो यह है कि जनता पार्टी के अध्यक्ष श्री चंद्रशेखर की हमारे विषय में राय उलटी है। उनका कहना है कि हम आवश्यकता से अधिक भले हैं और जहां लड़ने की आवश्यकता हो, वहां भी लड़ने को तैयार नहीं होते।

उनकी बात में कुछ सच्चाई हो सकती है, लेकिन अच्छाई बिलकुल व्यर्थ ही जाती है, ऐसा भी शायद नहीं है। अंग्रेजी पत्रिका नई दिल्ली के १५ अक्तूबर, १९७९ अंक में नन्दिता कृष्ण का लेख इस बात का प्रमाण है। उसमें कहा गया है:-

दक्षिण भारत में पहली बार आज जिस दल को आदर-मान प्राप्त हो रहा है वह आज का सबसे बदनाम दल जनसंघ है, जिसका दक्षिण में ज्यादा प्रभाव नहीं है। लोगों में भावना बढ़ रही है कि आज के दलों में यही सबसे शुद्ध और संगठित है। जनसंघी मंत्रियों ने ही सबसे अच्छे और साफ काम का रिकार्ड छोड़ा है और जनता पार्टी टूटने के संकटमय दिनों में, यह जानते हुए भी कि श्री मोरारजी देसाई समाप्त हो गये, पार्टी का साथ नहीं छोड़ा। ...हेब्बर ने कहा, 'ये राजनीतिज्ञ शालीन हैं और उनके विश्वास भी स्थिर हैं, जिन्हें वे बदलती स्थिति और अवसरों के साथ बदलते नहीं हैं। रा.स्व.संघ संबंधी आरोप तो जनता पार्टी को तोड़ने का बहाना मात्र था। जनसंघ की संगठन कुशलता अच्छी है, जिसे अन्य लोग दबाना चाहते हैं। वे सत्ता के भूखे नहीं हैं। आज की राजनीति में जो बातें नहीं दिखाई देतीं वे सब उनमें हैं।' ...विद्यार्थियों में भी जनसंघ के लिए अचानक आदर का भाव उत्पन्न हो गया है। एक छात्र नेता ने कहा, ''यद्यपि दक्षिण में उनका आधार नहीं बन सका है परंतु उनके लिए समर्थन का भाव बहुत ज्यादा है, विशेषकर पिछले दिनों की घटनाओं के बाद।'' □

8 श्री चरण सिंह की राजनीति

जब चौधरी चरण सिंह जनता पार्टी में आए तो उनका विचार था कि वह सर्वोच्च नेता होंगे और प्रधानमंत्री के पद तक पहुंच सकेंगे। उस काल में उन्होंने जो कुछ कहा और किया उससे यही भावना झलकती थी। प्रारम्भ से ही उनके प्रयत्नों का यही उद्देश्य रहा कि उनके अनुयायियों का बहुमत जनता पार्टी में हो। उन्होंने १९७७ के चुनाव में जनता पार्टी के टिकट बांटने का काम अपने ऊपर लिया था। यह कीमत थी जो उन्होंने श्री मोरारजी देसाई को जनता पार्टी का अध्यक्ष बनाने के बदले में ली।

चुनाव के बाद जब चौधरी चरण सिंह प्रधानमंत्री के पद तक नहीं पहुंच पाए तो उन्होंने एक भिन्न नीति अपनाई। उन्हें इस बात की चिंता थी कि कहीं बाबू जगजीवन राम प्रधानमंत्री न बन जाएं। उन्होंने बाबूजी की तुलना में मोरारजी भाई का समर्थन करने का निर्णय किया क्योंकि उनका अनुमान था कि श्री जगजीवन राम की बजाय श्री देसाई को प्रधानमंत्री पद से हटाना अधिक सरल होगा। उनका पहला काम यह था कि मोरारजी भाई को लोगों की नजरों से गिराया जाए। जो व्यक्ति जनता पार्टी को तोड़ने चाहते थे, मोरारजी को पसंद नहीं करते थे और जिन्हें यह डर था कि दृढ़ प्रशासक होने का कारण मोरारजी भाई उनके स्वार्थपूर्ण हितों की पूर्ति में बाधक होंगे, जो सरकार को असफल होते देखना चाहते थे, उनका इस बात में निहित स्वार्थ था कि श्री मोरारजी को बदनाम किया जाए और उन्हें लोगों की नजरों से गिरा दिया जाए। चौधरी साहब ने तो यहां तक किया कि राज्यसभा के कम्युनिस्ट सदस्यों को श्री मोरारजी भाई के विरुद्ध मामले तैयार करने में सहायता की।

चौधरी चरण सिंह उन नेताओं में थे

जिन्होंने महात्मा गांधी की समाधि पर निम्नलिखित शपथ ली थी:

'मैं दल में एकता बनाए रखने का भरसक प्रयत्न करूंगा जिससे कि राजनीतिक, आर्थिक और सामाजिक प्रश्नों पर जनता के साथ जो वादे किए हैं, उन्हें पूरा किया जा सके।'

चौधरी चरण सिंह ने देश के गृहमंत्री के पद की शपथ लेने के तुरंत बाद विरोधी पक्ष के सदस्यों को श्री कांति देसाई के तथाकथित कृत्यों को लेकर प्रधानमंत्री के विरुद्ध भड़काना प्रारम्भ कर दिया। उनके इन प्रयत्नों का एकमात्र उद्देश्य यह था कि एक ईमानदार व्यक्ति के रूप में श्री देसाई का चित्र धूमिल कर दिया जाए। इससे पता चलता है कि चौधरी साहब अपनी शपथ को कितना महत्व देते हैं। मंत्री पद पर आसीन होते ही उन्होंने इस शपथ को भुला दिया और श्री कांति देसाई के मामले को अपने प्रयोजनों के लिए उठाने लगे। उन्होंने इस प्रश्न पर प्रधानमंत्री के साथ पत्र-व्यवहार किया और उसके बाद श्री मोरारजी की सहमति के बिना और स्थापित परिपाटियों की सर्वथा उपेक्षा करके वे पत्र मुंबई के एक अंग्रेजी साप्ताहिक में छपने के लिए भेज दिए।

जनता पार्टी के नेता जानते थे कि चौधरी साहब की मंशा क्या है, फिर भी उन्होंने इस प्रश्न को विवाद का विषय नहीं बनाया। अन्याय तो मोरारजी भाई के साथ हुआ था लेकिन उन्होंने जनता पार्टी पर इस बात के लिए दबाव नहीं डाला कि चौधरी चरण सिंह के विरुद्ध कार्रवाई की जाए। इसके पीछे मुख्य कारण यह था कि उन्हें वह शपथ याद थी जो जनता पार्टी के सभी नेताओं ने राजघाट पर जाकर ली थी। परन्तु चौधरी चरण सिंह और उनके साथी श्री राजनारायण तथा श्री मधु लिमये अनुशासनहीनता का वातावरण बनाने लगे। प्रधानमंत्री के विरोध और सत्ता की छीना-झपटी में जनता पार्टी का चित्र धूमिल हो गया और लोग उसकी उपलब्धियों को भूलने लगे। उन्हें यह भी याद नहीं रहा कि जनता शासन में दो साल तक मूल्य स्थिर रहे हैं। लगभग छः महीने तक सारे देश में बातचीत का एक ही विषय था कि चौधरी चरण सिंह को फिर से मंत्रिमंडल में लिया जाएगा या नहीं। श्री राजनारायण पार्टी के अध्यक्ष श्री चन्द्रशेखर के विरुद्ध विषवमन करते रहे। उन्होंने श्री मधु लिमये के साथ मिलकर हिमाचल प्रदेश और मध्य प्रदेश की सरकारों के लिए अस्थायित्व की स्थिति उत्पन्न कर दी।

जनता पार्टी के नेता जानते थे कि चौधरी साहब की मंशा क्या है, फिर भी उन्होंने इस प्रश्न को विवाद का विषय नहीं बनाया। अन्याय तो मोरारजी भाई के साथ हुआ था लेकिन उन्होंने जनता पार्टी पर इस बात के लिए दबाव नहीं डाला कि चौधरी चरण सिंह के विरुद्ध कार्रवाई की जाए।

इनकी करतूतों से देश की राजनीति में अनिश्चितता आ गई और स्थायित्व के समाप्त होने का खतरा और भी बढ़ गया।

जब उत्तर भारत में नौ राज्यों की विधानसभाओं के चुनाव होने थे तो चौधरी साहब की उत्कट इच्छा थी कि दल के उम्मीदवारों को टिकट बांटने का एकाधिकार उन्हें ही दिया जाए। इस प्रकार की बात इन्दिरा गांधी भी किया करती थीं। उम्मीदवारों के चुनाव में इस प्रकार का एकाधिकार किसी एक व्यक्ति को देना लोकतंत्र के सिद्धांतों के विरुद्ध होता और चौधरी साहब की इच्छा पूरी नहीं की गई। इस पर वह बड़े अप्रसन्न हुए और उन्होंने पार्टी में संकट खड़ा करने की सोची।

जब कई दलों ने मिलकर जनता पार्टी बनाई थी तो उन्होंने मार्च १९७७ के चुनाव के पहले यह निर्णय किया था कि चुनाव में जनता पार्टी के उम्मीदवार भालोद के चुनाव चिन्ह का प्रयोग करेंगे। उस समय भालोद के अध्यक्ष चौधरी चरण सिंह थे और उसके सचिव थे श्री भानु प्रताप सिंह। जनता पार्टी के प्रत्याशियों को चुनाव चिन्ह देना उनके हाथ में था। उन्होंने इस निशान का प्रयोग अपने उद्देश्यों के लिए किया, परन्तु विधान सभाओं के चुनाव के समय चौधरी साहब उस स्थिति में नहीं थे। जनता पार्टी के अध्यक्ष थे श्री चन्द्रशेखर और उसके पांच महासचिवों में से केवल अर्थात् श्री रबि राय ही चौधरी साहब के विश्वस्त थे। परन्तु उन पर भी चौधरी चरण सिंह को पूरा विश्वास नहीं था क्योंकि वह भूतपूर्व समाजवादी दल के सदस्य रह चुके थे। चौधरी साहब दल के उम्मीदवारों को टिकट बांटने का एकाधिकार प्राप्त नहीं कर पाए तो उन्होंने गृहमंत्री के अपने पद का दुरुपयोग करके अपनी वह चिट्ठी मुख्य निर्वाचन आयुक्त के कार्यालय से वापस मंगवा ली जिसमें उन्होंने यह कहा था कि भालोद का चुनाव चिन्ह जनता पार्टी के उम्मीदवारों को दिया जाए।

जब मुझे इस बात का पता चला तो मैंने श्री चन्द्रशेखर और श्री मोरारजी देसाई को सूचित किया। मैंने दल के अध्यक्ष और प्रधानमंत्री के परामर्श से राष्ट्रीय कार्यकारिणी की बैठक नए चुनाव चिन्ह का निर्णय करने के लिए बुलाई। मैं प्रधानमंत्री के पास था जब उन्हें श्री राजनारायण का टेलीफोन आया। मोरारजी भाई ने राजनारायण से कहा कि चौधरी चरण सिंह के लिए चुनाव आयोग से वह चिट्ठी मंगाना उचित नहीं था।

चौधरी साहब दल के उम्मीदवारों को टिकट बांटने का एकाधिकार प्राप्त नहीं कर पाए तो उन्होंने गृहमंत्री के अपने पद का दुरुपयोग करके अपनी वह चिट्ठी मुख्य निर्वाचन आयुक्त के कार्यालय से वापस मंगवा ली जिसमें उन्होंने यह कहा था कि भालोद का चुनाव चिन्ह जनता पार्टी के उम्मीदवारों को दिया जाए।

अब राष्ट्रीय कार्यकारिणी को नए चुनाव चिन्ह के लिए आयोग को लिखना पड़ेगा। प्रधानमंत्री जी ने श्री राजनारायण से कहा: "आपके इस कार्य से दल की एकता को क्षति पहुंचेगी।" इस पर श्री राजनारायण तुरन्त चौधरी चरण सिंह के पास पहुंचे और उन्हें प्रधानमंत्री के साथ अपनी बातचीत से अवगत कराया। चौधरी चरण सिंह ने यह सोच कर कि उनकी चाल स्वयं उन्हें के लिए हानिकारक सिद्ध हो सकती है, वह चिट्ठी

दल के प्रति चौधरी चरण सिंह का क्या व्यवहार था और उन्हें जनता पार्टी के हित की कितनी चिंता थी। इससे यह भी पता चलता है कि चौधरी साहब की दृष्टि कहां टिकी हुई थी। प्रत्येक विषय में वह इस बात पर बल देते थे कि भालोद को जनता पार्टी में उसके सदस्यों की इच्छा के अनुपात में हिस्सा मिले।

मुख्य चुनाव आयुक्त के कार्यालय में वापिस भिजवा दी। चिट्ठी वापिस पहुंचने के तुरंत बाद श्री राजनारायण ने मुझसे कहा कि चौधरी साहब ने तो वह चिट्ठी केवल देखने के लिए मंगाई थी और इसलिए राष्ट्रीय कार्यकारिणी की बैठक बुलाने का कोई तुक नहीं है।

यदि किसी प्रमाण की आवश्यकता है तो इस बात का प्रमाण है कि दल के प्रति चौधरी चरण सिंह का क्या व्यवहार था और उन्हें जनता पार्टी के हित की कितनी चिंता थी। इससे यह भी पता चलता है कि चौधरी साहब की दृष्टि कहां टिकी हुई थी। प्रत्येक विषय में वह इस बात पर बल देते थे कि भालोद को जनता पार्टी में उसके सदस्यों की इच्छा के अनुपात में हिस्सा मिले। उन्होंने यह प्रसिद्ध कर रखा था कि केंद्र में भालोद के सदस्यों की संख्या १०० है, परन्तु जब उन्हें कहा गया कि उन सदस्यों की सूची दें तो उन्होंने यह मांग करनी बंद कर दी।

जब विधानसभाओं के चुनाव के लिए जनता के उम्मीदवारों का चुनाव किया जा रहा था तो उन्होंने इस बात का भरसक प्रयत्न किया कि अधिकाधिक प्रत्याशी उनके अपने ही हों। उनकी मंशा यह थी कि अपने अधिकाधिक अनुयायियों को राज्य विधानसभाओं में भिजवा सकें। चौधरी चरण सिंह ने राजनारायण सहित तुरन्त वक्तव्य देने प्रारम्भ कर दिए। श्री चंद्रशेखर ने उनकी इस योजना को विफल कर दिया। उन्हें श्री चंद्रशेखर की यह बात अच्छी नहीं लगी, क्योंकि उनका यह विचार था कि यदि कोई व्यक्ति उनकी इच्छा के विरुद्ध कार्य करता है तो वह उनका शत्रु है।

जब विधानसभाओं के चुनाव के बाद राज्यों में सरकारें बनीं तो उनका विचार था कि वह जनता पार्टी के संगठन और केंद्रीय सरकार, दोनों पर अपना अधिकार जमा लेंगे। उनके घर में केवल एक ही बात की चर्चा होती थी और वह यह कि प्रधानमंत्री को किस प्रकार अपदस्थ किया जा सकता है। उनका विचार था कि दल और सरकार के सुचारु रूप से चलने के लिए यह

आवश्यक है कि सर्वश्री चन्द्रशेखर और श्री मोरारजी देसाई को अपदस्थ किया जाए। कई बार उन्होंने मुझसे शिकायत की कि "आप चन्द्रशेखर को क्यों इतना महत्व देते हैं?" वह मुझे इस बात पर बल देकर खुश करना चाहते थे कि मुझे ही दल का अध्यक्ष बन जाना चाहिए। परंतु मैं तो यह चाहता नहीं था, बिलकुल वैसे ही जैसे मैं मंत्री बनना नहीं चाहता था। मेरी सदा से यह धारणा रही है कि श्री चन्द्रशेखर बड़े निर्भीक और स्पष्टवादी व्यक्ति हैं जो पक्षपात में विश्वास नहीं करते। वह राजनीतिक सूझबूझ की दृष्टि से बड़े मेधावी हैं और देश की परिस्थितियों को देखते हुए जनता पार्टी के अध्यक्ष पद के लिए उनसे अधिक अच्छा व्यक्ति और कोई नहीं है। परन्तु श्री चरण सिंह को लग रहा था कि श्री चन्द्रशेखर उनके प्रधानमंत्री बनने में उतने ही बाधक होंगे जितने कि स्वयं मोरारजी भाई। जिस प्रकार वह मोरारजी भाई को बदनाम करके लोगों की नजरों में गिराना चाहते थे उसी प्रकार वह जनता पार्टी के अध्यक्ष को भी अपदस्थ करना चाहते थे।

श्री चन्द्रशेखर दल में होने वाले प्रतिदिन के झगड़ों से तंग आ चुके और इसके विभिन्न घटकों के बीच तालमेल रखने के संदर्भ में आए दिन के संकटों ने उनकी नाक में दम कर रखा था। उन्होंने राष्ट्रीय कार्यकारिणी की बैठक में अपना पदत्याग करने की इच्छा व्यक्त की, परन्तु कार्यकारिणी के कहने पर अपने पद पर बने रहे। चौधरी चरण सिंह ने श्री राजनारायण के माध्यम से यह प्रस्ताव रखा कि राज्यों और केंद्रों के जनता विधायकों का एक अखिल भारतीय सम्मेलन राष्ट्रीय तथा केंद्रीय कार्यकारिणी का चुनाव करने के लिए बुलाया जाए। उनका यह विचार था कि वह इसके माध्यम से संगठन पर अपना अधिकार जमा सकेंगे। परन्तु यदि ऐसा सम्मेलन बुलाया जाता तो भी चौधरी चरण सिंह अपने इस मन्तव्य में सफल न होते। राष्ट्रीय कार्यकारिणी में श्री राजनारायण का प्रस्ताव रद्द कर दिया गया।

परन्तु इसके बाद भी चौधरी चरण सिंह और श्री राजनारायण, प्रधानमंत्री और दल के सदस्यों, दोनों के विरुद्ध प्रचार करते रहे। राष्ट्रीय कार्यकारिणी ने इसे बहुत अनुचित माना और सभी को यह आदेश दिया गया कि दल के मामलों को दल के बाहर न उठाया जाए। कार्यकारिणी ने कहा कि दल के विषयों पर अध्यक्ष ही निर्णय करेगा और किसी भी सदस्य को दल या

श्री चन्द्रशेखर दल में होने वाले प्रतिदिन के झगड़ों से तंग आ चुके और इसके विभिन्न घटकों के बीच तालमेल रखने के संदर्भ में आए दिन के संकटों ने उनकी नाक में दम कर रखा था। उन्होंने राष्ट्रीय कार्यकारिणी की बैठक में अपना पदत्याग करने की इच्छा व्यक्त की, परन्तु कार्यकारिणी के कहने पर अपने पद पर बने रहे।

सरकार के विरुद्ध कोई वक्तव्य नहीं देना चाहिए। परन्तु इन दोनों महानुभावों ने इस चेतावनी की कोई परवाह नहीं की।

उत्तर प्रदेश और हरियाणा की सरकारें जो कुछ भी करती थीं, सर्वश्री राजनारायण और चरण सिंह के कहने पर करती थीं। उन्होंने कई अनियमितताएं कीं और चौधरी साहब के अनुयायी केंद्र में प्रशासन पर अपना दबाव डालते रहे। इन बातों के परिणामस्वरूप उन राज्यों में जनता पार्टी के अन्य घटकों में असंतोष बढ़ता जा रहा था। चौधरी चरण सिंह ने इस बात पर बल दिया कि अपने असंतोष व्यक्त करने वालों के विरुद्ध कार्रवाई की जाए, परन्तु उनकी इस बात पर ध्यान नहीं दिया गया। अपनी इस मांग के ठुकरा दिए जाने पर विरोध प्रकट करने के लिए उन्होंने २५ अप्रैल, १९७९ को राष्ट्रीय कार्यकारिणी और संसदीय बोर्ड से त्यागपत्र दे दिया।

अपना प्रभाव बढ़ाने के लिए उन्होंने

चौधरी चरण सिंह ने इस बात पर बल दिया कि अपने असंतोष व्यक्त करने वालों के विरुद्ध कार्रवाई की जाए, परन्तु उनकी इस बात पर ध्यान नहीं दिया गया। अपनी इस मांग के ठुकरा दिए जाने पर विरोध प्रकट करने के लिए उन्होंने 25 अप्रैल, 1979 को राष्ट्रीय कार्यकारिणी और संसदीय बोर्ड से त्यागपत्र दे दिया।

राजनारायण के माध्यम से किसान सम्मेलन संगठित करने के प्रयत्न प्रारम्भ किए। उनका विचार था कि यह एक स्वतंत्र मंच हो जाएगा जो उसे प्रधानमंत्री बनने में सहायता देगा। आज वह नैतिकता का उपदेश देते है, लेकिन उन्होंने उत्तर प्रदेश और हरियाणा की सरकारों के माध्यम से इस सम्मेलन के लिए धन इकट्ठा किया था जो एक करोड़ के लगभग था।

चौधरी चरण सिंह उत्तर प्रदेश के मुख्यमंत्री श्री रामनरेश यादव से असंतुष्ट हो गए थे और मुझे उन्होंने कई बार कहा कि उन्हें अपदस्थ कर दिया जाए। आजमगढ़ चुनाव क्षेत्र से लोकसभा के उपचुनाव में उन्होंने अपने विश्वस्त अनुयायी श्री रामबचन यादव को खड़ा किया और चुनाव में उनकी जीत चौधरी साहब के लिए सम्मान का विषय बन गई। उन्होंने मुझसे कहा कि यदि श्री रामनरेश यादव के स्थान पर श्री राम सिंह को उत्तर प्रदेश का मुख्यमंत्री बना दिया जाए तो जनता पार्टी को हरिजनों के वोट मिल जाएंगे। मैंने उनसे कहा कि ऐसे मामलों में आप अकेले ही कोई कार्य न करें बल्कि उत्तर प्रदेश के वरिष्ठ नेताओं और विधायकों से परामर्श कर लें। उन्हें मेरी यह बात पसंद नहीं आई। परन्तु लखनऊ पहुंचते ही उन्होंने भूतपूर्व जनसंघ के विधायकों से यह कहा कि मैं उनके साथ सहमत हूं। इससे पता चलता है कि अपनी बात पूरी करवाने के लिए वह किस सीमा तक जा सकते हैं।

चौधरी साहब की जाति के लोगों तथा संबंधियों ने श्री राम सिंह को उत्तर प्रदेश का मुख्यमंत्री स्वीकार करने से इनकार

कर दिया और चौधरी साहब की एक न चली। उन दिनों श्री राम सिंह उत्तर प्रदेश के गृहमंत्री थे और जब उन्हें कहा गया कि किसान सम्मेलन के लिए धन इकट्ठा करें तो उन्होंने राज्य के प्रशासनिक ढांचे को इस काम के लिए प्रयुक्त करने से इनकार कर दिया था। यही 'अपराध' था जिसके कारण श्री चरण सिंह ने श्री राम सिंह को मुख्यमंत्री श्री रामनरेश यादव से कहकर मंत्रिमंडल से निकलवा दिया। किसान सम्मेलन का संगठन करने से इस प्रकार की चालें चलीं गईं। जनता सरकार और जनता पार्टी की असफलता का मुख्य कारण यह है कि चौधरी साहब जो कुछ करते रहे उसके बावजूद और उनकी चालों से परिचित होते हुए भी उन्हें फिर से मंत्रिमंडल में ले लिया गया।

बहुधा यह आरोप लगाया जाता है कि चौधरी चरण सिंह और मैंने राज्यों की जनता सरकारों को आपस में बांट लिया था। परन्तु सच्चाई इससे सर्वथा भिन्न है। वस्तुस्थिति को देखते हुए इस आरोप में कोई सार नहीं। मुझे जून, १९७७ के प्रारम्भ की घटनाओं की याद है, जब केंद्र में जनता पार्टी का शासन स्थापित हो चुका था और कुछ राज्यों के चुनावों में दल के टिकट बांटने में उनकी महत्वपूर्ण भूमिका रही थी। मैं उत्तर प्रदेश की बात करना चाहता हूं जिसके बारे में उनका सोचना यह था कि सबसे बड़ा घटक तो भालोद है और दूसरा स्थान जनसंघ का है। उन्होंने जनता पार्टी के प्रत्यशियों की सूची में २५० भालोद सदस्यों के नाम रखे और १३० जनसंघ के। उन्होंने बाकी घटकों, विशेष रूप से सी.एफ.डी. और संगठन कांग्रेस की सर्वथा उपेक्षा कर दी।

मुझे जून, 1977 के प्रारम्भ की घटनाओं की याद है, जब केंद्र में जनता पार्टी का शासन स्थापित हो चुका था और कुछ राज्यों के चुनावों में दल के टिकट बांटने में उनकी महत्वपूर्ण भूमिका रही थी। मैं उत्तर प्रदेश की बात करना चाहता हूं जिसके बारे में उनका सोचना यह था कि सबसे बड़ा घटक तो भालोद है और दूसरा स्थान जनसंघ का है।

इस विषय पर चौधरी साहब के विचारों से मैं भलीभांति परिचित हूं। उनका सोचना यह है कि जो भी व्यक्ति कुछ राज्यों, विशेष रूप से उत्तर प्रदेश और बिहार, पर नियंत्रण रखने की स्थिति में होगा, अर्थात् यदि इन राज्यों के मुख्यमंत्री उस व्यक्ति की मुट्ठी में होंगे, तो वह केंद्र में सत्ता के संघर्ष में अधिक अच्छी स्थिति में होगा। यही कारण था कि वह उत्तर प्रदेश, बिहार और कुछ अन्य राज्यों में अपने अनुयायियों को मुख्यमंत्री बनाना चाहते थे। स्वयं तो उनकी आकांक्षा प्रधानमंत्री बनने की थी ही, क्योंकि वह दूसरे नम्बर का नेता बनकर संतुष्ट नहीं थे। उन्होंने राज्यों के मुख्यमंत्रियों को शतरंज के मोहरों की तरह चलाने की चेष्टा की जिससे कि वह प्रधानमंत्री श्री मोरारजी देसाई को अपदस्थ कर सकें।

इसी योजना के अन्तर्गत उन्होंने उत्तर प्रदेश और बिहार में दल के टिकट बांटते समय अपने ही अनुयायियों का ध्यान रखा और जनता पार्टी के अन्य घटकों की उपेक्षा की।

मेरा विचार यह था कि जनता पार्टी पांच दलों और कुछ निर्दलीय व्यक्तियों को मिलाकर बनी है और उन घटकों को अपनी पुरानी पहचान भुला देनी चाहिए और नए दल को, एक नई पहचान देकर, राष्ट्र के

मैंने इस घटना का उल्लेख केवल यह दिखाने के लिए किया है कि चौधरी साहब क्या सोचते थे। उनकी यह इच्छा थी कि केंद्रीय राजनीति में उनकी ही भूमिका निर्णायक सिद्ध हो। यदि मैं भूलता नहीं हूं तो हरियाणा में दल के टिकट बांटने में भी ऐसी ही बात हुई थी।

क्षितिज पर उभरना चाहिए। जब सी.डी.एफ. और संगठन कांग्रेस के सदस्यों की उपेक्षा की गई तो मैंने उत्तर प्रदेश में विभिन्न घटकों के नेताओं, श्री बहुगुणा, श्री माधव प्रसाद त्रिपाठी, श्री मुजफ्फर हुसैन और श्री बनारसी दास से परामर्श किया। दल के अध्यक्ष श्री चन्द्रशेखर का भी यह कहना था कि चौधरी साहब ने जो सूची बनाई है उसमें न्याय नहीं किया गया है और इस तरह उन्होंने दल के दीर्घावधि हितों की उपेक्षा की है। दल के अध्यक्ष के नाते श्री चंद्रशेखर को इस सूची में परिवर्तन करने का अधिकार था। उनसे बातचीत के बाद मैंने खुद भालोद के ८० उम्मीदवारों के नाम काट दिए। जनसंघ के २८ प्रत्याशियों के नाम भी काट दिए जिससे कि सी.एफ.डी., संगठन कांग्रेस और अन्य घटकों के लोगों को स्थान दिया जा सके, जिनकी उपेक्षा की गई।

इस सूची के संशोधन से चौधरी चरण सिंह बहुत क्रुद्ध हुए। उन्होंने यह देखा कि उत्तर प्रदेश की विधानसभा में अपने अनुयायियों का बहुमत बना कर उस राज्य को अपनी मुट्ठी में रखने का उनका सपना पूरा नहीं होगा और इस प्रकार उनके प्रधानमंत्री बनने की आकांक्षा पूरी होने में बाधा पड़ेगी। उन्होंने बड़े क्रोध में आकर श्री चन्द्रशेखर को टेलीफोन पर बुरा-भला कहा। श्री चन्द्रशेखर को धमकाया भी, परन्तु चन्द्रशेखर जी तो किसी की धमकी में आने वाले नहीं है। उन्होंने चौधरी साहब को उत्तर दिया कि मैंने दल के अध्यक्ष के नाते अपनी शक्ति का प्रयोग किया है और जो कुछ भी किया है वह दल के हित में किया है।

मैंने इस घटना का उल्लेख केवल यह दिखाने के लिए किया है कि चौधरी साहब क्या सोचते थे। उनकी यह इच्छा थी कि केंद्रीय राजनीति में उनकी ही भूमिका निर्णायक सिद्ध हो। यदि मैं भूलता नहीं हूं तो हरियाणा में दल के टिकट बांटने में भी ऐसी ही बात हुई थी। ९० स्थानों में आधे से अधिक पर श्री देवीलाल के माध्यम से भालोद के प्रत्याशियों को जनता पार्टी के टिकट दिए गए। उद्देश्य एकमात्र यही था कि राज्यों

के माध्यम से केंद्र में सत्ता हथियाई जाए।

जब विधानसभाओं के चुनाव हो चुके तो यह प्रश्न आया कि मुख्यमंत्रियों का चुनाव कैसे किया जाएं, अर्थात् प्रत्येक राज्य में कौन-कौन मुख्यमंत्री बने! इस प्रश्न पर दल के जिम्मेदार व्यक्तियों में परस्पर विचार-विमर्श प्रारम्भ हुआ। हरियाणा, उत्तर प्रदेश, बिहार, असम, उड़ीसा, मध्य प्रदेश, दिल्ली, राजस्थान और हिमाचल प्रदेश में जनता पार्टी को बहुमत मिला था। मैंने दल के अपने वरिष्ठ साथियों से कहा कि इन ९ राज्यों में प्रशासन का कार्य कुशलता से चलाने के लिए और चुनाव के घोषणा पत्र में जनता को दिए गए वचन पूरा करने के लिए हमें सर्वोत्तम ९ व्यक्तियों को अर्थात् नवरत्नों को चुनना चाहिए जिनमें समाज के सभी वर्गों के प्रतिनिधि हों, जिनकी ईमानदारी और सत्यनिष्ठा में कोई संदेह न हो सके और जो प्रशासकों के रूप में प्रभावशाली सिद्ध हों। दल के दूसरे महासचिव श्री मधु लिमये को मेरा प्रस्ताव पसंद आया और चौधरी साहब ने भी इसका समर्थन किया। मोरारजी भाई और बाबूजी ने इसे स्वीकार नहीं किया। इस बात का उल्लेख मैं एक स्थान पर पहले भी कर चुका हूं।

परन्तु समाज के सभी अंगों के प्रतिनिधियों को नेताओं के रूप में चुनना, जिनके बारे में सभी सहमत हों और जो राज्य के विधायकों को भी पसंद आए और उनका विश्वास प्राप्त कर सकें, आसान काम नहीं था। बिहार के बारे में यह सोचा गया कि श्री कर्पूरी ठाकुर बहुमत के प्रतिनिधि होंगे और राज्य के एक बहुत बड़े अंग का प्रतिनिधित्व

9 राज्यों में प्रशासन का कार्य कुशलता से चलाने के लिए और चुनाव के घोषणा पत्र में जनता को दिए गए वचन पूरा करने के लिए हमें सर्वोत्तम 9 व्यक्तियों को अर्थात् नवरत्नों को चुनना चाहिए जिनकी ईमानदारी और सत्यनिष्ठा में कोई संदेह न हो सके और जो प्रशासकों के रूप में प्रभावशाली सिद्ध हों।

करेंगे। उत्तर प्रदेश के बारे में मैं सोचता था कि किसी हरिजन को ही इसका मुख्यमंत्री होना चाहिए क्योंकि यदि देश के सबसे बड़े राज्य का मुख्यमंत्री हरिजन हो तो हमें देश भर में हरिजनों का सहयोग प्राप्त हो सकता था और मानसिक दृष्टि से भी हरिजनों के लिए यह बात उत्साहवर्द्धक हो सकती थी। मैंने श्री मंगलदेव विशारद के नाम का सुझाव दिया। मेरे सामने तो चौधरी चरण सिंह ने उनका विरोध नहीं किया, परन्तु बाद में श्री रामनारायण के माध्यम से एक वक्तव्य देकर उन्होंने श्री विशारद का विरोध किया और उनके स्थान पर श्री रामनरेश यादव का सुझाव दिया।

इस प्रकार हमारे इस विचार की अकालमृत्यु हो गई। परन्तु मैं अब भी यही सोचता हूं कि यदि इसे तब स्वीकार कर लिया जाता तो राज्यों में जनता प्रशासन की ज्यादा अच्छी शुरूआत हुई होती। □

9 खतरों से सावधान

परस्पर विश्वास सामाजिक संबंधों की आधारशिला है। राजनीति हो या कोई संगठन, छोटा-मोटा व्यापार हो या कोई परिवार, परस्पर विश्वास के अभाव में चल नहीं सकता। जिन लोगों को उत्तरदाई माना जाता है उन्हीं की बात से विश्वास उठ जाए तो सामाजिक व्यवहार में अराजकतापूर्ण अनिश्चितता आ जाएगी। आज हम अपने समाज में विश्वास का जो अभाव देखते हैं उसके लिए वहीं स्थिति उत्तरदायी है जिसे चरित्र के संकट की संज्ञा के अतिरिक्त और कोई नाम नहीं दिया जा सकता। राजनीतिक नेताओं के आचरण ने इस संकट को बढ़ाने में बहुत अधिक योगदान किया है। आज की राजनीतिक नैतिकता का साम्य इस उक्ति से है कि "राजनीति में सब कुछ चलता है।" दूसरों शब्दों में झूठ, धोखाधड़ी और सभी पाप राजनीति के नाम पर किए जा सकते हैं। नेताओं, प्रशासकों और विभिन्न सम्प्रदायों के सर्वमान्य नेताओं का यह कर्त्तव्य है कि समाज में परस्पर विश्वास का वातावरण उत्पन्न करें।

यह देखकर बड़ा दुख होता है कि वरिष्ठ से वरिष्ठ नेता भी अपना कर्त्तव्य पूरा करने के लिए तैयार नहीं है। मैं सामान्य व्यक्तियों की बात नहीं करता हूं। चौधरी चरण सिंह ने, जिनकी जीवनभर की प्रधानमंत्री बनने की आकांक्षा आखिरकार पूरी हो ही गई, १५ अगस्त, १९७९ को लाल किले की प्राचीर से राष्ट्र को सम्बोधित करते हुए यह कहा था कि उनकी सरकार मध्यावधि चुनाव के पक्ष में नहीं है, क्योंकि उसमें भारी खर्च होगा और उसका बोझ जनता पर ही पड़ेगा, परन्तु पांच ही दिन बाद उसी प्रधानमंत्री ने राष्ट्रपति को यह राय दी कि लोकसभा का विघटन करके नए चुनाव कराए जाएं।

इस संदर्भ में राष्ट्रपति का रवैया तो इससे भी अधिक चिंता का विषय है। देश के सबसे ऊंचे पद पर आसीन, तीनों सशस्त्र सेनाओं के प्रधान सेनापति, संविधान के संरक्षक और देश के प्रथम नागरिक ने देश के सबसे बड़े राजनीतिक दल के नेता श्री चन्द्रशेखर और लोकसभा में सबसे बड़े दल के नेता बाबू जगजीवन राम को उसी दिन प्रातः सवा ग्यारह बजे यह कहा कि उन्हें लोकसभा के अन्य दलों का समर्थन प्राप्त करने की चेष्टा करनी चाहिए। जब उन दो नेताओं ने अपने समर्थकों की सूची देने की बात चलाई तो राष्ट्रपति ने उनसे कहा कि इसकी कोई जल्दी नहीं है और सूची अगले दिन दी जा सकती है। परन्तु इस कथन के आधे घंटे बाद ही राष्ट्रपति ने लोकसभा के विघटन के आदेश पर हस्ताक्षर कर दिए। क्या जो व्यक्ति राष्ट्रपति के पद पर आसीन है वह निर्भीक होकर सर्वश्री चन्द्रशेखर और जगजीवन राम से यह नहीं कह सकता था कि वह लोकसभा का विघटन कर रहा है? यदि किसी देश का प्रधानमंत्री और उसका राष्ट्रपति कहते कुछ हैं और करते कुछ हैं और ऐसी स्थिति पैदा कर देते हैं कि खुद की बात की विश्वसनीयता समाप्त हो जाती है तो देश के सामाजिक जीवन का आधार क्या होगा?

ये दो उदाहरण जो मैंने अपनी बात के समर्थन में दिए हैं, अपवाद नहीं हैं। हमारे देश के राजनीतिक नेताओं का आचरण सामान्यतया ऐसा ही है। इससे केवल यही निष्कर्ष निकाला जा सकता है कि भारत के जनसाधारण का नैतिक स्तर देश के तथाकथित राजनेताओं की तुलना में कहीं अधिक ऊंचा है। साधारण व्यक्ति इस प्रकार आचरण करते हुए झिझकता है, क्योंकि उसे बदनामी का डर होता है। वह झूठ बोलते समय या धोखाधड़ी करते समय लजा जाता है। परन्तु जहां तक

श्रीमती इन्दिरा गांधी किसी बात पर बल देती थी तो सामान्यतया यह समझा जाता था कि वह काम नहीं करेंगी जो उन्होंने अपने वक्तव्य में कहा है। श्रीमती गांधी ने सार्वजनिक नैतिकता को नष्ट करने की जिस प्रक्रिया का सूत्रपात किया था वह आज भी चल रही है। राजनीतिज्ञ आज भी उसी प्रकार का आचरण कर रहे हैं।

राजनीतिज्ञों का संबंध है, उनमें तनिक भी हिचक नहीं है। इससे अधिक दुर्भाग्यपूर्ण बात और क्या हो सकती है!

पाठकों को याद होगा कि जब श्रीमती इन्दिरा गांधी किसी बात पर बल देती थी तो सामान्यतया यह समझा जाता था कि वह काम नहीं करेंगी जो उन्होंने अपने वक्तव्य में कहा है। श्रीमती गांधी ने सार्वजनिक नैतिकता को नष्ट करने की जिस प्रक्रिया का सूत्रपात किया था वह आज भी चल रही है। राजनीतिज्ञ आज भी उसी प्रकार का आचरण कर रहे हैं। श्रीमती गांधी के बारे में लोगों का यह कहना था

कि वह सदा झूठ बोलती हैं और जन्म से ही झूठी हैं। उन्होंने इन्हीं संजीव रेड्डी जी को कांग्रेस की ओर से राष्ट्रपति पद के लिए उम्मीदवार बनाकर हराया था और हमारी राजनीति में अनुशासन की निर्मम हत्या की थी। विडम्बना यह है कि यह सब कुछ अन्तरात्मा की आवाज के नाम पर किया गया।

साम्यवादी दल और उसके नेताओं का दृष्टिकोण तो समझ में आ जाता है। उन्हें अपने देश या समाज के हितों की बजाय रूसियों के हितों की अधिक चिंता है। आज तक वे यही करते चले आए हैं। दूसरे विश्वयुद्ध में जब देश की जनता यह चाहती थी कि अंग्रेज भारत छोड़कर चले जाएं और भारत के नेता यह चाहते थे कि आजादी का वादा किए जाने पर ही सहयोग देंगे, और जब अंग्रेजों ने इस प्रकार का वचन देने से इनकार कर दिया तो उन्होने भारत छोड़ो आंदोलन प्रारम्भ किया। उन दिनों साम्यवादी दल अंग्रेजों के साथ था। उन्हीं दिनों नेताजी सुभाषचन्द्र बोस भारत छोड़ कर चले गए, जिससे कि वह अंग्रेजों के विरुद्ध संघर्ष जारी रख सकें। देश में स्वतंत्रता संग्राम चल रहा था जिसके जे.पी. एक अग्रणी नेता थे। महात्मा गांधी, जवाहरलाल नेहरू, सरदार पटेल और अन्य नेता तथा लाखों सत्याग्रही जेलों में थे। संयुक्त राज्य अमेरिका, ब्रिटेन, अपनी प्राण रक्षा के लिए जर्मनी से जूझ रहे थे। जब तक रूस युद्ध में नहीं कूदा तब तक भारत का साम्यवादी दल स्वतंत्रता संग्राम के साथ था, परन्तु ज्यों ही ब्रिटेन और रूस मित्र राष्ट्र बन गए तो कम्युनिस्टों ने पासा पलटा और जिस युद्ध को वे तब तक साम्राज्यवादी युद्ध की संज्ञा देते रहे थे, रातोंरात जनयुद्ध का रूप धारण कर गया। कम्युनिस्टों ने खुलेआम भारत के स्वतंत्रता संग्राम का विरोध करना प्रारम्भ कर दिया। उन्होंने नेताजी सुभाष को "तोजो का कुत्ता" और गांधी को "हिटलर का दलाल" कहना शुरू किया। उनके इस रवैया से उनकी कलई खुल गई और भारत की जनता ने उनका असली चेहरा देखा। उसके बाद भी कम्युनिस्टों का दृष्टिकोण और आचरण भिन्न नहीं रहा है। जब चीन के साथ हमारा युद्ध हुआ तो कम्युनिस्ट चीनियों और रूसियों के साथ थे।

कम्युनिस्टों ने खुलेआम भारत के स्वतंत्रता संग्राम का विरोध करना प्रारम्भ कर दिया। उन्होंने नेताजी सुभाष को "तोजो का कुत्ता" और गांधी को "हिटलर का दलाल" कहना शुरू किया। उनकी कलई खुल गई और भारत की जनता ने उनका असली चेहरा देखा। उसके बाद भी कम्युनिस्टों का दृष्टिकोण और आचरण भिन्न नहीं रहा है।

रूसी इस बात को समझ गए थे कि वे भारत में वर्ग संघर्ष के माध्यम से क्रान्ति नहीं ला पाएंगे और कम्युनिस्टों के पुराने तरीकों से वह शासन तंत्र स्थापित नहीं हो पाएगा जिसे "साम्यवादी सर्वहारा का

अधिनायक तंत्र" की संज्ञा देते हैं। इसलिए उन्होंने भारत में अपने उद्देश्यों की पूर्ति के लिए एक नई नीति अपनाई। तेलंगाना में हिंसा में फूट पड़ गई थी और अब उसके अलग-अलग हुए अंगों के फिर से इकट्ठे होने की कोई संभावना नहीं रही थी। कम्युनिस्टों ने संयुक्त मोर्चे बनाकर अपने पुराने साथियों को निगलने की चालें चलीं जिससे कि वे सत्ता स्वयं हथिया सकें। परन्तु इसमें भी उन्हें असफलता का मुंह देखना पड़ा। रूस यह चाहता था कि उसे अन्तर्राष्ट्रीय राजनीति में भारत का समर्थन प्राप्त हो और भारत दक्षिणी-पूर्वी एशिया के क्षेत्र में चीन के प्रभाव को सीमित करने में रूस की कठपुतली के रूप में काम करे। इसलिए उन्होंने ऐसी ही समर नीति अपनाई जिसके दो अंग थे। एक ओर तो उन्होंने भारत की कम्युनिस्ट पार्टी को बराबर समर्थन और सहायता दी और दूसरी ओर ऐसे लोगों द्वारा प्रशासन में घुसपैठ कराई जो सरकार के समर्थक होने का दम भरते थे। इस प्रक्रिया का सूत्रपात कम्युनिस्ट पार्टी ने १९६९ में प्रत्यक्ष रूप से किया जब श्रीमती इंदिरा गांधी ने कांग्रेस पार्टी में फूट डलवा दी थी और प्रशासन पर अधिकार कर लिया था। कांग्रेस के विभाजन के कारण लोकसभा में श्रीमती गांधी की स्थिति कमजोर हो गई थी और उस आड़े समय में कम्युनिस्ट सरकार के पतन में मुख्य रूप से श्रीमती गांधी का हाथ था, वे पिछलग्गुओं के समान रूस के इशारों पर नाचते रहे। १९७१ में श्रीमती गांधी ने लोकसभा भंग करके मध्यावधि चुनाव कराए, जिनके परिणामस्वरूप उन्हें स्पष्ट बहुमत प्राप्त हो गया और कम्युनिस्टों के समर्थन की आवश्यकता न रही। परन्तु भारत की कम्युनिस्ट पार्टी, यह जानते हुए भी कि उसके इन्दिरा को समर्थन देने से उसके नाम पर बट्टा लग रहा है और वह भारत की नजरों से गिरती जा रही है, बराबर श्रीमती गांधी का समर्थन करती रही। रूसियों ने केवल साम्यवादियों को ही अपने उद्देश्यों की पूर्ति के लिए कठपुतली नहीं बनाया, अन्य व्यक्तियों का भी प्रयोग किया। चंद्रजीत यादव जैसे व्यक्ति, जिनके बारे में सभी जानते हैं कि वह साम्यवादी हैं, कांग्रेस में विभिन्न स्तरों पर घुसपैठ करते चले गए। इससे रूस के गुप्तचरों को बहुत बड़ी संख्या में विश्वविद्यालयों, बड़े-बड़े औद्योगिक संस्थानों और सत्तारूढ़ कांग्रेस में जाने में सहायता मिली। श्रीमती गांधी को

तेलंगाना में हिंसा में फूट पड़ गई थी और अब उसके अलग-अलग हुए अंगों के फिर से इकट्ठे होने की कोई संभावना नहीं रही थी। कम्युनिस्टों ने संयुक्त मोर्चे बनाकर अपने पुराने साथियों को निगलने की चालें चलीं जिससे कि वे सत्ता स्वयं हथिया सकें। परन्तु इसमें भी उन्हें असफलता का मुंह देखना पड़ा।

सत्तारूढ़ रहने के लिए रूसी समर्थन की आवश्यकता थी और उसका मूल्य उन्होंने कम्युनिस्टों को चुकाया।

इसी प्रकार रूसी शासक दल और सरकार के तंत्र में घुसपैठ करने में सफल हो गए। भारतीय साम्यवादी स्वेच्छा से रूसियों के साथ सहयोग कर रहे थे और जब तक श्रीमती गांधी सत्तारूढ़ रहीं, कम्युनिस्ट रूस के इशारों पर नाचते रहे। जब आपातकाल की घोषणा की गई तो कम्युनिस्टों ने इस पर कोई आपत्ति नहीं की, बल्कि मुक्तकंठ से उसकी प्रशंसा की। जिस समय सरकार ने विरोधी पक्ष के सभी नेताओं और अन्य व्यक्तियों को जेलों में ठूंस दिया उस समय भी साम्यवादी सरकार का समर्थन करते रहे। उन्हें मालूम था कि उनके दल की लोकप्रियता समाप्त हो रही है, परन्तु कम्युनिस्ट पार्टी का जन्म तो रूसी हितों के संवर्धन के लिए हुआ था, भारत की जनता या भारत के मजदूरों के हितों के लिए नहीं, और न स्वयं अपने भविष्य को सुरक्षित रखने के लिए।

आपातकाल में भारत के साम्यवादी दल के अध्यक्ष श्रीपाद अमृत डांगे ने मजदूरों को यह सलाह तक दी कि उन्हें मजदूरी के प्रश्न पर उत्तेजित नहीं होना चाहिए, क्योंकि उससे भी अधिक गंभीर समस्याएं उनके सामने हैं। आपातकाल समाप्त होने के बाद भी श्री डांगे श्रीमती गांधी को समर्थन देते रहे। साम्यवादी दल के भटिंडा सम्मेलन में उन्होंने श्रीमती गांधी के समर्थन का प्रस्ताव किया। परन्तु उस समय तक रूसी इस निष्कर्ष पर पहुंच चुके थे कि इंदिरा की कांग्रेस को लगातार समर्थन देना संभव नहीं है और कि कम्युनिस्टों को चाहिए कि जनता पार्टी में घुसने का प्रयत्न करें और साम्यवादी दल (मार्क्सवादी) के साथ समझौता करें। ये दोनों काम भी रूस के राष्ट्रीय हित में थे। रूसियों ने सदा ऐसे नेताओं को अपने हाथ की कठपुतली बनाया है जो भारत में उनके हितों का संवर्धन करने के लिए तैयार रहते थे। रूसियों ने बहुगुणा और लिमये जैसे महानुभावों से भी काम लेने की चेष्टा की है जो खुलेआम साम्यवादी दल के सदस्य नहीं हैं। रूस की नीति उस समय बदली जब १९७७ में इंदिरा गांधी चुनाव हार गई। श्री लिमये को कई बार रूस बुलाया गया और उन्होंने हमारी विदेश नीति के संदर्भ में खुलेआम रूसियों का समर्थन किया। बहुगुणा स्पष्ट रूप से मंत्रिमंडल में रूस की बात करते थे। उन्होंने श्री अटलबिहारी वाजपेयी के चीन प्रवास का भी जबरदस्त विरोध किया।

यह तो सभी जानते है कि चौधरी चरण

रूसियों ने सदा ऐसे नेताओं को अपने हाथ की कठपुतली बनाया है जो भारत में उनके हितों का संवर्धन करने के लिए तैयार रहते थे। रूसियों ने बहुगुणा और लिमये जैसे महानुभावों से भी काम लेने की चेष्टा की है जो खुलेआम साम्यवादी दल के सदस्य नहीं हैं।

सिंह कभी वामपंथी नहीं रहे। उनका विचार सामान्यतया यही था कि यथास्थिति बनी रहनी चाहिए। भारत के स्वतंत्र होने के बाद उन्होंने जन आंदोलनों का विरोध किया है। महिलाओं और छात्रों के बारे में भी उनके रूढ़िवादी विचारों से सभी परिचित है। अर्थनीति के क्षेत्र में भी वे कभी प्रगतिवादी नहीं रहे।

भारत के दोनों साम्यवादी दलों ने उन्हें सदा ''कुलक'' (समृद्ध किसान) और प्रतिक्रियावादी कह पुकारा है। चौधरी चरण सिंह ने कृषि-मजदूरों या हरिजनों के प्रति कभी कोई सहानुभूति नहीं दिखाई है। उनके विचार रुढ़िवादी और अपरिवर्तनीय हैं, अर्थात् उनके बदलने की कोई गुंजाइश नहीं है।

यही कारण है कि उनकी गिनती कभी रचनात्मक ढंग से सोचने वाले व्यक्तियों में नहीं की गई। भारत के दोनों साम्यवादी दलों ने उन्हें सदा ''कुलक'' (समृद्ध किसान) और प्रतिक्रियावादी कह पुकारा है। चौधरी चरण सिंह ने कृषि–मजदूरों या हरिजनों के प्रति कभी कोई सहानुभूति नहीं दिखाई है। उनके विचार रूढ़िवादी और अपरिवर्तनीय हैं, अर्थात् उनके बदलने की कोई गुंजाइश नहीं है। इस बात के बावजूद कम्युनिस्टों और रूस के समर्थकों ने जो कांग्रेस में जा घुसे हैं, यह प्रमाणित करने का प्रयास किया है कि चौधरी चरण सिंह योग्य राष्ट्रीय नेता और अच्छे प्रशासक हैं। इसके पीछे एक ही कारण है और वह यह है कि रूस की घुसपैठ की नीति को कार्यरूप में परिणत किया जाए और चौधरी साहब को प्रधानमंत्री बनने की अपनी आकांक्षा पूरी करने का अवसर देकर उससे भरपूर लाभ उठाया जाए। इस प्रयत्न का उद्देश्य यह है कि देश के प्रशासन में अधिकाधिक रूसी दलाल जा घुसें। रूस का सबसे अधिक लाभ देश को अस्थिर बनाने में है और इस कार्य में चौधरी की सहायता के वक्तव्यों और उनके कार्यों में विरोधाभास है तो यह सर्वथा स्वाभाविक है। परन्तु जो नेता लोकतंत्र में विश्वास रखते हैं और राष्ट्रवादी हैं उनके गलत वक्तव्यों के कारण बड़ी हानि पहुंचती हैं, क्योंकि उससे अनैतिक राजनीतिक आचरण को प्रोत्साहन मिलता है।

सम्भव है कि आज साम्यवादी चौधरी चरण सिंह के साथ हों परन्तु उन्होंने अपनी प्राथमिकताएं स्पष्ट कर दी है। ये हमारी राजनीति में फैली हुई अनिश्चितता का पूरा लाभ उठाकर सशक्त और प्रभावशाली दल के रूप में देश के सामने आना चाहते हैं। उनका प्रयत्न यह होगा कि अन्य दलों और समूहों के साथ गठजोड़ करके आने वाले चुनावों में अधिकाधिक स्थान प्राप्त करने की कोशिश करें, क्योंकि वे इस बात को प्राथमिकता देते हैं कि लोकसभा में कम्युनिस्ट सदस्यों की संख्या अधिकाधिक हो। वे लोग देश में चरण

सिंह का शासन देखना चाहते हैं क्योंकि वे उस पर अपने स्वार्थ के लिए नियंत्रण रख पाएंगे। उनकी यह नीति १९६९ में अपनाई नई नीति के अनुकूल है, जो इसलिए सफल नहीं हो पाई थी कि १९७१ के चुनाव में इंदिरा कांग्रेस को भारी बहुमत प्राप्त हो गया था।

श्री जार्ज फर्नांडिस ने आपातकाल में तानाशाही के विरुद्ध संघर्ष में बड़े साहस और दृढ़ता का परिचय दिया। उनके प्रति सभी के मन में प्रशंसा का भाव था, यद्यपि सभी लोग उन तरीकों से सहमत नहीं होंगे जिनका प्रयोग उन्होंने इस संघर्ष में किया। परन्तु जनता सरकार के पतन के समय उनका जो आचरण रहा उससे सामान्य जनता और विशेष रूप से युवा पीढ़ी को बड़ी निराशा हुई है। एक दिन उन्होंने लोकसभा में सरकार के समर्थन में धुआंधार भाषण दिया और अगले ही दिन, जबकि उनके भाषण की गूंज तक समाप्त नहीं हुई थी, वे त्यागपत्र देकर ऐसे व्यक्ति से जा मिले जिसे उन्होंने सदा सुधारों का विरोधी और रूढ़िवादी कहा है। इस प्रकार का अविश्वसनीय आचरण उन्होंने किया कि वे ऐसे व्यक्ति के साथ जा मिले जो इंदिरा कांग्रेस की सहायता से प्रधानमंत्री बना था। परन्तु दुःख तो इस बात का है कि ऐसा आचरण श्री जार्ज फर्नांडिस का ही नहीं था, जनता सरकार के स्तम्भ कहे जाने वाले उनके मंत्रिमंडल के कुछ और साथियों ने भी स्वयं अपने मुंह पर कालिख पोत ली। वे यह कहकर सरकार का साथ छोड़ गए कि सरकार उचित नीतियों का अनुसरण नहीं कर रही है। यह तर्क देते समय वे यह भूल गए कि वे स्वयं ही वे लोग थे जो उन नीतियों को कार्यरूप में परिणत करने के लिए जिम्मेदार थे। उन्होंने विरोधी दलों के साथ गठबंधन करके स्वयं अपनी सरकार को अपदस्थ कर दिया और उस पवित्र शपथ को भूल गए जो उन्होंने महात्मा गांधी की समाधि पर ली थी। ऐसी परिस्थितियों में परस्पर विश्वास की भावना कैसे बनी रह सकती है? यदि ऐसे तत्वों को देश के सार्वजनिक जीवन में लगातार सक्रिय रहने दिया गया तो राष्ट्र खतरे में पड़ जाएगा।

श्री जार्ज फर्नांडिस ने आपातकाल में तानाशाही के विरुद्ध संघर्ष में बड़े साहस और दृढ़ता का परिचय दिया। उनके प्रति सभी के मन में प्रशंसा का भाव था, यद्यपि सभी लोग उन तरीकों से सहमत नहीं होंगे जिनका प्रयोग उन्होंने इस संघर्ष में किया। परन्तु जनता सरकार के पतन के समय उनका जो आचरण रहा उससे सामान्य जनता और विशेष रूप से युवा पीढ़ी को बड़ी निराशा हुई है।

लोकतंत्र में यह बात अस्वभाविक नहीं है कि बहुत से व्यक्ति सत्ता के इच्छुक होते है और यदि कोई व्यक्ति सत्तारूढ़ होना चाहता है तो उसे बुरा नहीं समझा जाता।

परन्तु यदि सत्ताप्राप्ति के प्रयत्नों से समाज के नैतिक मूल्य नष्ट होते हों, नेताओं की विश्वसनीयता समाप्त होती हो, देश के प्रशासनीय तंत्र में विकृतियां आती हों और ऐसी स्थिति उत्पन्न होती हो जिसमें स्थायित्व का विनाश और अराजकता का प्रादुर्भाव होता हो तो कैसा राष्ट्र बनेगा? राष्ट्र का भविष्य कहां जाएगा? तथाकथित उत्तरदायी व्यक्तियों और अपने आप को प्रगतिवादी कहने वाले लोगों ने इस बात की चिंता नहीं कि और न कभी यह सोचा कि अपने आचरण से वह जो उदाहरण उपस्थित कर रहे हैं उसका युवा पीढ़ी पर क्या प्रभाव पड़ेगा। ऐसे व्यक्तियों के नाम गिनाने या उनके कुकर्मों का ब्योरा देने की आवश्यकता नहीं है- ये बातें सर्वविदित हैं। आज देश में जिस प्रकार की राजनीति चल पड़ी है और जो राजनीतिक संस्कृति आ गई है वह देश के अस्तित्व के लिए घातक सिद्ध हो सकती है।

तथाकथित उत्तरदायी व्यक्तियों और अपने आप को प्रगतिवादी कहने वाले लोगों ने इस बात की चिंता नहीं कि और न कभी यह सोचा कि अपने आचरण से वह जो उदाहरण उपस्थित कर रहे हैं उसका युवा पीढ़ी पर क्या प्रभाव पड़ेगा। ऐसे व्यक्तियों के नाम गिनाने या उनके कुकर्मों का ब्योरा देने की आवश्यकता नहीं है- ये बातें सर्वविदित हैं।

एक इससे भी बड़ा खतरा है। श्री मधु लिमये ने हाल ही में अपने एक वक्तव्य में यह आरोप लगाया था कि श्रीमती गांधी ने अपने तानाशाही आचरण से देश के संघात्मक ढांचे को चलने नहीं दिया। उनका दावा था कि जिस मोर्चे के सदस्य वे स्वयं हैं वह इस बात पर विचार करेगा कि दक्षिण, उत्तर पूर्व और उत्तर-पश्चिमी भारत का राज्यों में संविधान के अनुसार संघीय ढांचे को प्रभावशाली ढंग से लागू करवाने के लिए एक संयुक्त मोर्चा बनाया जाए। जुलाई और अगस्त, १९७९ के दो महीनों में छोटे-छोटे क्षेत्रीय दलों ने- जिनके सदस्यों की संख्या चार, पांच या छः है-अचानक यह महसूस किया कि राष्ट्र के मंच पर उनका भी कोई महत्व है। अब तक उनकी आकांक्षाएं अपने क्षेत्र या अपने राज्य तक सीमित थीं। अपने जीवन में पहली बार उन्होंने देखा कि उन्हें राष्ट्रीय दर्जा प्राप्त हो गया है। आज के वातावरण में जब बिखराव और दलों के टूटने की प्रक्रिया चल पड़ी है और क्षेत्रवाद बढ़ता जा रहा है, संघवाद को नए आयाम देने की श्री मधु लिमये का प्रस्ताव बहुत हानिकारक हो सकता है। सम्भव है कि यह तात्कालिक खतरा न हो, परन्तु यह सोचा जा सकता है कि रूस और यूरोप के राष्ट्र भारत को बंटा हुआ देखना चाहते हैं, क्योंकि खण्डित भारत में वे अपना प्रयोजन अधिक आसानी से सिद्ध कर सकेंगे। क्या यह खतरा काल्पनिक है? यदि यह सचमुच काल्पनिक हो तो मुझे बहुत प्रसन्नता होगी।

□

10 सेवाभावी राजनीति की ओर

जब मैं स्वतंत्रता के ३२ वर्ष बाद भारत के राजनीतिक चित्रपट को देखता हूं तो यह पूछने पर विवश हो जाता हूं कि क्या यही वह स्वतंत्र भारत है जिसके लिए हमने कई पीढ़ियों तक स्वतंत्रता संग्राम लड़ा? यदि आज दयानंद और विवेकानंद से लेकर महात्मा गांधी और लोकमान्य तिलक तथा सुभाष चंद्र बोस तक के महान व्यक्तित्व अचानक हमारे बीच आ जाएं तो उन्हें कैसा लगेगा? क्या वे यह महसूस करेंगे कि यही उनके सपनों का भारत है या कि उन्हें अपने सपनों की श्मशान भूमि यहां दिखाई पड़ेगी? यहां प्रतिदिन कोई न कोई ऐसी बात होती रहती है जिससे हमें लगता है कि किसी न किसी राजनीतिक नेता ने निर्दयतापूर्वक राजनीतिक आचरण की नैतिकता को पैरों तले रौंद दिया है। प्रतिदिन जनता का रोष बढ़ता जा रहा है। लोग राजनीतिज्ञों और राजनीति की इन करतूतों से तंग आ चुके हैं।

आइए देखें कि वस्तुस्थिति क्या है! पिछले बारह वर्ष में दल-बदल के कारण कम से कम तीन दर्जन सरकारों का पतन हुआ है। चौधरी चरण सिंह ने १ अप्रैल, १९६७ को उत्तर प्रदेश में दल-बदल की जिस प्रक्रिया का सूत्रपात किया था उसने राजनीतिक नैतिकता की जड़ें हिला दी हैं। अकेले बिहार में २५ जनवरी, १९६२ से लेकर १८ दिसम्बर, १९७० तक सात सरकारों का पतन हुआ। हम उस राज्य के राजनीतिज्ञों के नैतिक पतन का अनुमान लगा सकते हैं, जहां तीन वर्ष की संक्षिप्त अवधि में दल-बदलुओं की करतूतों के कारण ६ सरकारों का पतन हुआ। हमारे राजनीतिक मापदंड कहां गए? नैतिकता कहां लुप्त हो गई? हमारी राजनीति में जो सौदेबाजी होती रही है उसका अनुमान

लगाना या उसका भावात्मक परिगणन आसान नहीं है। विधायक पदों के लिए दल बदलने में तनिक भी नहीं हिचकते और उनके इन कारनामों का जनता की नैतिकता पर क्या प्रभाव पड़ता है यह आंकना कठिन है। छात्रों, व्यापारियों, प्रशासनिक सेवाओं और अध्यापकों के नैतिक स्तर पर राजनीति की इन घटनाओं का कितना प्रभाव पड़ता है? परन्तु एक बात निश्चित रूप से कही जा सकती है और वह यह कि यदि भारत की जनता के मन में राजनीतिज्ञों के प्रति अविश्वास की भावना या राजनीति के प्रति घृणा का उदय हुआ है तो उसका कारण मुख्य रूप से यही है कि राजनीतिज्ञ मनमाने ढंग से अपने दल बदलते रहे है।

१९६७ से १९७१ तक के चार वर्षों में जो राजनीतिक उथल-पुथल हुई उसका अनुमान इस बात से लगाया जा सकता है कि २१२ विधायक मुख्यमंत्रियों और मंत्रियों के पदों पर आसीन हुए। ३२ मंत्रिमंडलों का पुनर्गठन हुआ और इनमें से १४ में मुख्यमंत्री दल-बदलू थे।

चौथे आम चुनाव के बाद हमारी लोकतांत्रिक प्रणाली पर जो दबाव पड़ा उसने उसे कमजोर कर दिया। लगभग सभी दलों के सदस्यों ने, जिनका विश्वास राजनीतिक मूल्यों में था, दल-बदल की परिपाटी के विरुद्ध अपनी आवाज उठाई। दल-बदल को रोकने के लिए एक प्रस्तावित कानून का मसौदा भी तैयार किया गया लेकिन यह अभी तक पास नहीं हो पाया है, क्योंकि कुछ लोगों का इस कुत्सित परिपाटी में निहित स्वार्थ बन गया है। १९७७ के चुनाव में जनता पार्टी ने अपने घोषणा पत्र में यह वचन दिया था कि ऐसा कानून पास किया जाएगा, परन्तु जब विधेयक लोकसभा में रखा गया तो श्री मधु लिमये ने इसका घोर विरोध किया और इसे पास नहीं होने दिया। उनके तर्क भिन्न हो सकते हैं, परन्तु वास्तविक कारण तो राजनीतिक ही थे। हाल ही में जो घटनाएं हुई हैं उनके संदर्भ

चौथे आम चुनाव के बाद हमारी लोकतांत्रिक प्रणाली पर जो दबाव पड़ा उसने उसे कमजोर कर दिया। लगभग सभी दलों के सदस्यों ने, जिनका विश्वास राजनीतिक मूल्यों में था, दल-बदल की परिपाटी के विरुद्ध अपनी आवाज उठाई। दल-बदल को रोकने के लिए एक प्रस्तावित कानून का मसौदा भी तैयार किया गया लेकिन यह अभी तक पास नहीं हो पाया है।

में यह बात स्पष्ट हो गई है। उनकी इच्छा जनता पार्टी छोड़कर बाहर आने की और अपनी विशेष प्रकार की राजनीति में प्रवृत्त होने की थी। यदि जनता पार्टी का सरकार दल-बदल का निषेध करने वाले विधेयक को पास करने में सफल हो जाती तो श्री मधु लिमये उसकी पीठ में छुरा भोंकने में सफल न होते।

क्या यह आश्चर्य की बात नहीं है- यूं देखा जाए तो इसमें आश्चर्य है ही क्या-

कि चौधरी चरण सिंह ने, जिन्होंने १९६७ में दल-बदल की राजनीति का सूत्रपात किया था, फिर केंद्र में वैसी ही चालें चलीं और देश का दुर्भाग्य है कि वह अपने प्रयत्नों में सफल हो गए। १९७९ में दल-बदलुओं की सरकार ने अपनी इस कुत्सित कला के अनुभव का लाभ उठाकर इसी के प्रयोग से प्रधानमंत्री बनने की अपनी दुराकांक्षा सफलीभूत की।

इस वर्ष जो दल-बदल हुआ है वह अधिक गंभीर है। आज तक बिहार, उत्तर प्रदेश और हरियाणा में दल-बदलू हुआ करते थे, लेकिन इस वर्ष इन राज्यों के अनुभवी दल-बदलुओं ने अपने विशिष्ट राजनीतिक चरित्र के कारण और ऐतिहासिक परिस्थितियों से लाभ उठाकर अखिल भारतीय मंच पर अपनी कला का प्रदर्शन किया। इनकी करतूतों से सारे देश को भारी क्षति पहुंची है। आज की सत्ता-राजनीति का सबसे घृणित और जघन्य पहलू यही है कि दल-बदल को ही प्रधानमंत्री, मुख्यमंत्री या मंत्री के पद तक पहुंचने का माध्यम बना लिया गया है। जब किसी अपराधी को न्यायालय के सामने लाया जाता है तो वह ऐसे तर्क देता है जिससे उसके अपराध की गंभीरता कम हो जाती है। इसी प्रकार दल बदलने वाले आज जनता की अदालत में यह तर्क दे रहे हैं कि उन्होंने दल नहीं बदला, बल्कि पार्टी टूट गई है। यह तर्क लोगों की आंखों में धूल झोंकने के लिए दिया जा रहा है।

यदि दल-बदल अक्षम्य राजनीतिक अपराध है, यदि दल-बदल के कारण ही हमारे देश की राजनीति ने हिंसा और रक्तपिपासु पशु का रूप धारण कर लिया है, यदि राजनीति ने जनता की इच्छाओं को पूर्णतया विस्मृत कर दिया है, यदि दल-बदल करने वालों ने राजनीतिक नैतिकता की कब्र खोद दी है और यदि उन्होंने हमारी राजनीतिक प्रक्रियाओं को भ्रष्ट करके राजनीति को एक ऐसा व्यवसाय बना दिया है जिसमें नैतिक सिद्धांतों की कोई पूछ नहीं और निपट अवसरवादिता का ही राज्य स्थापित हो गया है तो नागरिकों और विशेष रूप से मतदाताओं का यह कर्त्तव्य हो जाता है कि वे किसी भी दल-बदलू को चुनाव में जीतने न दें। न्यायालय दल-बदल को रोक नहीं सकते, जब तक कि इस बारे में कोई कानून पास नहीं हो सकता।

आज की सत्ता-राजनीति का सबसे घृणित और जघन्य पहलू यही है कि दल-बदल को ही प्रधानमंत्री, मुख्यमंत्री या मंत्री के पद तक पहुंचने का माध्यम बना लिया गया है। जब किसी अपराधी को न्यायालय के सामने लाया जाता है तो वह ऐसे तर्क देता है जिससे उसके अपराध की गंभीरता कम हो जाती है।

तो फिर कौन-सा रास्ता शेष रहता है? इस समस्या का हल निर्वाचकों के हाथ में है। वही दलबदलुओं की कुत्सित

मार्च 1977 के चुनाव में जनता ने तानाशाही को धूल चाटने पर विवश कर दिया था। आशा थी कि जनता द्वारा ऐसी करारी हार के बाद अधिनायकवादी तत्व कम से कम दस साल तक सिर न उठा सकेंगे। परन्तु हुआ क्या? आज श्रीमती इंदिरा गांधी में खुलेआम यह कहने का दुस्साहस है कि उन्होंने समाचार पत्रों पर जो सेंसर लगाया था वह ठीक था।

योजनाओं को विफल बना सकते हैं। उन्हें पराजित करना जनता के हाथ में है। लोकतंत्र में प्रत्येक नागरिक का यह कर्त्तव्य हो जाता है कि किसी भी दल-बदलू को विधानसभा या लोकसभा में न आने दें। दल-बदलू ने चाहे कोई वेश पहन रखा हो, उसे तुरंत पहचाना जा सकता है। चाहे वह किसी भी टिकट पर चुनाव लड़ रहा हो, चाहे उसका समर्थन कोई भी कर रहा हो, वह रहता तो दल-बदलू ही है।

मार्च १९७७ के चुनाव में जनता ने तानाशाही को धूल चाटने पर विवश कर दिया था। आशा थी कि जनता द्वारा ऐसी करारी हार के बाद अधिनायकवादी तत्व कम से कम दस साल तक सिर न उठा सकेंगे। परन्तु हुआ क्या? आज श्रीमती इंदिरा गांधी में खुलेआम यह कहने का दुस्साहस है कि उन्होंने समाचार पत्रों पर जो सेंसर लगाया था वह ठीक था। वह यह भी कहती हैं कि कुछ परिस्थितियों में आपातकाल की घोषणा उचित हो सकती है। इस बात के बावजूद कि गुप्ता आयोग के प्रतिवेदन में स्पष्ट रूप से यह कहा गया है कि श्रीमती इंदिरा गांधी अपने पुत्र श्री संजय गांधी की कंपनी मारुति के लिए अपने पद का दुरुपयोग करने की दोषी है, उन्हें यह कहने की हिम्मत है कि श्री चन्द्रशेखर को गुप्ता आयोग के प्रतिवेदन की प्रति कहा से मिल गई? यह तो बिलकुल उस चोर जैसी बात है जो सेंध मारकर किसी घर में घुसा हो और लोग उसे पकड़ने आ जाएं तो वह उनसे पूछे कि आप लोग इस प्रकार अवैध रूप से इस घर में क्यों आए हैं?

नसबंदी के नाम पर जो अत्याचार हुए उनके बारे में श्रीमती गांधी का कहना यह है कि यह सब प्रचार है। सभी जानते हैं कि १२ जून, १९७५ को उच्च न्यायालय ने उन्हें चुनाव में भ्रष्ट तरीकों का दोषी पाया था और ६ वर्ष के लिए अयोग्य घोषित कर दिया था। इलाहाबाद उच्च न्यायलय के इस निर्णय के साथ ही गुजरात में जनता मोर्चे की विजय हुई और इंदिरा गांधी का समर्थन करने वाली शक्तियों को पराजय का मुंह देखना पड़ा। यह स्पष्ट था कि लोकतंत्र के अनुसार वह प्रधानमंत्री बनी नहीं रह सकती थीं। जब तक वह उस स्थिति में थी उन्होंने लोकतंत्र को जैसे-तैसे निभाया, परन्तु जब लोकतंत्र उनके लिए प्रधानमंत्री पद पर बने रहने का साधन नहीं रहा तो उन्होंने उसे तिलांजलि दे दी। उन्होंने यह फैसला कर रखा था कि वह हर कीमत

पर अपनी गद्दी पर बनी रहेंगी। उनके पास बीससूत्री कार्यक्रम का इतना अधिक ढिंढोरा पीटा गया, उसके वास्तविक बीस सूत्र निम्नलिखित थे:

१. आपातकाल की घोषणा की गई।
२. बीसियों हजार कार्यकर्ताओं और नेताओं को जेलों में डाल दिया गया।
३. सेंसरशिप लगाकर समाचार पत्रों का गला घोंटा गया।
४. दास संसद के माध्यम से संविधान विधेयक पास किए, जिससे कि हाईकोर्ट के निर्णय को निष्प्रभावी बनाया जा सकता और वह स्वयं कानून और न्यायालयों की पहुंच से बाहर हो जाएं।
५. नसबंदी का अभियान चलाकर सारे देश में आतंक फैला दिया गया।
६. तथाकथित अवैध मकानों को गिराने और गंदी बस्तियों को साफ करने के लिए निर्दयतापूर्वक बुलडोजरों का प्रयोग किया गया और जनसाधारण को आतंकित किया गया।
७. न्यायाधीशों को मनमाने ढंग से एक स्थान से दूसरे स्थान पर भेज कर सारी न्यायपालिका को आतंकित करने का प्रयत्न किया गया।
८. २५ राजनैतिक और गैर-राजनैतिक संगठनों को अवैध घोषित कर दिया गया और उन पर प्रतिबंध लगा दिया गया।
९. सारे नागरिक अधिकार समाप्त कर दिए गए।
१०. युवा कांग्रेस के कार्यकर्ता अपने दल के लिए चंदे के नाम पर निर्दोष और निरीह जनता से पैसा ऐंठने लगे। जो लोग पैसा नहीं देते थे उन्हें झूठे आरोपों के आधार पर गिरफ्तार करवा दिया जाता था।
११. व्यक्ति पूजा की परिपाटी अपने चरमोत्कर्ष पर पहुंच गई और इंदिरा ही भारत बन गई।
१२. देश में अपने वंश का राज्य स्थापित करने के एकमात्र उद्देश्य से संजय गांधी को आधुनिक विवेकानंद की संज्ञा दी गई।
१३. बड़े पैमाने पर गुप्तचर सेवाओं का प्रयोग उन लोगों के दमन के लिए किया गया जो श्रीमती गांधी को चुनौती दे सकते थे या उनके लिए खतरा बन सकते थे। यह बात शाह आयोग के प्रतिवेदन से पूर्णयता स्पष्ट हो गई है।

सारे नागरिक अधिकार समाप्त कर दिए गए। युवा कांग्रेस के कार्यकर्ता अपने दल के लिए चंदे के नाम पर निर्दोष और निरीह जनता से पैसा ऐंठने लगे। जो लोग पैसा नहीं देते थे उन्हें झूठे आरोपों के आधार पर गिरफ्तार करवा दिया जाता था। व्यक्ति पूजा की परिपाटी अपने चरमोत्कर्ष पर पहुंच गई और इंदिरा ही भारत बन गई।

१४. मजदूर संघों को निष्प्रभावी बना दिया गया और लाभांश (बोनस) समाप्त कर दिया गया जिससे कि उद्योगपतियों और पूंजीपतियों को लाभ पहुंचाया जा सके।

१५. तथाकथित जनकल्याण कार्यों और आपातकाल की काल्पनिक और झूठी उपलब्धियों का व्यापक प्रचार किया गया जिससे कि लोगों का मानस बदल दिया जाएं और वे सदा भ्रम में रहें।

१६. गांधी, विवेकानंद और रवीन्द्रनाथ ठाकुर को भी निषेध कर दिया गया। नेहरू के विचारों का प्रचार भी बुरा माना जाने लगा।

१७. इंदिरा गांधी ने अपने दल के नेताओं को भी कभी अपने मन की बात नहीं बताई। उनके आसपास घूमने वाले मुट्ठीभर गैर-राजनीतिक लोग देश का प्रशासन चला रहे थे। बाबू जगजीवन राम और श्री यशवंतराव चव्हाण पर भी कड़ी दृष्टि रखी गई।

१८. राज्यों के मुख्यमंत्री और केंद्रीय मंत्री भी संजय गांधी के हाथ की कठपुतली बना दिए गए। वही उनको अपने इशारों पर नचाता था और दिल्ली की प्रशासन प्रत्यक्ष रूप से उसके नियंत्रण में था।

१९. सरकारी अधिकारियों को मामूली से मामूली बहाने पर निकाल बाहर किया जाता था। शासन तंत्र के सभी अंगों को इतना आतंकित किया गया कि वे मुंह न खोल सकें।

२०. विदेशों में प्रचार किया गया कि देश में पूर्ण शांति है और केवल दो या तीन सौ व्यक्तियों को गिरफ्तार किया गया था जिन्हें अब छोड़ दिया गया है। यह भी प्रचार किया जाता था कि देश आर्थिक प्रगति कर रहा है और लोकतंत्र बना हुआ है।

बीससूत्री कार्यक्रम जो आपातकाल के 19 महीनों में भारत की जनता पर थोपा गया। आज भ्रम फैलाने के लिए श्रीमती गांधी कहती हैं कि आपातकाल में उतने अत्याचार नहीं हुए जितने कि जनता पार्टी के राज में हो रहे हैं। यह बात ऐसे व्यक्ति के मुंह से निकलनी स्वाभाविक ही है जो अधिकनायकवाद और तानाशाही शासन की मूर्ति थी।

यह था बीससूत्री कार्यक्रम जो आपातकाल के १९ महीनों में भारत की जनता पर थोपा गया। आज भ्रम फैलाने के लिए श्रीमती गांधी कहती हैं कि आपातकाल में उतने अत्याचार नहीं हुए जितने कि जनता पार्टी के राज में हो रहे हैं। यह बात ऐसे व्यक्ति के मुंह से निकलनी स्वाभाविक ही है जो अधिकनायकवाद और तानाशाही शासन की मूर्ति थी। उनके सभी वक्तव्यों से

उनकी तानाशाही प्रवृत्तियों का पता चलता है। केवल यह बात कि जनता ने उन्हें ठुकरा दिया है और वह अब सत्तारूढ़ नहीं है, उन सारे अत्याचारों का निचोड़ है जिनका आरोप वह जनता सरकार पर लगा रही है।

भारत की राजनीति में सबसे अधिक हानिकारक विकृति यह आई कि इंदिरा गांधी की तानाशाही प्रवृत्तियां खुल कर खेलने लगीं। यह सत्तालोलुपता का स्वाभाविक परिणाम था, क्योंकि सत्ता-राजनीति में राष्ट्रीय हितों की सर्वथा उपेक्षा की गई थी और पिछले तीन दशकों से यही होता चला आया था। इसका सबसे बुरा पहलू यह था कि सिद्धांतों को भुला दिया गया और राजनीतिज्ञ अपने व्यक्तिगत लाभ के लिए दल बदलने लगे। दल-बदल की प्रक्रिया के कारण राजनीतिक स्थायित्व और नैतिकता को भारी क्षति पहुंची और देश उन्नति नहीं कर पाया। राजनीतिक भ्रष्टाचार का जो इतना भीषण रूप हमारे सामने आया है उसका कारण भी दल-बदल और अवसरवादिता की राजनीति है। सत्तालिप्सा का दूसरा पहलू उस अधिनायकतंत्र के रूप में प्रकट हुआ जो श्रीमती गांधी ने स्थापित कर दिया था। राजनीतिक भ्रष्टाचार का एक रूप तो मारुति का मामला था और दूसरा था चण्डाल चौकड़ी का उदय, जिसके मुख्य पात्र संजय गांधी, बंसीलाल, विद्याचरण शुक्ल और यशपाल कपूर थे। तानाशाही के इस सिक्के का एक पहलू तो पुलिस के आतंक की सहायता से बलपूर्वक नसबंदी का अभियान है और दूसरा बुलडोजरों का प्रयोग, जिससे निरीह और निर्धन जनता आतंकित थी। जब राजनीति राष्ट्रीय पुनर्निर्माण के अपने सच्चे लक्ष्य से हट गई तो इस प्रकार की बातें अनिवार्य थीं। न केवल राष्ट्रीय लक्ष्य को भुला दिया गया था, बल्कि सारे राजनीतिज्ञ सत्ता की राजनीतिक का खेल खेल रहे थे। यदि भारत के मतदाता खरे-खोटे की पहचान नहीं कर पाएंगे और सिद्धान्तहीन तथा अवसरवादी दल बदलुओं को उन लोगों से अलग करके पहचान नहीं सकेंगे जो देश के पुनर्निर्माण में विश्वास रखते हैं तो राष्ट्र को क्षति पहुंचना अवश्यम्भावी है। उससे राजनीतिक संकट और गहन हो जाएगा।

भारत की राजनीति में सबसे अधिक हानिकारक विकृति यह आई कि इंदिरा गांधी की तानाशाही प्रवृत्तियां खुल कर खेलने लगीं। यह सत्तालोलुपता का स्वाभाविक परिणाम था, क्योंकि सत्ता-राजनीति में राष्ट्रीय हितों की सर्वथा उपेक्षा की गई थी और पिछले तीन दशकों से यही होता चला आया था।

यही कारण था कि जिन लोगों ने देश की स्वतंत्रता के लिए संघर्ष किया था उनकी आशाओं पर तुषारपात हो गया। गांधी, तिलक और अरविंद के सपने साकार नहीं हो पाए। जब तक नेहरू और

पटेल जीवित रहे, राजनीति का दिशाभ्रम अधिक स्पष्ट नहीं हुआ था। उनके जाने के बाद इसका असली रूप सामने आया। परन्तु फूट के बीज तो बहुत पहले पड़ चुके थे।

जब मैं राजनीति की भूलभुलैयों में भारत के मुक्ति आंदोलन या स्वतंत्रता संग्राम की मूल प्रेरणाओं को खोजने की चेष्टा करता हूं तो मुझे निम्नलिखित निष्कर्षों पर पहुंचने के लिए बाध्य होना पड़ता है:

हमारे स्वतंत्रता संग्राम का उद्देश्य राजनीतिक नहीं था और हम विदेशी शासकों के स्थान पर स्वदेशी शासकों को स्थापित करने मात्र में रुचि नहीं रखते थे। यह संग्राम तो दो सभ्यताओं या दो संस्कृतियों का टकराव था। एक औद्योगिक संस्कृति हमारे देश में ब्रिटिश साम्राज्यवाद का वर्चस्व स्थापित होने के साथ ही चली आई थी।

- हमारे स्वतंत्रता संग्राम का उद्देश्य राजनीतिक नहीं था और हम विदेशी शासकों के स्थान पर स्वदेशी शासकों को स्थापित करने मात्र में रुचि नहीं रखते थे। यह संग्राम तो दो सभ्यताओं या दो संस्कृतियों का टकराव था। एक औद्योगिक संस्कृति हमारे देश में ब्रिटिश साम्राज्यवाद का वर्चस्व स्थापित होने के साथ ही चली आई थी। १९वीं शताब्दी में भारत के मानस ने इस विदेशी सभ्यता की चुनौती को स्वीकार कर लिया था। जिन दार्शनिकों ने स्वतंत्रता संग्राम की प्रेरणा दी और उसका नेतृत्व किया उन्होंने स्पष्ट रूप से यह घोषणा की थी कि भारत उस सभ्यता की बाढ़ में तिनके के समान बह नहीं जाएगा बल्कि अपने लिए एक ऐसी नई सामाजिक और आर्थिक व्यवस्था का निर्माण करेगा जिसका आधार हमारी प्राचीन और उदात्त विचारधारा और दर्शन है। उसके साथ ही प्राचीन युग का विज्ञान और सांस्कृतिक परम्पराएं, जिनके पीछे हमारी अपनी प्रतिभा और मानवीय मूल्य थे, हमें प्रेरणा दे रही थी। उनका यह भी कहना था कि हमें विज्ञान के ऐसे आविष्कारों को ग्रहण करने में कोई आपत्ति न होगी जो हमारी राष्ट्रीय प्रतिभा के अनुकूल हों। हम चाहते थे कि हमारी अर्थव्यवस्था ऐसी हो जिसे संसार के अन्य देश भी अनुकरणीय समझ कर स्वीकार करें। विवेकानंद, अरविंद, तिलक और गांधी ने बार-बार यह कहा था कि भारत स्वतंत्रता का संग्राम केवल इसलिए लड़ रहा है कि वह अपनी नियति को प्राप्त करे, क्योंकि वही उसका अंतिम लक्ष्य था। इसी कारण उन सब का विचार था कि भारत की स्वतंत्रता केवल

भारतीयों को ही नहीं बल्कि सारी मानव जाति को लाभान्वित करेगी।

- भारत का मानस सदा से उन प्रेरणाओं की खोज में था जो समाज के पुनर्निर्माण में सहायक हों। जब हम स्वतंत्रता संग्राम में लगे हुए थे उस समय भी हम अपने आदर्शों और अपने लक्ष्यों को पहचानने में लगे हुए थे। मुख्य उद्देश्य यह था कि करोड़ों भारतवासी, जो निर्धनता के बोझ में दबे हुए कराह रहे हैं उनका जीवन स्तर ऊंचा उठाया जाए। हमारी यह भी इच्छा है उसे पाट दिया जाए। मानवीय सुविधा के लिए जितने भी वैज्ञानिक और तकनीकी उपकरण हैं उन सबके होते हुए भी हमारा आदर्श ''सादा जीवन और उच्च विचार'' रहा है। यही मापदंड था जिसे हमें अपने सामाजिक और पारिवारिक जीवन पर लागू करना था और भारत की जनता के भौतिक और आध्यात्मिक विकास के बीच एक संतुलन स्थापित करना था।

हमारा उद्देश्य देश में ऐसी राजनीतिक और संवैधानिक व्यवस्था तैयार करना था जो राष्ट्र की एकता को सुदृढ़ करे और सभी नागरिकों को बराबरी के आधार पर राष्ट्र निर्माण में साझेदार बनाया जा सके। एक स्वस्थ राष्ट्रीय जीवन का विकास हमें करना था।

- भारत के स्वतंत्रता सेनानियों की प्रेरणा का स्त्रोत उनकी यह इच्छा थी कि एक शक्तिशाली राष्ट्र का निर्माण किया जाए जिससे कि सारे देश में सौहार्द्र बना रहे और हिमालय से लेकर कन्याकुमारी तक धर्म, भाषा, क्षेत्र या जाति के भेद हमें आपस में बांट न सकें।
- हमारा उद्देश्य देश में ऐसी राजनीतिक और संवैधानिक व्यवस्था तैयार करना था जो राष्ट्र की एकता को सुदृढ़ करे और सभी नागरिकों को बराबरी के आधार पर राष्ट्र निर्माण में साझेदार बनाया जा सके। एक स्वस्थ राष्ट्रीय जीवन का विकास हमें करना था। यही मुख्य प्रेरणा थी जिसने भारत की जनता को विदेशी शासन के विरुद्ध लड़ने का प्रोत्साहन दिया।
- हमारा उद्देश्य ऐसी शिक्षापद्धति का विकास था जो नई पीढ़ी को देश में एक नए आर्थिक, सामाजिक और राजनीतिक ढांचे की स्थापना में सहायता करने के लिए प्रवृत्त कर सके।

तो स्वतंत्रता संग्राम के पीछे जो मूल प्रेरणाएं थीं उनका सार यह है! परन्तु उनके संदर्भ में हम स्वतंत्र भारत में क्या देख रहे हैं? क्या हमने ऊपर बताए गए किसी भी लक्ष्य की ओर एक कदम भी बढ़ाया है? क्या हम पिछले ३२ वर्ष में

अपनी समझ के अनुसार आर्थिक, सामाजिक, राजनीतिक या शैक्षणिक क्षेत्र में विकास के लिए आवश्यक ढांचे की स्थापना में सफल हुए हैं? ३२ वर्ष की स्वतंत्रता के काल में प्रगति के नाम पर जो कुछ हुआ है उसे पश्चिम की अर्थव्यवस्था के अंधानुकरण के अतिरिक्त और कोई संज्ञा नहीं दी जा सकती। क्या कारण है कि स्वतंत्रता संग्राम की मूल प्रेरणा और अपने लिए निर्धारित लक्ष्यों की प्राप्ति के लिए उठाए गए कदमों के बीच इतनी बड़ी खाई बनी रही? क्या स्वतंत्रता संग्राम की प्रेरणा ही गलत थी या कि भारत ने स्वतंत्रता सेनानियों के प्रिय आदर्शों की चर्चा तो की है परन्तु वह अपने सच्चे पथ से हट गया है?

समय की आवश्यकताओं के अनुसार एक नए समाज का निर्माण कोरा बौद्धिक अभ्यास नहीं हो सकता, अर्थात् केवल सोचने मात्र से यह काम नहीं हो जाएगा। किसी देश को विदेशों की बनी-बनाई विचारधाराओं की सहायता से फिर से नहीं उठाया जा सकता। उसके लिए व्यक्तिगत और सामूहिक प्रयत्नों की एक लंबी और कष्टप्रद प्रक्रिया में से गुजरना होगा। जब राष्ट्र के निर्माण का प्रश्न आता है तो यह आवश्यक हो जाता है कि हम प्रयोग की भट्टी और अनुभव की अग्नि में तपें, तभी जाकर हमारा प्रयोजन सिद्ध हो सकता है। इसी कारण हम यह देखते हैं कि जब भारत ब्रिटिश साम्राज्यवाद के विरुद्ध लड़ रहा था, राष्ट्रीय प्रयत्न की दो धाराएं थीं। एक ओर तो राजनीतिक संघर्ष चल रहा था और दूसरी ओर पुनर्निर्माण के लिए नए परीक्षण किए जा रहे थे। बंग-भंग के विरुद्ध आन्दोलन छेड़ने के समय से लेकर राष्ट्रीय शिक्षा के क्षेत्र में नए प्रयोगों का सूत्रपात किया गया। गांधी जी के प्रयोग उनके जीवन दर्शन पर आधारित थे जिसमें खान-पान से लेकर समाज के पुनर्निर्माण तक राष्ट्रीय कार्यकलाप का प्रत्येक क्षेत्र आ जाता था।

गांधी जी ने जो रचनात्मक प्रयोग आरम्भ किए वे उनकी दृष्टि में स्वतंत्रता संग्राम से कम महत्वपूर्ण नहीं थे। सत्ता उनकी दृष्टि में एक साधन मात्र थी जैसे अन्य साधन हुआ करते हैं, उसके माध्यम से राष्ट्रीय पुनर्निर्माण के लक्ष्य की प्राप्ति की जा सकती है। गांधी जी ने सत्ता को कभी साध्य नहीं माना। राजनीति उनके कार्यकलाप का केन्द्र नहीं थी, बल्कि उनकी भूमिका पूरक मात्र थी।

गांधी जी ने जो रचनात्मक प्रयोग आरम्भ किए वे उनकी दृष्टि में स्वतंत्रता संग्राम से कम महत्वपूर्ण नहीं थे। सत्ता उनकी दृष्टि में एक साधन मात्र थी जैसे अन्य साधन हुआ करते हैं, और उसके माध्यम से राष्ट्रीय पुनर्निर्माण के लक्ष्य की प्राप्ति की जा सकती है। गांधी जी ने सत्ता को कभी साध्य नहीं माना। राजनीति उनके कार्यकलाप का केन्द्र नहीं थी, बल्कि उनकी भूमिका पूरक मात्र थी।

दुर्भाग्यवश स्वतंत्रता प्राप्ति के बाद सत्ता को ही देश के पुनर्निर्माण का एकमात्र

सामाजिक, शैक्षिणिक या किसी भी अन्य कार्यक्षेत्र में नेतृत्व का विकास नहीं हो पाया है। सत्ता तक पहुंचना ही एकमात्र लक्ष्य माना जाने लगा है। देश के विधानमण्डलों में पांच हजार स्थान प्राप्त करने की छीना-झपटी और उसके लिए होने वाली सौदेबाजी ही राजनीति कहलाने लगी।

साधन मानने की प्रथा चल पड़ी। इसलिए हमारे राजनीतिक जीवन में सत्ता की राजनीति का वर्चस्व स्थापित हो गया। इसका परिणाम यह हुआ कि सामाजिक, शैक्षिणिक या किसी भी अन्य कार्यक्षेत्र में नेतृत्व का विकास नहीं हो पाया है। सत्ता तक पहुंचना ही एकमात्र लक्ष्य माना जाने लगा है। देश के विधानमण्डलों में पांच हजार स्थान प्राप्त करने की छीना-झपटी और उसके लिए होने वाली सौदेबाजी ही राजनीति कहलाने लगी। सारे राजनीतिक कार्यकलाप का निचोड़ केवल यह है कि येन-केन-प्रकारेण चुनाव जीत लिया जाए और संसद या विधानसभा में प्रविष्टि होते ही मंत्री की गद्दी की ओर दौड़ा जाए। देश के अधिकतर राजनीतिज्ञों का व्यवहार ऐसा ही है और सारी जनता उससे परिचित है। एक बार सत्तारूढ़ होने के बाद उनकी भरपूर चेष्टा यह रहती है कि वह अपनी कुर्सी पर बने रहें। इन परिस्थितियों में इसी प्रकार की राजनीति सामने आ सकती थी जिसमें भाग लेने वाले इस बात को भूल जाते हैं कि जनता को राजनीतिक प्रक्रिया का अभिन्न अंग बनाना आवश्यक है और उनका सहयोग राष्ट्र-निर्माण के लिए अनिवार्य है। राजनीतिज्ञ सस्ती लोकप्रियता प्राप्त करने की चेष्टा करते हैं, विरोध के लिए विरोध करते हैं और अन्य दलों के साथ सांठ-गांठ और जोड़-तोड़ के माध्यम से चुनाव जीतने की चेष्टा करते हैं। वे कभी इस बात का प्रयत्न नहीं करते कि ऐसा ढांचा खड़ा किया जाए जिसमें सामाजिक और आर्थिक परिवर्तन सम्भव हो।

समाचार-पत्रों, सभाओं और विरोध-प्रदर्शन पर आधारित राजनीतिक कार्यकलापों ने ऐसे नेताओं को जन्म दिया है जो हमारी सामाजिक, आर्थिक या राजनीतिक समस्याओं के वास्तविक कारणों को समझने की कभी कोशिश नहीं करते। उनकी राजनीति संकुचित निष्ठाओं को दुरुत्साहित करके पलती है, उनकी विचारधारा जनता को भ्रम में डालती है और उनके नारे अकारण ही लोगों को भड़काते हैं। उनकी दृष्टि में राजनीति की सफलता की कुंजी यही है। राजनीतिक चालों और आन्दोलन के लिए आन्दोलन करने की परिपाटी से जो राजनीतिज्ञ सामने आएंगे उनके हाथों में राज्य की सत्ता सहयोग प्राप्त कर सकते हैं, देश की समस्याओं के वास्तविक कारण खोज सकते हैं और रचनात्मक दृष्टिकोण तथा समस्याओं के स्वरूप के ज्ञान के लिए माध्यम से उनका प्रतिकार खोज सकते हैं, उन्हीं के हाथों में राज्य की सत्ता

राष्ट्र के नव-निर्माण का साधन बन सकती है। वही सामाजिक-आर्थिक परिवर्तन ला सकते हैं। दुर्भाग्यवश आज जिस प्रकार की राजनीति लोकप्रिय हो रही है उसमें रचनात्मक दृष्टिकोण के लिए कोई स्थान नहीं रहा, क्योंकि राजनीति की एक ही कसौटी रह गई है और वह यह कि किसी ने कोई चुनाव जीत लिया है या नहीं, चाहे उस जीत के लिए अनुचित तरीकों का प्रयोग ही क्यों न किया गया हो।

यदि गांधीजी ने स्वतंत्रता के प्रारंभिक काल में एक महत्वपूर्ण पग उठाया होता तो आज देश को उस स्थिति का सामना

ऐसी स्थिति में लोकशक्ति जागृत हो सकती थी और रचनात्मक दृष्टिकोण वाले नेता सामने आ सकते थे। परन्तु गांधी ने ऐसा नहीं किया और अब यह सोचने का कोई लाभ नहीं कि ऐसा होता तो क्या होता। आज देश को इस बात की आवश्यकता है कि उसकी समस्याओं के प्रति रचनात्मक दृष्टिकोण वाले नेता सामने आएं। इतिहास ने भारत को जिस मोड़ पर ला खड़ा किया है, उसमें समय का प्रभाव रहा है।

न करना पड़ता, जो कि उसे करना पड़ रहा है। स्वतंत्रता संग्राम में महात्मा गांधी ने उनमें से एक को प्रशासन की बागडोर संभालने के लिए कहा होता और दूसरे को सामाजिक पुनर्निर्माण का काम सौंप दिया होता तो यह गलत धारणा न फैलती कि राष्ट्र के लिए पुनर्निर्माण का एकमात्र माध्यम राज्य की सत्ता है। ऐसी स्थिति में लोकशक्ति जागृत हो सकती थी और रचनात्मक दृष्टिकोण वाले नेता सामने आ सकते थे। परन्तु गांधी ने ऐसा नहीं किया और अब यह सोचने का कोई लाभ नहीं कि ऐसा होता तो क्या होता। आज देश को इस बात की आवश्यकता है कि उसकी समस्याओं के प्रति रचनात्मक दृष्टिकोण वाले नेता सामने आएं। इतिहास ने भारत को जिस मोड़ पर ला खड़ा किया है, उसमें समय का प्रभाव रहा है।

मैंने ऊपर जो कुछ कहा है उसको देखते हुए हमारी समस्याओं के प्रति रचनात्मक दृष्टिकोण की नींव पिछले ३२ वर्ष में नहीं डाली गई। जिस मूल प्रेरणा ने स्वतंत्रता संग्राम का सूत्रपात किया था उसी के कारण सामाजिक और आर्थिक पुनर्निर्माण करने की प्रक्रिया का प्रारम्भ नहीं किया गया। इसके विपरीत भारत के राजनीतिज्ञ राष्ट्रीय एकता की उस भावना को दुर्बल बनाने की भारी भूल कर रहे हैं जिसका संचार स्वतंत्रता संग्राम के युग में जन-साधारण में हुआ था। वे सामाजिक और धार्मिक मतभेदों को प्रश्रय देकर अपनी भूल को और भी भयंकर बना रहे है। ऐसा लगता है कि सामाजिक आर्थिक और धार्मिक मतभेदों के बने रहने में उनका निहित स्वार्थ है। एक ओर तो देश के सामाजिक और आर्थिक पुनर्निर्माण की संभावनाएं कम हो रही हैं और दूसरी ओर राष्ट्रीय एकता खतरे में पड़ गई है। इस

संकट के लिए यदि कोई उत्तरदायी है तो आज की राजनीति और राजनीतिज्ञों का कार्यकलाप।

लोकनायक जयप्रकाश नारायण पहले व्यक्ति थे जिन्होंने हमारे राष्ट्र के रोग का ठीक-ठाक निदान किया। उन्होंने यह भी अनुभव किया कि राष्ट्र अपने सच्चे लक्ष्य से पथभ्रष्ट हो चुका है और पिछले तीन दशकों से भी अधिक समय से भटके हुए यात्री के समान इधर-उधर घूम रहा है, क्योंकि वह राष्ट्रीय उद्देश्य उसकी दृष्टि से ओझल हो गया है जो स्वतंत्रता संग्राम के दिनों में निर्धारित किया गया था। देश बांझ राजनीति की भंवर में फंसा हुआ है, जो गद्दियों के आसपास ही घूमती है। इन बातों को देखते हुए उदात्त, अनुशासनबद्ध और अर्थपूर्ण राष्ट्रीय उद्देश्यों के फिर से निश्चित करने का महत्व अत्यधिक था। समग्र क्रांति के अन्तर्गत जे.पी. ने जो आंदोलन छेड़ा उसका उद्देश्य किसी एक राजनीतिक दल को हटाकर दूसरे राजनीतिक दल को पदारूढ़ करना मात्र नहीं था, बल्कि हमारी राजनीति को स्वस्थ्य बनाकर एक नई दिशा देना था। उन्होंने अपने आंदोलन के माध्यम से लोकशक्ति को, जो सुषुप्तावस्था में पड़ी थी, जगाने का प्रयत्न किया, जिससे कि वह राज्य की शक्ति पर वर्चस्व प्राप्त कर ले और उसे अपनी बात सुनने के लिए विवश कर दे।

लोकनायक स्वतंत्रता संग्राम में सबसे आगे थे और उन्होंने अपना जीवन राष्ट्र को समर्पित कर रखा था। राजनीति में वह निर्लिप्त थे और सत्ता की ललक उन्हें कभी ललचा नहीं सकी थी। उन्होंने जब

लोकनायक जयप्रकाश नारायण पहले व्यक्ति थे जिन्होंने हमारे राष्ट्र के रोग का ठीक-ठाक निदान किया। उन्होंने यह भी अनुभव किया कि राष्ट्र अपने सच्चे लक्ष्य से पथभ्रष्ट हो चुका है और पिछले तीन दशकों से भी अधिक समय से भटके हुए यात्री के समान इधर-उधर घूम रहा है, क्योंकि वह राष्ट्रीय उद्देश्य उसकी दृष्टि से ओझल हो गया है।

अपना आंदोलन छेड़ा तो उससे युवा पीढ़ी में एक नए विश्वास, एक नई आशा और एक नए उत्साह का संचार किया। उनके विरोधी यह समझते थे कि राजनीतिक दृष्टि से वह निष्प्रभाव हो चुके हैं, परन्तु वे ध्रुवतारे के समान राजनीतिक क्षितिज पर उदय हुए और उन्होंने जनसाधारण का मार्गदर्शन किया जोकि राजनीतिक जीवन के उदात्त मूल्यों के लिए युयुत्सु थे। वे राजनीतिज्ञ भी जो उनका उपहास किया करते थे, उनका समर्थन करने पर विवश हो गए और उनके राजनीतिक दल भी जे.पी. के आंदोलन के साथ हो गए। एक महान परिवर्तनकारी राजनीतिक शक्ति के रूप में लोकनायक का उदय होना इस बात का प्रमाण है- यदि किसी प्रमाण की आवश्यकता हो, कि जनता पिछले ३० वर्षों की राजनीति के कार्यकलाप से अत्यन्त दुखी थी। लोगों को उस

राजनीतिक संस्कृति में विश्वास नहीं रहा था और वे उसका कोई जीवन्त विकल्प खोजने के लिए आतुर थे।

इससे अधिक दु:ख की बात और क्या हो सकती है इस बात के बावजूद कि राष्ट्र आपातकाल की भट्टी में तपकर निकला था, भारत की राजनीतिक संस्कृति में कोई गुणात्मक परिवर्तन नहीं हो सका। पुरानी घिसी-पिटी और जघन्य चालें फिर चली जाने लगीं। व्यक्तिनिष्ठ राजनीति में अपना ढिंढोरा पीटने, संकुचित राजनीतिक

आज युवा पीढ़ी फिर अपने सच्चे रास्ते से हट गई है। ऐसे नेतृत्व के अभाव में, जिसका दृष्टिकोण रचनात्मक हो, युवक फिर से निरुद्देश्य आंदोलन, तुच्छ अभियानों और विध्वंस की ओर अग्रसर हो रहे हैं। यदि हम रचनात्मक कार्यों के लिए युवाशक्ति का उपयोग करना चाहते हैं तो हमें उदाहरण उपस्थित करना होगा और देश के युवकों को इस बात का विश्वास दिलाना होगा कि राजनीति का अंतिम लक्ष्य सत्ता ही नहीं है।

उद्देश्यों की पूर्ति के लिए आंदोलन चलाने और बार-बार सांठ-गांठ और जोड़-तोड़ करने की प्रथा रही है। लोगों को राष्ट्र-निर्माण की प्रक्रिया में भागीदार बनाने का कोई प्रयत्न नहीं किया गया। इस प्रकार की भ्रष्ट राजनीति के गर्भ से इस कुरूप और विकृत संतान के अतिरिक्त और किस बात की आशा की जा सकती थी?

नैतिक पतन और दिशाभ्रम का कुप्रभाव युवा पीढ़ी पर पड़ना अवश्यंभावी था। समग्र क्रांति के लिए जो आंदोलन छेड़ा गया था उसके माध्यम से राष्ट्र की युवाशक्ति आगे आई थी और उसने आपातकाल के दुर्दिन में तानाशाही से मुक्ति पाने के संघर्ष में अपने साहस और त्याग का परिचय दिया था। युवकों ने निराश और थके-मांदे विरोधी दलों को सत्तारूढ़ होने में सहायता की थी, परन्तु आज युवा पीढ़ी फिर अपने सच्चे रास्ते से हट गई है। ऐसे नेतृत्व के अभाव में, जिसका दृष्टिकोण रचनात्मक हो, युवक फिर से निरुद्देश्य आंदोलन, तुच्छ अभियानों और विध्वंस की ओर अग्रसर हो रहे हैं। यदि हम रचनात्मक कार्यों के लिए युवाशक्ति का उपयोग करना चाहते हैं तो हमें उदाहरण उपस्थित करना होगा और देश के युवकों को इस बात का विश्वास दिलाना होगा कि राजनीति का अंतिम लक्ष्य सत्ता ही नहीं है और कि नेता लोग केवल सत्ता के लिए उसकी आकांक्षा नहीं करते। इसी विचार से मैंने अप्रैल १९७८ में यह सुझाव रखा था कि हम नष्टकारी कार्यविधियां छोड़ दें और कुछ कुछ वरिष्ठ तथा प्रभावशाली नेता स्वेच्छा से पदत्याग करें और देश के युवकों के सामने रचनात्मक दृष्टिकोण प्रस्तुत करें। राजनीति के पिछले ३२ वर्ष के अनुभव से हमें इस कटु सत्य को पहचान लेना चाहिए। हमें सार्वजनिक रूप से इसे स्वीकार करके आत्म-विश्वास

चुनाव की राजनीति और संसदीय लोकतंत्र की विकृतियों को निर्दयता से दबा देना चाहिए। सामाजिक कार्य भी आवश्यक है, जिससे कि लोकशक्ति और विशेष रूप से युवा-शक्ति का विस्फोट हो सके। इससे न केवल राष्ट्र का निर्माण होगा, बल्कि जिन बुराइयों ने हमारी राजनीति को पथ-भ्रष्ट किया है उनका भी प्रतिकार हो सकेगा।

और दृढ़ता से एक रचनात्मक राजनीतिक दृष्टिकोण के विकास का प्रयत्न करना चाहिए। लोग इस बात को समझने लगे हैं कि उन्हें ऐसे नेताओं की आवश्यकता नहीं है जो आंदोलनों या राजनीतिक व्यूह-रचना के विशेषज्ञ हों, बल्कि ऐसे नेताओं की जरूरत है जो रचनात्मक कार्यों के अनुभव की भट्टी में तपे हों।

देर पहले ही बहुत हो चुकी है, फिर भी हम सही दिशा में कार्य आरंभ करें। हमें एक ओर तो राजनीतिक समस्याओं के प्रति रचनात्मक दृष्टिकोण को प्रोत्साहित करना चाहिए और दूसरी ओर राजनीति के अतिरिक्त अन्य स्तरों पर भी रचनात्मकता की भावना को प्रश्रय देना चाहिए। चुनाव की राजनीति और संसदीय लोकतंत्र की विकृतियों को निर्दयता से दबा देना चाहिए। रचनात्मक सामाजिक कार्य भी आवश्यक है, जिससे कि लोकशक्ति और विशेष रूप से युवा-शक्ति का विस्फोट हो सके। इससे न केवल राष्ट्र का निर्माण होगा, बल्कि जिन बुराइयों ने हमारी राजनीति को पथ-भ्रष्ट किया है उनका भी प्रतिकार हो सकेगा।

लोकनायक जयप्रकाश नारायण, जिन्होंने यह सब करने की प्रेरणा हमें दी, अब हमारे बीच नहीं हैं। ये सब प्रकार की निराशाओं में अपने प्राण खिचें चले आ रहे थे, विश्वासघात के इस अनपेक्षित धक्के को सह नहीं सके। अशुभ शक्तियों ने उन्हें ग्रस लिया। परन्तु जहां से यह कार्य उन्होंने छोड़ा है, वहीं से सूत्र पकड़कर हमें उसे आगे बढ़ाने का संकल्प करना चाहिए। सर्वशक्ति मान ईश्वर हमारी सहायता करेगा। □

1 "संघ दोषी नहीं"

अल्पसंख्यक आयोग के तीन सदस्यों ने आयोग के अध्यक्ष जस्टिस एम.आर.ए. अंसारी के इस वक्तव्य को चुनौती दी है कि इस वर्ष अप्रैल में जमशेदपुर में जो साम्प्रदायिक दंगे हुए थे उनमें राष्ट्रीय स्वयंसेवक संघ का 'परोक्ष' रूप से हाथ था। ये तीन सदस्य-प्रोफेसर वी.वी. जॉन, एयर चीफमार्शल अर्जुन सिंह (सेवानिवृत्त) और मिस आलु दस्तूर अध्यक्ष के साथ दंगों के बाद जमशेदपुर गए थे। इनका स्पष्ट रूप से यह कहना है कि इस बात का 'कोई प्रमाण' नहीं मिलता कि जमशेदपुर में या मई में अलीगढ़ में जो साम्प्रदायिक दंगे हुए उनमें राष्ट्रीय स्वयंसेवक संघ का कोई हाथ था। आयोग ने बिहार सरकार को दंगापीड़ितों को फिर से बचाने के बारे में जो प्रतिवेदन दिया है उसमें राष्ट्रीय स्वयंसेवक संघ का कोई उल्लेख नहीं किया गया है और स्वयं आयोग के अध्यक्ष ने जमशेदपुर जाने के बाद समाचार पत्रों को जो वक्तव्य दिया था उसमें भी उन्होंने संघ की कोई चर्चा नहीं की है।

श्री अंसारी ने 3 अगस्त को मद्रास में इंडियन एक्सप्रेस को बताया कि आयोग ने यह देखा है कि जमशेदपुर के दंगों की योजना पहले से बनाई गई थी और उनके साथ राष्ट्रीय स्वयंसेवक संघ के तत्वों का परोक्ष रूप से संबंध था। आज जब श्री अंसारी को उनके इस वक्तव्य की याद दिलाई गई तो उन्होंने कहा कि मैंने जो कुछ कहा था वह ठीक है। उन्होंने यह भी कहा कि इन मामलों में उनके विचार अत्यधिक दृढ़ है, परन्तु उन्होंने इस वाद-विवाद को आगे बढ़ाना उचित नहीं समझा।

प्रोफेसर जॉन ने कहा कि श्री अंसारी ने जमशेदपुर के दंगों में संघ का हाथ होने का जो आरोप लगाया है वह 'विवेकरहित और निराधार' है। उन्होंने कहा : हमने जमेशदपुर या अलीगढ़ में संघ का कोई हाथ नहीं देखा।

अल्पसंख्यक आयोग के एक अन्य सदस्य श्री कुशक बकुल ने कहा है कि अलीगढ़ और जमशेदपुर के साम्प्रदायिक दंगों में राष्ट्रीय स्वयंसेवक संघ का संबंध होने की बात ''निराधार और काल्पनिक है।''

मिस आलु दस्तुर ने उनका समर्थन किया। उनका कहना था: जमशेदपुर में हमें जो जानकारियां मिलीं उनमें यह कहीं नहीं है। मुसलमानों तक ने यह नहीं कहा कि दंगों में संघ का कोई हाथ था।

कुमारी दस्तुर का कहना है कि जमशेदपुर के लोगों ने केवल यह शिकायत की थी जनता पार्टी के एक विधायक का दंगों से संबंध था। अध्यक्ष अंसारी पर मुस्लिम सम्प्रदाय की ओर से दबाव पड़ रहा है और कुछ 'प्रतिक्रियावादी' मुस्लिम संसद-सदस्य भी उन पर दबाव डाल रहे हैं। कुमारी दस्तूर ने कहा: ''हम यह नहीं चाहते कि आयोग मुसलमानों का समर्थक बन जाए या किसी अन्य अल्पसंख्यक सम्प्रदाय का समर्थन करे।'' उन्होंने इस बात पर दुःख प्रकट किया कि उन्हें आयोग के अध्यक्ष के वक्तव्यों का खण्डन करना पड़ रहा है, ''जो हमारी जानकारी के अनुसार ठीक नहीं है।''

प्रोफेसर जॉन का विचार है कि उर्दू के समाचार पत्र जिस प्रकार ताने दे रहे हैं उनसे लगता है कि श्री अंसारी पर उनका प्रभाव पड़ गया है।

एयर चीफ मार्शल अर्जुन सिंह का भी निश्चित मत है कि इन दंगों में राष्ट्रीय स्वयंसेवक संघ का हाथ होने का प्रमाण नहीं है।

अल्पसंख्यक आयोग के एक अन्य सदस्य श्री कुशक बकुल ने कहा है कि अलीगढ़ और जमशेदपुर के साम्प्रदायिक दंगों में राष्ट्रीय स्वयंसेवक संघ का संबंध होने की बात ''निराधार और काल्पनिक है।''

श्री बकुल ने कहा कि मैं आयोग के तीन अन्य सदस्यों के विचारों से पूर्णतया सहमत हूं जिन्होंने आयोग के अध्यक्ष जस्टिस श्री एम.आर.अंसारी के इस वक्तव्य का खण्डन किया है कि अलीगढ़ और जमशेदपुर के दंगों में राष्ट्रीय स्वयंसेवक संघ का ''परोक्ष रूप से'' संबंध था।

श्री बकुल ने कहा कि आयोग को धर्मनिरपेक्षता और सह-अस्तित्व का उदाहरण उपस्थित करना चाहिए, क्योंकि उसी दशा में वह अल्पसंख्यकों की समस्याओं का भलीभांति समाधान कर सकता है।

श्री बकुल ने चेतावनी दी : ''किसी सम्प्रदाय-विशेष की समस्याओं और शिकायतों पर विशेष बल देने से इस बात की सम्भावना बढ़ जाती है कि जिस उद्देश्य के लिए आयोग की स्थापना की गई है उसकी पूर्ति नहीं हो पाएगी।''

(अल्पसंख्यक आयोग के संबंध में 16 और 20 अगस्त, 1979 को इंडियन एक्सप्रेस में प्रकाशित समाचार)

2 "अनर्गल आरोप"

श्री कृष्णचंद्र सहाय का वक्तव्य

उत्तर प्रदेश शांति सेना के संयोजक तथा गांधी शांति प्रतिष्ठान, आगरा, के सचिव श्री कृष्णचंद्र सहाय ने समस्त राजनीतिक नेताओं और विशेष रूप से श्री राजनारायण से अपील की है कि वे लोकसभा के मध्यावधि चुनाव के पूर्व बिना जानकारी और अकारण राष्ट्रीय स्वयंसेवक संघ जैसी संस्थाओं पर हिंसा फैलाने का आरोप न लगाएं, क्योंकि इसकी प्रतिक्रियास्वरूप भी हिंसा की परिस्थिति उत्पन्न हो जाती है।

श्री सहाय ने कहा कि यदि श्री राजनारायण गांधी समाधि पर व्यर्थ का पाखंड नहीं करते तो वहां भी हिंसा की परिस्थिति उत्पन्न नहीं होती। दरअसल, उनके कृत्यों व बयानों से हिंसा व अराजकता का वातावरण बन रहा है, जिसके कारण दल की तथा स्वयं उनकी छवि धूमिल हो रही है।

श्री सहाय ने बताया कि अभी हाल में अल्पसंख्यक आयोग के दो सदस्यों ने अलीगढ़ में विगत मई में हुई घटनाओं के लिए अलीगढ़ मुस्लिम विश्वविद्यालय को दोषी ठहराया है। आपने कहा कि यही बात मैंने 20 मई, 1979 को दादरी एवं अलीगढ़ की घटनाओं का अध्ययन करने के बाद कही थी कि इनमें राष्ट्रीय स्वयंसेवक संघ का कोई हाथ नहीं है और इसके लिए स्वयं विश्वविद्यालय दोषी है। उस समय मुझे राष्ट्रीय स्वयंसेवक संघ का भक्त कहा गया था।

श्री सहाय ने कहा कि मैंने अलीगढ़ के संबंध में स्पष्ट कहा था कि वहां का मुसलमान तो भारत का वफादार है लेकिन विश्वविद्यालय की मुझे स्पष्ट दोहरी भूमिका दिखाई पड़ी। ऐसा लगता है कि अप्रत्यक्ष रूप से सदैव वह झगड़ा कराता रहता है। वहां पर इस प्रकार का फंड रहता है जो इस काम के लिए उपयोग किया जाता है। विश्वविद्यालय में

श्री सहाय ने कहा कि मैं रा. स्व. संघ की नीतियों का आज भी विरोधी हूं, लेकिन सारे अध्ययन के बाद इस निष्कर्ष पर पहुंचा हूं कि वह साम्प्रदायिक दंगे नहीं कराता तथा न ही हिंसा का वातावरण उत्पन्न करता है।

कुछ प्रगतिशील मुसलमान हैं, लेकिन उनकी भावनाओं को दबा दिया जाता है।

श्री सहाय ने कहा कि अलीगढ़ विश्वविद्यालय का स्वरूप अल्पसंख्यक ही रहेगा, वह राष्ट्रीय विश्वविद्यालय नहीं बन सकता। आज हिन्दू छात्र वहां प्रवेश लेते हुए डरता है।

आपने कहा कि उत्तर प्रदेश के मुख्यमंत्री श्री बनारसी दास ने जब यह वक्तव्य दिया था कि दादरी तथा अलीगढ़ की घटनाओं में संघ का हाथ नहीं है तब मैंने इस स्पष्टवादिता के लिए उन्हें बधाई का तार भेजते हुए कहा था कि वोट की राजनीति से ऊपर उठकर उन्होंने फिरकापरस्ती के खिलाफ जेहाद उठाया है।

श्री सहाय ने कहा कि मैं रा. स्व. संघ की नीतियों का आज भी विरोधी हूं, लेकिन सारे अध्ययन के बाद इस निष्कर्ष पर पहुंचा हूं कि वह साम्प्रदायिक दंगे नहीं कराता तथा न ही हिंसा का वातावरण उत्पन्न करता है।

(9 नवंबर, 1979)

3 "याद कीजिए, चौधरी साहब"

मान्यवर श्री चौधरी साहब,
सादर नमस्कार।

09 अगस्त को एक वक्तव्य में आपने कहा है कि मैं देश में घूम-घूमकर आपको गालियां दे रहा हूं। इस बात पर आपने कैसे विश्वास किया? आप मुझसे आयु में बहुत बड़े हैं। मैं आपकों गालियां कैसे दे सकता हूं? वैसे भी मैं गलियों के वातावरण में पला नहीं हूं, न गालियां देना मेरा स्वभाव है।

गत 45 वर्षों से मैं सामाजिक कार्यों में संलग्न हूं। मेरी सामाजिक जिम्मेदारियां हैं। प्रामाणिकता, नि:स्वार्थता तथा निर्भयता के साथ मैं उन्हें निभाता आ रहा हूं। मुझसे गल्तियां हुई होंगी, किन्तु द्वेषवश मैंने कभी कोई काम नहीं किया है। राजनीति के क्षेत्र में भी मैं सत्ता का अभिलाषी नहीं रहा, न पद का इच्छुक। मैं जनहित में ही कार्यरत रहा हूं। इसलिए मैं इस पत्र द्वारा कुछ बातें स्पष्ट करना चाहता हूं, जिससे गलतफहमी की गुंजाइश न रहे।

सम्भव है, मेरी स्मरण-शक्ति कम पड़ रही हो, अत: मैं आपसे जानना चाहता हूं कि हम लोग कब मंत्रिमंडल बनाने की स्थिति में रहे जब आपने कांग्रेस छोड़कर मुख्यमंत्री पद स्वीकार करने से इनकार किया?

चीन की तरक्की से प्रभावित होकर 1956 में स्व. श्री नेहरू ने अपने देश में सहकारी खेती अपनाने की नीति घोषित की थी। उसके खिलाफ जनसंघ ने देशव्यापी अभियान चलाया था। उस समय श्री नानकचंद आपके स्टेनो थे। उन्होंने मुझे बताया था कि आप भी सहकारी खेती के खिलाफ हैं और जनसंघ के आंदोलन को पसंद करते हैं। उस समय मैं प्रथम बार आपसे मिला था। आपने मुझे उस समय विदर कोआपरेटिव फार्मिंग नाम से छापी जाने वाली किताब की टाइप की हुई प्रति पढ़ने के लिए दी थी। यहीं से मेरा आपसे सम्पर्क बढ़ा था।

नागपुर कांग्रेस में श्री नेहरू की उपस्थिति में सहकारी खेती का आपने खुलकर तर्कबद्ध विरोध किया था। वहां से लखनऊ लौटने पर

स्व. डा. लोहिया के कारण "गैर-कांग्रेसवाद" जोर पकड़ रहा था। इसी आधार पर 1963 में लोकसभा के लिए हुए उपचुनावों में डा. राममनोहर लोहिया, आचार्य कृपलानी और श्री मीनू मसानी विजयी हुए थे। उस समय भी मैंने आपसे अनुरोध किया था कि आप हमारे साथ आ जाएं, लोकतांत्रिक विरोधी दलों को मिलकर देश में एक वैकल्पिक शक्ति खड़ी करने में आपका बहुत बड़ा योगदान हो सकता है।

मैंने आपको हार्दिक बधाई दी थी और प्रथम बार आपसे कहा था कि आपका स्थान कांग्रेस में नहीं है, आप कांग्रेस छोड़कर हमारे साथ आ जाएं।

स्व. श्री सम्पूर्णानन्द जी के मंत्रिमंडल से श्री चंद्रभानु गुप्त ने अपने अन्य आठ साथियों के साथ त्यागपत्र दिया था। मेरे स्व. सम्पूर्णानन्द जी से अच्छे संबंध रहे हैं। वे यह भी जानते थे कि आपसे भी मेरे निकट के संबंध हैं। उसी समय आपने भी सम्पूर्णानन्दजी के पास अपना त्यागपत्र भेजा था। श्री बाबूजी (सम्पूर्णानन्द जी) ने मुझसे कहा था कि ''तुम्हारे चौधरी साहब भी मुझे छोड़कर जाना चाहते हैं, क्या वे भी गुप्ता जी के साथ हो गए?'' मैं आपके पास पहुंचा। आपसे मैंने अनुरोध किया था कि आप अपना त्यागपत्र वापस ले लें। उस पर आपने कहा था कि ''भाई। त्यागपत्र को वापस ले लूंगा, मैं गुप्ता कम्पनी के साथ हूं यह धारणा बनने देना मैं अपने लिए ठीक नहीं समझता, लेकिन मुझे यह बताओ कि आप मुझे मुख्यमंत्री कब बनाओगे?''

उस समय उत्तर प्रदेश विधानसभा में जनसंघ के केवल 18 विधायक थे। मैंने आपसे कहा था कि जब उत्तर प्रदेश विधानसभा में जनसंघ के 100 विधायक हो जाएंगे तब आप उत्तर प्रदेश के मुख्यमंत्री बन सकेंगे।

1962 के आम चुनाव में जनसंघ के 49 विधायक चुनकर आए थे। स्व. डा. लोहिया के कारण ''गैर-कांग्रेसवाद'' जोर पकड़ रहा था। इसी आधार पर 1963 में लोकसभा के लिए हुए उपचुनावों में डा. राममनोहर लोहिया, आचार्य कृपलानी और श्री मीनू मसानी विजयी हुए थे। उस समय भी मैंने आपसे अनुरोध किया था कि आप हमारे साथ आ जाएं, लोकतांत्रिक विरोधी दलों को मिलकर देश में एक वैकल्पिक शक्ति खड़ी करने में आपका बहुत बड़ा योगदान हो सकता है। तब आपने कहा था कि ''भाई। मेरी अवस्था ऐसी नहीं है कि मैं विरोधी दल खड़ा करने के लिए आवश्यक परिश्रम या दौड़-धूप कर सकूं।''

1967 के आम चुनाव में जनसंघ के अपने चुनाव चिन्ह पर 99 तथा एक जनसंघ कार्यकर्ता श्री अवस्थी निर्दलीय चुनाव चिन्ह पर लखनऊ छावनी से चुनकर आए थे। विधानसभा में जनसंघ के 100 विधायक हो गए थे। श्री चन्द्रभानु गुप्त ने सरकार बना ली थी। सब विरोधी दलों ने मिलकर संयुक्त विधायक दल

का गठन कर लिया था। उसके नेता के रूप में हम लोगों ने श्री रामचंद्र विकल को स्वीकार किया था। श्री गुप्ता जी के पास हमसे केवल 13 विधायक अधिक थे। उस समय आपसे मिलकर मैंने कहा था कि जनसंघ के 100 विधायक हो गए है और आप चाहें तो अब मुख्यमंत्री हो सकते हैं। आपने आंकड़े जोड़कर देखा। आपके साथ अन्य 16 विधायक आने के लिए तैयार हुए आप श्री गुप्ता का 18 दिन का मंत्रिमंडल अपदस्थ कर उत्तर प्रदेश के मुख्यमंत्री बन गए थे। अतः कृपया बताएं कि वह कौन-सा प्रसंग था जब आपने मुख्यमंत्री बनने के लिए कांग्रेस छोड़ने से इनकार किया था?

1969 में आपने मध्यावधि चुनाव कराए। उसके बाद श्री गुप्त मुख्यमंत्री बने। कांग्रेस का विभाजन हुआ, अतः गुप्त जी की सरकार चलना सम्भव नहीं रहा। श्रीमती इन्दिरा गांधी प्रधानमंत्री थीं, अतः स्वाभाविक रूप से गुप्त जी विरोधियों के साथ हुए। विरोधियों की सरकार बचाने का प्रसंग उपस्थित हुआ तथा उसके लिए नेता बदलने के प्रयास प्रारम्भ हुए। आपको स्मरण होगा कि श्री गुप्त हृदय रोग के कारण गंभीर रूप से बीमार थे। उस समय श्री राजनारायण जी आपके सबसे बड़े विरोधी थे। राजनारायण जी को समझाने का सर्वाधिक कार्य श्री गुप्त ने ही किया। आप रात में श्री गुप्त के यहां पहुंचे और गुप्त जी की ही उदारता थी कि उन्होंने आपको नेता के रूप में स्वीकार किया। मुख्यमंत्री बनने में श्री गुप्त ने आपका साथ दिया। किन्तु दूसरे ही दिन आपने इन्दिरा कांग्रेस के साथ मिलकर मंत्रिमंडल बनाया। शायद आपने 1970 की 18 फरवरी को यह मंत्रिमंडल बनाया और वह केवल 2 अक्तूबर, 1970 तक ही चल पाया। इस प्रकार दूसरी बार भी आप अति-अल्पकाल के लिए ही मुख्यमंत्री बने रह पाए।

आपने अपने वक्तव्य में कहा है कि मैंने आधा दर्जन बार आपसे मुख्यमंत्री बनने के लिए अनुरोध किया था और आप इनकार करते रहे। यदि आप ऐसे किसी प्रसंग की याद दिला सकें तो मैं अपनी याददाश्त को ठीक करना चाहूंगा।

इन प्रसंगों के अतिरिक्त और कौन-सा प्रसंग है जबकि आपको हमने मुख्यमंत्री बनने का निमंत्रण दिया था? इस पत्र में इन बातों का उल्लेख करने के लिए मैं मजबूर हूं। कारण, आपने अपने वक्तव्य में कहा है कि मैंने आधा दर्जन बार आपसे मुख्यमंत्री बनने के लिए अनुरोध किया था और आप इनकार करते रहे। यदि आप ऐसे किसी प्रसंग की याद दिला सकें तो मैं अपनी याददाश्त को ठीक करना चाहूंगा।

मैं निम्नलिखित बातें जनता के सम्मुख रख रहा हूं। यदि इसमें कोई बात गलत हो तो बताएं। मैं उसके लिए आपसे सार्वजनिक रूप से क्षमा मांग कर प्रायश्चित करूंगा।

1. श्री चौधरी साहब केंद्रीय सरकार में गृहमंत्री रहे हैं। गृहमंत्री के नाते उन्होंने उस समय के प्रधानमंत्री श्री मोरारजी भाई को पत्र लिखकर श्री बहुगुणा जी के खिलाफ भ्रष्टाचार के गंभीर आरोप लगाए थे। आरोप इतने गंभीर थे कि वे देशद्रोह की परिधि में आते हैं। चौधरी साहब जैसे जिम्मेदार पुरुष,

गृहमंत्री के पद पर आसीन होकर बिना जांच-पड़ताल के ऐसे आरोप अपने मंत्रिमंडल के सहयोगी पर नहीं लगा सकते। किन्तु आज स्वयं प्रधानमंत्री बनकर उन्हीं बहुगुणा जी को वित्त मंत्री बनाकर उनके हाथ उन्होंने देश का पूरा खजाना सौंप दिया है। ऐसी हालत में क्या समझा जाए कि श्री चौधरी साहब ने उस समय द्वेषवश श्री बहुगुणा जी को मंत्रिमंडल से हटाने के लिए झूठे आरोप लगाए थे या अपनी प्रधानमंत्री बनने की अभिलाषा को पूर्ण करने के लिए वे अपराधी बहुगुणा जी के अपराधों पर परदा डालकर उन्हें वित्त मंत्री बनाए हुए हैं? क्या यह प्रश्न उपस्थित करना गाली देना है या वस्तुस्थिति को लोगों के सामने रखना है?

आपने कहा कि, "जीवन-मूल्यों पर आधारित एकता खड़ी करनी होगी।" इससे मैं पूर्ण सहमत हूं। किन्तु गत दो सालों में जो हुआ है उस पर नजर डालने से लगता है कि हमने जीवन-मूल्यों से ही सबसे ज्यादा खिलवाड़ किया है। यदि फिर से हमें जीवन-मूल्यों के आधार पर अपने समाज को सुसंगठित करना है तो गत कमियों को स्पष्ट रूप से जनता के सामने रखना होगा।

आपने प्रधानमंत्री बनने के बाद राष्ट्र के नाम एक संदेश दिया। इसमें आपने कहा कि, ''जीवन-मूल्यों पर आधारित एकता खड़ी करनी होगी।'' इससे मैं पूर्ण सहमत हूं। किन्तु गत दो सालों में जो हुआ है उस पर नजर डालने से लगता है कि हमने जीवन--मूल्यों से ही सबसे ज्यादा खिलवाड़ किया है। यदि फिर से हमें जीवन-मूल्यों के आधार पर अपने समाज को सुसंगठित करना है तो गत कमियों को स्पष्ट रूप से जनता के सामने रखना होगा और ऐसी गल्तियां फिर से किसी के द्वारा दोहराई न जाएं, इसकी खबरदारी बरतनी होगी। अतः आपके संदेश के अनुसार भी मेरा काम गालियों की परिधि में नहीं आता, अपितु सामयिक और अति आवश्यक बन जाता है।

2. आपने मंत्रिमंडल से त्यागपत्र देने के कारणों पर दिनांक 22 दिसंबर, 1978 को लोकसभा में दिए अपने वक्तव्य में प्रधानमंत्री श्री मोरारजी देसाई पर भरपूर आरोप लगाए थे। उनका उल्लेख करने की जरूरत नहीं है। उसके पूर्व भी आपने मोरारजी भाई के मंत्रिमंडल को भ्रष्ट लोगों का समूह आदि कह डाला था। किन्तु आपने उन्हीं मोरारजी देसाई की सरकार में फिर से वित्त मंत्री पद स्वीकार करने में कोई संकोच नहीं दिखाया। क्या संसदीय लोकतंत्र में ऐसा कोई अन्य उदाहरण मिलेगा?

श्री मोरारजी देसाई के मंत्रिमंडल में वित्तमंत्री पद पर विराजमान होने के बाद आपने ३१ मई, 1979 को पत्रकार-सम्मेलन में कहा था,

"I am not a rival of Prime Minister Morarji Desai for either the party leadership or the post of Prime Minister. Mr Desai must and will remain the Prime Minister as long as the wishes.

It was I who wanted Mr. Desai to be Prime Minister and I will be the last person to do anything to remove him."

आपका ही यह वक्तव्य लोगों को पढ़कर सुनाया था और पूछा था कि क्या लोकसभा में 22 दिसंबर, 1978 को दिए वक्तव्य से यह मेल खाता है?

फिर आपने दो मास के बाद ही 26 जुलाई, 1979 को अपने वक्तव्य में कहा:

"All the failures and shortcomings of the Janata Government could be traced to one cause : Mr Morarji Desai's incapability to enterrain any vision about the future of the country and his inordinate desire to stick to power."

क्या यह 31 मई, 1979 को दिए वक्तव्य से मेल खाता है? क्या कोई व्यक्ति इस बात पर भरोसा कर सकता है कि चौधरी साहब जैसा व्यक्ति जो भारत का प्रधानमंत्री बना है, वह एक ही व्यक्ति के बारे में एक साथ असम्बद्ध बातें किसी विशेष उद्देश्य के बिना कह सकता है? क्या इस प्रकार सार्वजनिक रूप से बातें करने वाले को विश्वसनीय माना जा सकता है? यह कहने में कौन-सी बात असत्य है जिसे आपने गाली देना माना है?

3. श्रीमती इन्दिरा गांधी को लोकसभा की सदस्यता से हटाया गया था। इसके बाद उनकी हालत खराब ही होती गई। वे लोकसभा में आना चाहती थीं। तंजावुर में उपचुनाव होने को था। श्रीमती इन्दिरा गांधी ने वहां से लड़ने का विचार किया, किन्तु साहस न कर सकीं। श्री देवराज अर्स उनसे अलग हो गए। लग रहा था कि इन्दिरा जी अब राजनैतिक क्षेत्र में प्रभावहीन होती जा रही हैं, उनके अपने पुराने साथी भी उन्हें छोड़ते जा रहे हैं। किन्तु अचानक उनका महत्व बढ़ गया और वह इतना बढ़ा दिया गया कि केंद्रीय सरकार भी उनके इशारे पर नाचती दिखाई पड़ रही है।

यह कैसे हुआ? प्रधानमंत्री बनने की आकांशा पूर्ण करने के लिए आपने व्यूह-रचना बनाई। मंत्रिमंडल में बने रहकर आपने अपने सब अनुयायियों को पार्टी छोड़ने के लिए प्रेरित किया। पूरा खेल जमने के बाद स्वयं मंत्रिमंडल छोड़ा और इन्दिरा जी के सहारे अपना प्रधानमंत्री बनने का खेल रचकर इन्दिरा जी को देश की राजनीति में पुनः प्रभावी बनाया। जबकि आपने ही 28 जून,

श्रीमती इन्दिरा गांधी को लोकसभा की सदस्यता से हटाया गया था। इसके बाद उनकी हालत खराब ही होती गई। वे लोकसभा में आना चाहती थीं। तंजावुर में उपचुनाव होने को था। श्रीमती इन्दिरा गांधी ने वहां से लड़ने का विचार किया, किन्तु साहस न कर सकीं। श्री देवराज अर्स उनसे अलग हो गए। लग रहा था कि इन्दिरा जी अब राजनैतिक क्षेत्र में प्रभावहीन होती जा रही हैं।

आपके इस व्यवहार से देश की युवा पीढ़ी पर क्या परिणाम होगा? वे क्या सीखेंगे? "जीवन मूल्य" कैसे टिक पाएंगें? आपने राष्ट्र के नाम संदेश में अपनी उज्जवल परम्परा का उल्लेख किया है। आप स्व. महात्मा गांधी के आदर्शों की याद दिलाते रहे हैं। क्या आपका अपना व्यवहार इन कसौटियों पर खरा उतरता है?

1978 को कहा था कि : "Many Emergency victims have come to me repeatedly and implored me that not only should Mrs Gandhi be arrested immeadaitely but that She should be kept in the same circumstances in which Lok Nayak Jaya Prakash Narayan was kept or in Tihar Jail, in the same circumstances in which Gayatri Devi and Vijaya Raje Sindhia were kept.

I have no doubt that if we in the Government Could only persuade ourselvs to accept and implement this suggestion there would be hundreds of mothers of Emergency victims who would celebrate the occassion as befittingly as another Diwali of course, in any other country she would has by now been facing a trial on the lines of the historic 'Nuremburg Trial'. "

क्या जनता इन बातों को समझ नहीं रही है? इन बातों को सिल-सिलेवार जनता के सामने रखना क्या किसी को गाली देना है या आपके ही संदेश के अनुसार 'जीवन-मूल्यों के आधार पर' समाज खड़ा करने के लिए जनता को सहयोगी बनाना है?

जैसे ही आपको राष्ट्रपति जी के यहां से प्रधानमंत्री के रूप में मंत्रिमंडल गठन करने का निमंत्रण मिला, आपका पहला वाक्य यह था : 'मेरे जीवन की तमन्ना पूरी हुई।' क्या किसी भी तरह से प्रधानमंत्री बनना ही किसी के जीवन की आकांक्षा होनी चाहिए? या प्रधानमंत्री पद के माध्यम से उसमें हर नागरिक को खुशहाल, सुशिक्षित और सम्पूर्ण राष्ट्र को अपने प्रयासों से संसार में महान बना हुआ देखने को आकांक्षा होनी चाहिए? यह प्रश्न करना क्या संसार को गाली देना माना जाएगा?

चौधरी साहब, नाराज न हों। आप प्रधानमंत्री तो बन गए किन्तु जिन तरीकों को आपने अपनाया है उनसे पूरे समाज में आपकी प्रतिष्ठा बहुत घट गई है। इस कारण मैं दु:खी हूं।

कृपया जरा विचार कीजिए! आपके इस व्यवहार से देश की युवा पीढ़ी पर क्या परिणाम होगा? वे क्या सीखेंगे? ''जीवन मूल्य'' कैसे टिक पाएंगें? आपने राष्ट्र के नाम संदेश में अपनी उज्जवल परम्परा का उल्लेख किया है। आप स्व. महात्मा गांधी के आदर्शों की याद दिलाते रहे हैं। क्या आपका अपना व्यवहार इन कसौटियों पर खरा उतरता है?

किन्तु यह कदम यहां तक ही सीमित नहीं माना जा सकता, उसने अत्यधिक नुकसान

पहुंचाया है। आपकी अभिलाषा-पूर्ति ने केन्द्रीय सरकार को अस्थिरता की खाई में पटक दिया है। जिस लोकतंत्र की रक्षा के लिए वृद्धावस्था में पत्नी वियोग से पीड़ित रोगग्रस्त जयप्रकाश जी ने देशव्यापी आंदोलन का भार अकेले वहन कर अपने जीवन को खतरे में डाला था वह लोकतंत्र भी खतरे में पड़ गया है। देश की एकता के लिए अपनी पैनी दूर-दृष्टि, व्यवहार कुशलता तथा प्रशासनिक क्षमता के लिए विख्यात स्वर्गीय सरदार पटेल ने सम्पूर्ण राष्ट्र की एकता साकार की थी, वह एकता भी आज संकट में पड़ गई है। कारण? जब सत्ता-लोलुपता क्षेत्रीयवाद को बल पहुंचा रही है, ऐसे समय केन्द्रीय शासन की अस्थिरता विघटन की आग में घी का काम करेगी। आप जरा शांतचित्त हो विचार करें कि आपकी गतिविधियों के कारण आज कितना व्यापक खतरा आ खड़ा हुआ है?

मैं मानता हूं, आर्थिक भ्रष्टाचार निंदनीय है और घोर अपराध है, किन्तु बौद्धिक और राजनैतिक भ्रष्टाचार तो महाभयानक है। इसकी अन्य किसी भ्रष्टाचार के साथ तुलना नहीं हो सकती। वह देश और समाज के अस्तित्व को ही नेस्तानाबूद करने का कारण बन सकता है।

चौधरी साहब! मैं आज भी विनम्र भाव से आपसे अनुरोध करता हूं कि आप पुनर्विचार करें। आपकी प्रधानमंत्री बनने की चिरवांछित आकांक्षा पूर्ण हुई। आप अच्छी तरह जानते हैं कि आपकी वर्तमान सरकार 1967 में तथा 1970 में बनी दोनों अल्पजीवी सरकारों से अधिक खराब हालत में है। यह चल नहीं सकती। अतः आप अब देश की एकता के लिए, देश में लोकतंत्र की मजबूती के लिए, समाज में नैतिक मूल्यों की पुनर्प्रतिष्ठा के लिए सत्ता का मोह छोड़ें। देश में नए शासन- ऐसा शासन, जिसमें नई उमंगें उभर सकें, नवनिर्माण का युग प्रारम्भ किया जा सके- कि जिस अपेक्षा से जनता ने हमें 1977 में सत्तारूढ़ किया था उन अपेक्षाओं की पूर्ति का

आपकी अभिलाषा-पूर्ति ने केन्द्रीय सरकार को अस्थिरता की खाई में पटक दिया है। जिस लोकतंत्र की रक्षा के लिए वृद्धावस्था में पत्नी वियोग से पीड़ित रोगग्रस्त जयप्रकाश जी ने देशव्यापी आंदोलन का भार अकेले वहन कर अपने जीवन को खतरे में डाला था वह लोकतंत्र भी खतरे में पड़ गया है।

प्रयास कर सकें, देश की युवा पीढ़ी को राष्ट्रनिर्माण में जुटा सकें, इसके लिए आप नई सरकार के लिए हमारा साथ दें, तो जो नुकसान हुआ है अखरेगा नहीं, और देश नई आशा, उमंग और विश्वास के साथ नए युग में पदार्पण कर सकेगा।

पूरी आशा के साथ तथा सधन्यवाद,

भवदीय

नाना देशमुख

(जनता पार्टी को तोड़कर प्रधानमंत्री बनने के अवसर पर चौ. चरण सिंह को नानाजी देशमुख का पत्र 14 अगस्त, 1979)

4 संघ से प्रभावित विनोबा

आचार्य विनोबा भावे पर चारों ओर से दबाव पड़ रहा था कि वे अपना मौन व्रत त्यागकर देश में उत्पन्न इस स्थिति के संबंध में अपने विचार व्यक्त करें तथा इसे सुलझाने का प्रयास करें। इस दृष्टि से सर्वोदय कार्यकर्ताओं का सर्वाधिक आग्रह था। प्रारम्भ में इंदिरा समर्थक कुछ सर्वोदयी कार्यकर्ताओं ने यह प्रयत्न किया कि 'बाबा' (आचार्य विनोबा भावे) अपना मौनव्रत एक वर्ष के लिए और बढ़ा दें किन्तु स्वींय श्री श्रीमन्नारायण अग्रवाल आदि प्रमुख सर्वोदयी कार्यकर्त्ताओं के आग्रह पर बाबा मौन तोड़ने के लिए राजी हो गए। इस दृष्टि से श्रीमन्नारायण जी ने बाबा के सामने यह सुझाव रखा कि वे देशभर के सभी सर्वोदयी कार्यकर्ताओं का वृहद् सम्मेलन बुलाएंगें तथा उनके इस सम्मेलन के अवसर पर ही बाबा मौन तोड़ें तथा देश को दिशा-निर्देश दें। बाबा की लगभग इस योजना को स्वीकृति भी मिल गई थी। किन्तु इसी बीच इंदिरा समर्थकों ने षड्यंत्र रचकर इसे विफल कर डाला तथा उन्होंने एक भूदान रजत जयंती समिति बना डाली एवं उसी के तत्वावधान में यह कार्यक्रम करने का निश्चय किया। इस समिति के मंत्री प्रमुख इंदिरा समर्थक श्री नरेंद्र दुबे एवं कुमारी निर्मला देशपांडे बने।

इन्होंने इंदिराजी की योजना के अनुसार ही कार्यक्रम का आयोजन किया। इस सम्मेलन में ज्यादातर उन्हीं सर्वोदयी कार्यकर्ताओं को निमंत्रण भेजा गया जो उनकी निगाहों में 'जे.पी.' समर्थक नहीं थे। यह जानकर आश्चर्य होगा कि इस सम्मेलन के लिए श्रीमन्नारायणजी जैसे पुराने

कार्यकर्ता को भी निमंत्रण नहीं दिया गया। फिर अनेक कार्यकर्ताओं के पूछने पर लोकलाज के कारण आखिरी समय पर निमंत्रण भेजा गया। इसके फलस्वरूप उन्होंने व अन्य अनेकों पुराने कार्यकर्ताओं ने इसका बहिष्कार किया। यह सम्मेलन पवनार में 24, 25 और 26 दिसम्बर, 1975 को आयोजित किया गया था। इसी के समानान्तर पुराने सर्वोदयी कार्यकर्ताओं ने सेवाग्राम में श्रीमन्नारायणजी की अध्यक्षता में 25, 26 और 27 दिसम्बर को एक अखिल भारतीय रचनात्मक कार्यकर्ता सम्मेलन किया था।

पवनार सम्मेलन के लिए निमंत्रण अखिल भारतीय कांग्रेस कमेटी (एआईसीसी) के माध्यम से भेजे गए। यहां यह स्मरण करना आवश्यक है कि सम्मेलन की तिथियां भी पूर्व निर्धारित योजना के अनुसार ही निश्चित की गई थीं। कांग्रेस का कामागाटामारू नगर में पवनार सम्मेलन के ठीक बाद ही सम्मेलन रखा गया था। अतः बहुत से कांग्रेसी कार्यकर्ताओं को अपने-अपने स्थानों से कामागाटामारू नगर का आने-जाने का टिकट वाया पवनार ही दिया गया था। इस प्रकार कांग्रेस व इन्दिरा समर्थक सर्वोदयी तत्वों का यह प्रयास था कि इस सम्मेलन में इन्दिरा समर्थक लोगों की एक बड़ी भीड़ जमा करके आचार्य विनोबा भावे को आमंत्रित किया जाए, जिससे कि वे आपातकाल व इंदिरा की तानाशाही के विरोध में कुछ भी न बोलें। पवनार में एकत्रित भीड़ इस बात का प्रमाण भी थी। वहां बहुत बड़ी संख्या में लोग कांग्रेस सम्मेलन में जाते हुए आए थे और साथ में कांग्रेस व यूथ कांग्रेस के पट्ट व झण्डे भी लिए हुए थे।

सारे देश की आंखें आचार्य विनोबा भावे पर लगी हुई थी। अतः संघ के अधिकारियों ने भी यह सोचा कि किसी कार्यकर्ता को इस सम्मेलन में भेजा जाय तथा विनोबाजी को देश की विभिन्न जेलों में बंद कार्यकर्ताओं व अन्य घटनाओं की तथ्यात्मक जानकारी दी जाए।

उस समय सारे देश की आंखें आचार्य विनोबा भावे पर लगी हुई थी। अतः संघ के अधिकारियों ने भी यह सोचा कि किसी कार्यकर्ता को इस सम्मेलन में भेजा जाय तथा विनोबाजी को देश की विभिन्न जेलों में बंद कार्यकर्ताओं व अन्य घटनाओं की तथ्यात्मक जानकारी दी जाए। इस कार्य के लिए श्री बजरंगलाल गुप्त को चुना गया।

श्री बजरंगलाल गुप्त ने इस सम्मेलन में जाने की तैयारी प्रारम्भ कर दी। काम जोखिम भरा था। उन्होंने चटपट दिल्ली में चांदनी चौक के खादी आश्रम से खादी के कपड़े लिए तथा वे बजरंग लाल से 'सुधीर भाई' बन गए। सर्वोदयी कार्यकर्ता के रूप में अधिकृत कंसेशन प्राप्त करना भी कठिन काम था। उन्हें इस काम में हिसार के वयोवृद्ध सर्वोदय कार्यकर्ता दादा गणेशीलाल तथा श्री जयनारायण वर्मा (आजकल जनता पार्टी के हरियाणा में एमएलए) ने सहयोग दिया और सर्वोदय कार्यकर्ता का फार्म भी

मिल गया। उन्हें 23 दिसंबर को वर्धा के लिए श्री सुखनन्दन सिंह ने गाड़ी में चढ़ा दिया। खादी के पायजामा, कुर्ता व जाकिट पहने श्री गुप्त जी वास्तव में नवयुवक सर्वोदय कार्यकर्ता 'सुधीर भाई' के रूप में खूब जंच रहे थे और उन्हें श्री सुखनन्दन सिंह ने 'अच्छा सुधीर भाई नमस्ते' यह कहकर ही विदा दी। सुधीर भाई वर्धा स्टेशन उतरकर पवनार पहुंच गए और वहां श्री जयनारायण वर्मा आदि कार्यकर्ताओं के साथ ही पटकुटी में ठहर गए। उन्हें अपनी वास्तविकता को छुपाते हुए सर्वोदयी कार्यकर्ता के रूप में अपने को बनाए रखने के लिए काफी संतुलन व धैर्य का परिचय देना पड़ा। वहां आए कांग्रेसियों को छोड़कर अधिकांश सर्वोदय कार्यकर्ताओं के मन को टटोलने पर लगा कि वे सब वर्तमान स्थिति के खिलाफ हैं। 25 दिसम्बर को प्रातःकाल सुधीर भाई ने विनोबाजी के दर्शन कर उन्हें देश की विभिन्न जेलों में बंद व्यक्तियों की जानकारी तथा हरियाणा के अनेक बंदियों के परिवारों की तरफ से विनोबा जी को लिखे अनेक पत्र एवं हिसार के भाई परमानन्द की लिखी एक कविता भेंट की। 25 दिसंबर को विनोबाजी ने मौन तोड़ा और अपने भाषण में जे.पी. के बारे में कुछ न बोला। इसको लेकर कार्यकर्ताओं में रोष व आश्चर्य दोनों था।

उनके उस भाषण से देश की जनता तथा वहां आए अनेक कार्यकर्ताओं की आशा पूरी न हुई और वे निराश-से लगे। अगले दिन 26 दिसंबर को सेवाग्राम में चल रहे अखिल भारतीय रचनात्मक कार्यकर्ता सम्मेलन वालों ने अपना अधिवेशन पवनार में ही रखा। मंच

कांग्रेसियों को छोड़कर अधिकांश सर्वोदय कार्यकर्ताओं के मन को टटोलने पर लगा कि वे सब वर्तमान स्थिति के खिलाफ हैं। 25 दिसम्बर को प्रातःकाल सुधीर भाई ने विनोबाजी के दर्शन कर उन्हें देश की विभिन्न जेलों में बंद व्यक्तियों की जानकारी तथा हरियाणा के अनेक बंदियों के परिवारों की तरफ से विनोबा जी को लिखे अनेक पत्र एवं हिसार के भाई परमानन्द की लिखी एक कविता भेंट की।

श्री मन्नारायणजी के पास था। 'आचार्य विनोबा जैसे ही मंच पर पधारे, वैसे ही हमारे सुधीर भाई ने एक पर्चा उन्हें थमा दिया। परचे में लिखा था-

श्रद्धेय विनोबा जी,

कल आपने अपने भाषण में शासन व अनुशासन में अंतर बताते हुए कहा था कि शासन तो होता है सत्ता का आदेश और अनुशासन होता है आचार्यों का मार्गदर्शन। हमारे देश में आपात स्थिति की घोषणा शासन ने की है, आचार्य श्री के द्वारा नहीं। अतः सारे देश में जगह-जगह आपके नाम से जो यह लिखकर लगाया गया है कि ''आपात स्थिति अनुशासन पर्व है'' वह आपके ही अनुसार गलत है। अतः हमारा आपसे निवेदन है कि आप अपने नाम से सरकार द्वारा फैलाए जा

सेवाग्राम में ही रचनात्मक कार्यकर्ताओं की एक बैठक हुई उसमें श्रीमन्नारायणजी ने अपनी आगामी योजना का संकेत देते हुए कहा कि मैं शीघ्र ही देश के चोटी के आचार्य विद्वानों को विनोबा जी के परामर्श से पवनार में एकत्रित करूंगा और वे सब वर्तमान स्थिति के बारे में विचार मन्थन कर अपना मत व्यक्त करेंगे।

रहे इस भ्रम का निवारण करें।

आपके ही सर्वोदयी कार्यकर्ता

इस पत्र पर हिसार के दादा गणेशीलाल, श्री जयनारायण वर्मा, भाई रामस्वरूप, भाई परमानन्द तथा रेवाड़ी के एक कार्यकर्ता के हस्ताक्षर थे। इस पत्र को विनोबा जी ने पढ़ा और बोलना प्रारम्भ करते हुए कहा कि कुछ लोग चाहते हैं कि बाबा यह बोले, बाबा वह बोले। इसका अर्थ हुआ कि अकल आपकी और बोलना बाबा का। बाबा ऐसा नहीं करेगा। इस भाषण में विनोबा जी ने जैसे ही परमात्मा से जे.पी. के स्वास्थ्य लाभ की कामना की, वैसे ही पांडाल तालियों की गड़गड़ाहट से गूंज उठा और इससे बाबा की समझ में आ गया कि लोगों का मन किधर है। तभी से विनोबा जी ने धीरे-धीरे आपातस्थिति के विरोध में बोलना प्रारम्भ किया।

इस दौरान सुधीर भाई अनेकों सर्वोदयी कार्यकर्ताओं से मिले। उन्होंने सेवाग्राम में जे.पी. समर्थक सर्वोदयी कार्यकर्ताओं की एक भूमिगत बैठक में भी भाग लिया। उस बैठक में देशभर में किए जा रहे सत्याग्रह व संघर्ष का प्रांत के अनुसार वृत्त आया। उस बैठक में लगभग सभी कार्यकर्ताओं ने अपने-अपने प्रांत का वृत्त देते हुए यह कहा कि इस संघर्ष में सर्वाधिक योगदान राष्ट्रीय स्वयंसेवक संघ का रहा है तथा उसके स्वयंसेवक अनेकों अत्याचार सहते हुए भी पूरे जोश व आत्मविश्वास से संघर्ष चला रहे हैं। सेवाग्राम में ही रचनात्मक कार्यकर्ताओं की एक बैठक हुई उसमें श्रीमन्नारायणजी ने अपनी आगामी योजना का संकेत देते हुए कहा कि मैं शीघ्र ही देश के चोटी के आचार्य विद्वानों को विनोबा जी के परामर्श से पवनार में एकत्रित करूंगा और वे सब वर्तमान स्थिति के बारे में विचार मन्थन कर अपना मत व्यक्त करेंगे। यदि सरकार उसे (आचार्यों के मत) नहीं मानेगी तो फिर हम विनोबा जी से आग्रह करेंगे कि वे अपने मतानुसार आचार्यों के मार्गदर्शन को न मानने वाली सरकार के खिलाफ सत्याग्रह करें।

सुधीर भाई को आगामी योजना का सूत्र हाथ में लग गया और उन्होंने तुरन्त दिल्ली लौटकर श्री बापूराव मोघे को यह सारा वृत्तांत बताया। उन्होंने तुरन्त ही देश के इन प्रमुख आचार्यों से मिलकर उन्हें वस्तु-स्थिति से अवगत कराने की योजना के निर्देश दे डाले। इसी के परिणामस्वरूप पवनार में होने वाले आचार्य सम्मेलन ने आपात स्थिति को समाप्त करने के संबंध में अपना मत व्यक्त किया था।

('तानाशाही से जूझता हरियाणा' पृ0 167-169)

5 सत्ता राजनीति से सन्यास

देवेन्द्र स्वरूप

आठ अक्तूबर, 1978 को पटना में 'जय मातृभूमि' नामक एक नए हिंदी साप्ताहिक के विमोचन समारोह के अवसर पर वरिष्ठ राजनीतिक नेता श्री नानाजी देशमुख के द्वारा दल एवं सत्ता की राजनीति से सन्यास लेने की घोषणा के भीतर भारत के सार्वजनिक जीवन को नया मोड़ देने वाली युगांतरकारी घटना सिद्ध होने की सभी संभावनाएं विद्यमान हैं। इस घोषणा का महत्व इसलिए भी है कि उसके साक्षी स्वयं लोकनायक जयप्रकाश नारायण हैं और नानाजी की घोषणा का कार्यान्वयन 11 अक्तूबर को अर्थात् लोकनायक की जन्मतिथि से ही होने वाला है।

स्वाभाविक ही, नानाजी की इस घोषणा का स्वागत करते हुए भाव-विह्वल लोकनायक ने राष्ट्र को स्मरण दिलाया कि संभवत: देश में मैं पहला कार्यकर्ता था जिसने सन् 1954 में ही दल और सत्ता की राजनीति से संबंध विच्छेद करने का निर्णय घोषित कर दिया था। अत: इस पथ पर कदम बढ़ाते समय में नानाजी देशमुख का अपने एक सहयात्री के रूप में ह्रदय से स्वागत करता हूं और उनकी पूर्ण सफलता की कामना करता हूं।

इस प्रकार लोकनायक की शुभकामनाओं की छत्रछाया में उनके सहयात्री के रूप में अज्ञात की ओर नानाजी की यह यात्रा युवा पीढ़ी को राष्ट्र-निर्माण के रचनात्मक पथ पर बढ़ानेवाली सिद्ध हो सकती है; इसमें आज संदेह का कोई कारण नहीं है। लोकनायक और नानाजी के बीच एक अदृश्य एकह्रदयता विद्यमान है। सन् 1974 में जब जयप्रकाशजी ने सत्ता और दल की राजनीति का स्वस्थ विकल्प खोजने के लिए 'संपूर्ण क्रांति' का बिगुल बजाया तब वही अदृश्य एकह्रदयता नानाजी को संपूर्ण क्रांति के प्रवाह में खींच ले गई और उसी एकह्रदयता ने पटना में जयप्रकाश पर बरसनेवाली लाठियों के बीच

नानाजी ने एक साहसिक कदम उठाकर राष्ट्र की दृष्टि को पुनः लोकनायक के सपनों पर केंद्रित करने की कोशिश की है।

नानाजी को दीवार बनाकर खड़ा कर दिया था। संपूर्ण क्रांति आंदोलन के साथ पूर्ण तादात्म्य के कारण ही नानाजी के कंधों पर आपातस्थिति की घोषणा के ठीक पूर्व गठित लोक संघर्ष समिति के महासचिव का दायित्व स्वयं लोकनायक की इच्छा से सौंपा गया था और अब पुनः जब संपूर्ण क्रांति के गर्भ में से प्रकट सत्ता परिवर्तन की चमक-दमक में सबके मन खो गए हैं और संपूर्ण क्रांति आंदोलन के लक्ष्य को भूल गए हैं, नानाजी ने एक साहसिक कदम उठाकर राष्ट्र की दृष्टि को पुनः लोकनायक के सपनों पर केंद्रित करने की कोशिश की है। अपने इस निर्णय की पृष्ठभूमि को स्पष्ट करने के लिए नानाजी ने पटना में जो चौदह पृष्ठों का लंबा आत्मनिवेदन राष्ट्र की सेवा में प्रस्तुत किया है, वह बरबस ही जयप्रकाशजी के उस लंबे वक्तव्य को स्मरण दिला देता है जो राजनीति से सन्यास लेते समय उन्होंने 'समाजवाद से सर्वोदय की ओर' शीर्षक से सन् 1957 में प्रकाशित किया था। दोनों ही वक्तव्यों में स्वाधीनता-आंदोलन द्वारा प्रतिपादित राष्ट्रीय आदर्शों एवं लक्ष्यों के प्रकाश में स्वाधीन भारत की राजनीतिक यात्रा का तटस्थ विश्लेषण एवं निर्मम आत्मालोचन का स्वर विद्यमान है। दोनों ही वक्तव्य दो वरिष्ठ राजनेताओं द्वारा आत्मालोचन, आत्मस्वीकृति से गुजरकर सार्वजनिक जीवन में नई कार्यशैली की खोज की छटपटाहट के ठोस उदाहरण हैं। इस दृष्टि से नानाजी का वक्तव्य एक ऐतिहासिक दस्तावेज है, जो स्वाधीन भारत की 31 वर्ष लंबी यात्रा के सर्वेक्षण की व्यापक दृष्टि प्रदान करता है।

नानाजी ने अपने वक्तव्य में स्वयं को लोकनायक का अनुयायी कहते हुए विनम्रतापूर्वक स्वीकार किया है कि युवा शक्ति को रचनात्मक दिशाओं में प्रवाहित करने का जो कार्य लोकनायक के द्वारा होना चाहिए था, वह उनके स्वास्थ्य की वर्तमान गिरी हुई स्थिति में उन पर छोड़ना अन्याय होगा। अतः इस चुनौती को उन लोगों को स्वीकार करना होगा जो जयप्रकाशजी के आदर्शों में निष्ठापूर्वक विश्वास करते हैं और जो जयप्रकाशजी के जीवन काल में ही उनके सपनों को साकार रूप देने के कार्य में अपना विनम्र योगदान देने के लिए व्याकुल हैं। यह विचित्र संयोग है कि 11 अक्तूबर श्री जयप्रकाशजी का जन्मदिन है तो नानाजी का जन्मदिन भी है। इस संयोग का इसके अतिरिक्त क्या अर्थ निकल सकता है कि संभवतः नियति भी नानाजी को जयप्रकाशजी के सपनों का उत्तराधिकारी नियुक्त करना चाहती है। यह संयोग हमें 2 अक्तूबर को महात्मा गांधी एवं उनके एक विनम्र अनुयायी लालबहादुर शास्त्री की जन्मतिथियों के संयोग का स्मरण दिला देता है।

लोकनायक की विरासत को आगे बढ़ाने का संकल्प घोषित कर नानाजी ने एक बहुत कठिन पथ पर पैर रखे हैं। यह सत्य हैं कि नानाजी के चरित्र में विद्यमान रचनात्मक

प्रवृत्तियां सदैव जोर मारती रही हैं और अभिव्यक्ति के मार्ग खोजती रही हैं। यह जन्मजात रचनात्मक प्रवृत्ति कभी राष्ट्रीय स्वयंसेवक संघ के प्रचारक के नाते, शाखा संगठन के रूप में, कभी शिक्षा के क्षेत्र में शिशु मंदिर प्रयोग के रूप में, कभी दीनदयाल शोध संस्थान की स्थापना के रूप में और कभी संपूर्ण क्रांति आंदोलन के सैनिक के रूप में प्रकट होती रही है। आज भी वही रचनात्मक प्रवृत्ति गोंडा जिले में एक विशाल ग्रामोत्थान प्रकल्प के रूप में और आंध्र के कृष्णा जिले में तूफान-पीड़ित मछुआरों के दीनदयालपुरम् में पुनर्वास के रूप में अभिव्यक्त हो रही है। ये सभी प्रकल्प नानाजी के अंदर विद्यमान रचनात्मक प्रेरणाओं के ठोस प्रमाण हैं; किंतु यह भी उतना ही सत्य है कि नानाजी के भीतर विद्यमान राजनीतिक क्षमताओं के कारण दल और चुनाव की धुरी के चारों ओर घूमने वाली राजनीति भी नानाजी को अपने मोहजाल में फांसने के लिए उतना ही लालायित रही है। नानाजी उससे भले ही पिंड छुड़ाना चाहें, पर क्या वह नानाजी का पिंड आसानी से छोड़ देगी? 8 अक्तूबर की घोषणा में नानाजी ने कहा कि वे दल और सरकार में कोई पद ग्रहण नहीं करेंगे और लोकसभा के केवल एक साधारण सदस्य बने रहेंगे। इसका अर्थ होता है कि जनता पार्टी के महामंत्री पद से त्यागपत्र देंगे और मंत्रिमंडल की सदस्यता किसी भी स्थिति में ग्रहण नहीं करेंगे। किंतु जनता पार्टी के अध्यक्ष श्री चंद्रशेखर ने नानाजी की इस घोषणा पर अपनी प्रतिक्रिया व्यक्त करते हुए कहा है कि वे महासचिव पद से नानाजी का त्यागपत्र स्वीकार नहीं करेंगे और श्री मधु लिमये के

नानाजी के अंदर विद्यमान रचनात्मक प्रेरणाओं के ठोस प्रमाण हैं; किंतु यह भी उतना ही सत्य है कि नानाजी के भीतर विद्यमान राजनीतिक क्षमताओं के कारण दल और चुनाव की धुरी के चारों ओर घूमने वाली राजनीति भी नानाजी को अपने मोहजाल में फांसने के लिए उतना ही लालायित रही है।

समान उन्हें भी निष्क्रिय महासचिवों की श्रेणी में सम्मिलित कर लेंगे। ऐसी स्थिति में अपनी ओर से महासचिव पद से त्यागपत्र देने पर भी सामान्य जन की दृष्टि में नानाजी की छवि क्या उभरेगी? एक राजनीतिक दल का साधारण सदस्य बने रहकर और उस दल के टिकट पर लोकसभा की सदस्यता को बनाए रखने से नानाजी दलीय अनुशासन के ऊपर कैसे उठ सकेंगे? यदि दलीय अनुशासन का पालन करते हैं तो दलीय स्पर्धा के प्रति तटस्थता कैसे अपना सकेंगे? नानाजी का कहना है कि 'लोकसभा के सदस्य बने रहकर भी चुनाव प्रचार में सम्मिलित नहीं होंगे।' कर्तव्य विभाजन की यह बारीकी को क्या आम आदमी समझ पाएगा? इससे भी मौलिक प्रश्न यह है कि वर्तमान राजनीतिक कार्य-प्रणाली में से जन्मे ढांचे का अंग बने रहकर भी क्या उसका विकल्प खोज पाना संभव है?

(पाञ्चजन्य)

6 रचनात्मक विकल्प की खोज

देवेन्द्र स्वरूप

उत्तर प्रदेश के सबसे पिछड़े जिले गोंडा के एक अनजाने, उपेक्षित गांव में एक पंगत में बैठे हैं – साठ करोड़ भारतीयों के राष्ट्रपति डॉ. नीलम संजीव रेड्डी और एक दीन-हीन वृद्ध किसान। दोनों के सामने पत्तल पर रखा है बहुत सादा सा भोजन-अरहर की दाल, काला नमक नाम से विख्यात मोआ चावल और कई सब्जियों का घाल-मेल। सहभोज के इस अभूतपूर्व कार्यक्रम में गोंडा जिले के प्रत्येक विकास खंड से चुने गए पांच-पांच निर्धनतम कृषक परिवारों के प्रतिनिधियों के साथ-साथ राष्ट्रपति के अतिरिक्त कई केंद्रीय एवं राज्य के मंत्री विराजमान हैं। राजा और रंक के एक साथ एक पंगत में बैठकर भोजन करने के इस समाजवादी प्रयोग पर संभवतः साम्यवाद का डिमडिम पीटने वाले रूस, चीन आदि देशों को भी ईर्ष्या हो रही होगी।

स्वाधीन भारत के 31 वर्ष में यह प्रथम अवसर है, जब भारत के राष्ट्रपति ने राष्ट्रपति भवन की भव्यता के बाहर निकलकर एक ऐसे छोटे से उपेक्षित ग्राम में राष्ट्रपतिं के नाते कदम रखा हो और वहां के निर्धनतम नागरिकों के साथ धरती पर पालथी मारकर पत्तल और मिट्टी के सकोरे में भोज़न किया हो।

गोंडा का यह प्रयोग भारत के सार्वजनिक जीवन में एक नई कार्यशैली के आरंभ का उद्घोष है, चरित्र-हनन और छीना-झपटी के वर्तमान कर्कश स्वर के बीच निर्माण के संगीत के एक मधुर स्वर का जन्म है। पिछले 31 वर्ष का अनुभव साक्षी है और राष्ट्रपति डॉ. रेड्डी ने जानकी नगर में अपने भाषण में यह स्वीकार भी किया है कि आज तक देश में आर्थिक विकास का जो नगाड़ा बजता रहा है, वह केवल दुनिया को सुनाने के लिए था, देश के दीन-हीन नागरिक की जिंदगी से उसका कभी कोई संबंध नहीं रहा। वह गरीबी के गढ़े में ज्यों-का-त्यों पड़ा रह गया। सच तो यह हे कि

यह कैसा संयोग है कि एक शीर्षस्थ राजनीतिक नेता के मन में ग्राम स्तर पर निर्माण की इस प्रक्रिया को आरंभ करने का विचार जगा। इस विचार के जगने के साथ-साथ वोट एवं सत्ता की राजनीति में वैराग्य भी प्रबल होता गया और अंततः उसने सत्ता राजनीति से संन्यास लेकर इस प्रयोग की सफलता के लिए ही अपने शेष आयु को समर्पित करने का संकल्प लिया।

उसकी गरीबी और पिछड़ेपन में वोट-लोलुप राजनीतिज्ञों का निहित स्वार्थ पैदा हो गया, क्योंकि यदि गरीबी सचमुच मिट गई तो 'गरीबी हटाओ' का नारा देकर गरीबों के वोट हड़पने का मौका उन्हें कैसे मिलेगा?

सस्ती प्रदर्शनकारिता पर जीनेवाली वोट-लोलुप राजनीति के इस चरित्र का ही परिणाम है कि विगत 31 वर्ष में भारत के ग्राम्य जीवन के सामाजिक-आर्थिक यथार्थ के वस्तुनिष्ठ मूल्यांकन के आधार पर सर्वांगीण निर्माण का कोई प्रत्यक्ष उदाहरण देश के किसी भी कोने में आज तक खड़ा नहीं हो पाया और आर्थिक-सामाजिक विषमता को मिटाने तथा देश की गरीब झोंपड़ियों में खुशहाली लाने की समाजवादी गर्जनाएं महज कोरी लफ्फाजी बनकर रह गईं। ऐसी स्थिति में यह कैसा संयोग है कि एक शीर्षस्थ राजनीतिक नेता के मन में ग्राम स्तर पर निर्माण की इस प्रक्रिया को आरंभ करने का विचार जगा। इस विचार के जगने के साथ-साथ वोट एवं सत्ता की राजनीति में वैराग्य भी प्रबल होता गया और अंततः उसने सत्ता राजनीति से संन्यास लेकर इस प्रयोग की सफलता के लिए ही अपने शेष आयु को समर्पित करने का संकल्प लिया।

यदि देश के राजनीतिज्ञों में राष्ट्र-निर्माण की वास्तविक तड़प होती तो वे इस संकल्प का स्वागत करते और इस प्रयोग की सफलता के लिए यथासंभव अपना सहयोग देते। किंतु इन राजनीतिज्ञों ने सहयोग का रास्ता अपनाने के बजाय उसके विरोध का रास्ता अपनाया। जो लोग आज तक मांग कर रहे थे कि डा. नीलम संजीव रेड्डी राष्ट्रपति भवन के बजाय किसी छोटे से मकान में रहे, वे इस दृश्य को देखकर प्रसन्न होने के बजाय दु:खी हो गए कि क्यों भारत के राष्ट्रपति निर्धन किसानों के साथ बैठकर भोजन कर रहे हैं। उन्हें इसमें किसान विरोधी षड़यंत्र नजर आने लगा। उन्हें इसमें राष्ट्रीय स्वयंसेवक संघ का प्रभाव बढ़ने का खतरा दिखाई देने लगा। यदि राष्ट्र के सामाजिक-आर्थिक पुनर्निर्माण का बीड़ा अपने कंधे पर लेकर ही राष्ट्रीय स्वयंसेवक संघ अपने प्रभाव का विस्तार करना चाहता है तो इसमें राष्ट्र की क्या हानि है? क्या ये लोग चाहते हैं कि राष्ट्रीय जीवन पर ऐसे लोगों का नेतृत्व छाया रहे जिन्हें राष्ट्रनिर्माण से कुछ लेना-देना नहीं है और जो अपने सत्ता लिप्सा की तृप्ति के लिए राष्ट्रीय जीवन में केवल ईर्ष्या, विद्वेष और हिंसा का जहर बोना चाहते हैं, जो जातीयता, सांप्रदायिकता और क्षेत्रीयता की आग लगाकर देश की रही-सही एकता को राख कर देना चाहते हैं?

राष्ट्रीय निर्माण की प्रक्रिया से बिल्कुल

अलग रहने वाले इन ओछे राजनीतिज्ञों ने राष्ट्रपति पर यह दबाव डालने का यह दुस्साहस किया कि वे गोंडा जिले में ग्रामोदय योजना का उद्घाटन करने के लिए न जाए। किंतु राष्ट्रपति की ओर से जो उत्तर दिया गया वह आज की ओछी राजनीति के गाल पर एक करारा तमाचा है। राष्ट्रपति भवन के प्रवक्ता ने इन ईर्ष्यालु राजनीतिज्ञों को बता दिया कि राष्ट्रपति का स्थान दलगत राजनीति से उपर है और राष्ट्रनिर्माण की दिशा में प्रत्येक रचनात्मक प्रयोग को प्रोत्साहित करना उनका कर्तव्य है। प्रवक्ता ने कहा कि राष्ट्रपति की पिछड़े हुए ग्रामीण क्षेत्र में बहुत रुचि है और समाज के सामाजिक-आर्थिक दृष्टि से पिछड़े हुए वर्गों की स्थिति में सुधार करने के किसी भी प्रयत्न की ओर से प्राप्त निमन्त्रण को वे अस्वीकार नहीं कर सकते।

राष्ट्रपति की ओर से दिए गए इस स्पष्टीकरण में देश के समस्त सार्वजनिक कार्यकर्ताओं को निमंत्रण है कि वे व्यर्थ की लफ्फाजी और नाटकबाजी को छोड़कर राष्ट्र के सामाजिक-आर्थिक पुर्ननिर्माण की प्रक्रिया में प्रत्यक्ष सहयोग दें और यह सहयोग ग्राम स्तर से प्रारंभ करना होगा। नाटकीयता के द्वारा समाचार पत्रों की सुर्खियों में स्थान पाने की कोशिशों की बजाय एक गांव चुनकर उसमें अपने को बीज बनाकर बो देना होगा।

जिस दिन देश के अगणित राजनीति कार्यकर्ताओं में निर्माण का यह संकल्प उदित हो गया। उसी दिन देश के कायाकल्प का द्वार खुल जाएगा और भारत के सार्वजनिक चरित्र में क्रांतिकारी परिवर्तन हो जाएगा। वस्तुतः देश इस समय ऐसी ही रचनात्मक कार्यशैली की खोज में भटक रहा है। यदि सत्ता और पदों की राजनीति में मगन राजनीतिक नेतृत्व देश की इस तड़प को समझने में असमर्थ है तो उसे समय की झाड़ू के द्वारा इतिहास के कूड़ेदान में फेंके जाने के लिए तैयार रहना चाहिए। इसके लिए राष्ट्रीय स्वयं सेवक संघ को कोसने से क्या लाभ होने वाला है? काल के चक्र को कुछ लोगों को स्वार्थों की पूर्ति के लिए रोककर नहीं रखा जा सकता। राष्ट्र की स्वाधीनता के लिए किए गए असंख्य बलिदानों को कुछ लोगों की सत्ता लिप्सा के लिए बर्बाद नहीं किया जा सकता। एक शक्तिशाली समृद्ध भारत के निर्माण के उनके सपनों को साकार करना है तो रचनात्मक कार्यशैली का जन्म उसकी अनिवार्य आवश्यकता है। जब भी ऐसी कार्यशैली का उदय होगा तब स्वाभाविक ही पुराने

यदि सत्ता और पदों की राजनीति में मगन राजनीतिक नेतृत्व देश की इस तड़प को समझने में असमर्थ है तो उसे समय की झाड़ू के द्वारा इतिहास के कूड़ेदान में फेंके जाने के लिए तैयार रहना चाहिए। इसके लिए राष्ट्रीय स्वयं सेवक संघ को कोसने से क्या लाभ होने वाला है? काल के चक्र को कुछ लोगों को स्वार्थों की पूर्ति के लिए रोककर नहीं रखा जा सकता।

> **क्या राष्ट्रनिर्माण के रथ को उनके क्षुद्र अहम की संतुष्टि के लिए जहां का तहां खड़ा रहने दिया जाय। क्यों नहीं ये लोग भी रचनात्मक कार्यशैली के मैदान में खंभ ठोककर कर उतरते? वह देश के लिए कितना सौभाग्यशाली दिन होगा जब ऐसे नानाविद् रचनात्मक प्रयोग भिन्न विचारधाराओं द्वारा उत्पन्न मतभेद की दीवारें ढहा देंगे और अनुभव के प्रयोगशाला में पककर वे सब एक ही रंग में रंग जाएंगे।**

कार्यशैली में निहित स्वार्थ रखने वाला नेतृत्व उसको अपने लिए खतरा समझेगा और उसका विरोध करेगा। आज भारतवर्ष में यही हो रहा है।

देश भर (सरस्वती शिशु मंदिरों) के सोलह हजार नन्हें-मुन्नों के तीन-दिवसीय शिविर के आयोजन से चमत्कृत और हतप्रभ राजनीतिज्ञों ने उस पर प्रसन्नता व्यक्त करने के बजाय उसमें भी राष्ट्रीय स्वयंसेवक संघ का षड़यंत्र देखा। समझ में नहीं आता कि किसने कब उन्हें मना किया कि वे राष्ट्र की शिशु पीढ़ी के लिए अच्छी संस्कार देने वाली शिक्षा प्रणाली का प्रयोग न करें। यदि उनकी रुचि ऐसे रचनात्मक प्रयोगों में नहीं है तो क्या वे चाहते हैं कि कोई भी ऐसे प्रयोग न करें। क्या राष्ट्रनिर्माण के रथ को उनके क्षुद्र अहम की संतुष्टि के लिए जहां का तहां खड़ा रहने दिया जाय। क्यों नहीं ये लोग भी रचनात्मक कार्यशैली के मैदान में खंभ ठोककर कर उतरते? वह देश के लिए कितना सौभाग्यशाली दिन होगा जब ऐसे नानाविद् रचनात्मक प्रयोग भिन्न विचारधाराओं द्वारा उत्पन्न मतभेद की दीवारें ढहा देंगे और अनुभव के प्रयोगशाला में पककर वे सब एक ही रंग में रंग जाएंगे।

किंतु आज के दृश्य को देखकर तो लगता है कि यदि राष्ट्रीय स्वयंसेवक संघ रचनात्मक कार्यशैली का दूसरा नाम बन गया है तो वोट की राजनीति विध्वंसात्मक कार्यशैली का प्रयोग। वोट लोलुप राजनीतिज्ञों को प्रत्येक रचना का विरोध करते देखकर प्रतीत होता है कि अतीत में क्यों इन्द्र का आसन डोलने लगता था? क्यों स्वर्ग के देवताओं की नींद हराम हो जाती थी? क्यों ऋषियों के शांतिपूर्ण यज्ञ में बाधा डालना राक्षसगण अपना प्रथम कर्तव्य समझते थे? जिस प्रकार ये कथाएं अतीतकाल में दो जीवन दृष्टियों एवं दो प्रवृत्तियों से संघर्ष का चित्रण करती हैं उसी प्रकार का दृश्य कभी-कभी आज भी हमें देखने को मिल जाता है।

(पाञ्चजन्य)

जीवन-परिचय

नाम	-	नाना देशमुख (चंडिकादास अमृतराव देशमुख)
पिता का नाम	-	स्व. श्री अमृतराव देशमुख
जन्म तिथि	-	11 अक्टूबर, 1916 (शरद पूर्णिमा)
जन्म स्थान	-	ग्राम-कडोली, जिला-हिंगोली (तत्कालीन परभणी), महाराष्ट्र
उपाधि	-	डी.लिट. उपाधि, पुणे वि.वि., महाराष्ट्र डी.लिट. उपाधि, अजमेर वि.वि., राजस्थान डी.लिट. उपाधि, कानपुर वि.वि., उत्तर प्रदेश डी.लिट. उपाधि, बुंदेलखण्ड वि.वि., झांसी, उत्तर प्रदेश डी.लिट. उपाधि, बडोदा वि.वि., गुजरात डी.लिट. उपाधि, महात्मा गांधी चित्रकूट ग्रामोदय वि.वि., मध्य प्रदेश
पुरस्कार	-	भारतीय ग्रामीण और सामाजिक क्षेत्र मे उल्लेखनीय काम के लिए राष्ट्रपति द्वारा पद्म विभूषण से सम्मानित
पारिवारिक पृष्ठभूमि	-	अविवाहित
शिक्षा	-	स्कूली शिक्षा
जीवनवृत्त	-	1) 1934 से राष्ट्रीय स्वयंसेवक संघ के माध्यम से समाजसेवा में समर्पित। 2) सरस्वती शिशु मंदिर, गोरखपुर, उ.प्र, के संस्थापक, जिसकी आज समूचे देश में 30 हजार से अधिक शाखाएं हैं। 3) 1948-51 तक राष्ट्रधर्म प्रकाशन के प्रबंध निदेशक, जिसके माध्यम से राष्ट्रधर्म मासिक पत्रिका, पांचजन्य साप्ताहिक, लखनऊ से स्वदेश का प्रकाशन। 4) भारतीय जनसंघ के संस्थापक सदस्य तथा तीन वर्ष तक अखिल भारतीय संगठन मंत्री। 5) दीनदयाल शोध संस्थान के संस्थापक। 6) वर्ष 1974 में जयप्रकाश नारायण के नेतृत्व में सम्पूर्ण क्रांति आंदोलन के मुख्य संगठक। 7) जनता पार्टी के शिल्पकारों में से एक, जो 1977 मे केंद्र में सत्ता में आयी।

8) 1977 में बलरामपुर (उ.प्र.) लोकसभा सीट से चुनाव जीते।

9) उसी दौरान केंद्र में बनी मोरारजी भाई देसाई सरकार में मंत्री पद ठुकराया तथा राजनीति से स्वैच्छिक निवृत्ति लेकर सामाजिक विशेषतः ग्रामीण समाज के पुनर्निर्माण कार्य में लगे।

10) 1978 में गोंडा क्षेत्र में ग्रामीण समाज के पुनर्निर्माण हेतु 'ग्रामोदय प्रकल्प' की स्थापना।

11) 1991 में देश के पहले ग्रामीण विश्वविद्यालय, महात्मा गांधी चित्रकूट ग्रामोदय विश्वविद्यालय, का गठन किया और साढ़े तीन वर्ष तक कुलाधिपति रहे।

12) उ.प्र., बिहार, मराठवाडा (महाराष्ट्र) और म.प्र. में जन सहयोग व भागीदारी से कई गांवों का पुर्ननिर्माण किया।

13) वर्ष 1999 में राष्ट्रपति द्वारा राज्यसभा के लिए मनोनीत किये गये।

14) 2002 चित्रकूट के आसपास के 500 गांवों का जनभागीदारी से सर्वांगीण विकास के 'स्वावलंबन अभियान' की शुरूआत।

15) मृत्यु उपरांत अपने शरीर का चिकित्सकीय शोध हेतु दान किया।

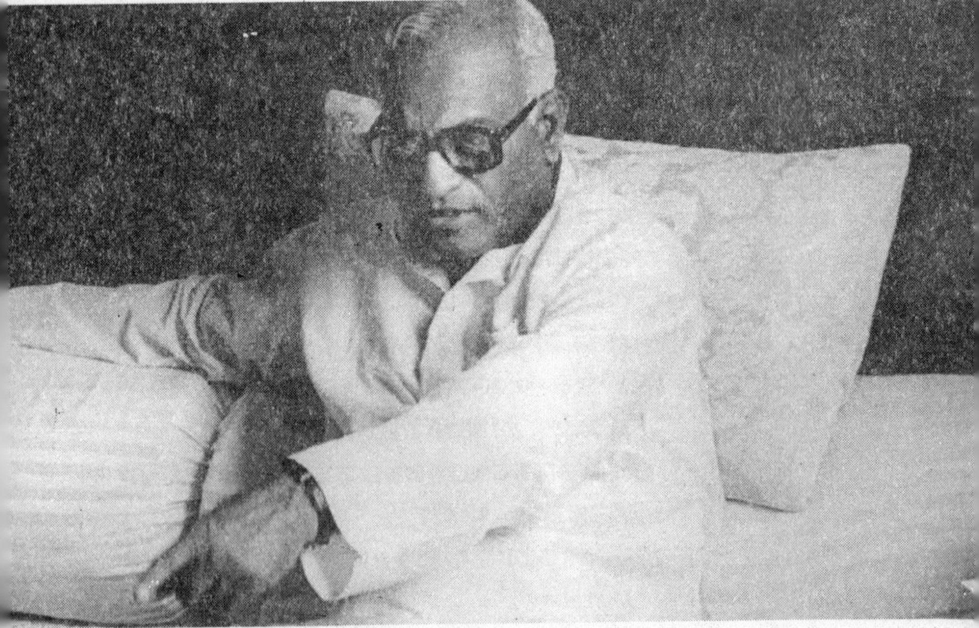